감으로
하는
투자

데이터로
하는
투자

감으로 하는 투자
데이터로 하는 투자

초판 발행 · 2022년 3월 30일
초판 2쇄 발행 · 2022년 5월 18일

지은이 · 천영록, 이현열
발행인 · 이종원
발행처 · (주)도서출판 길벗
주소 · 서울시 마포구 월드컵로 10길 56(서교동)
대표전화 · 02)332-0931 | **팩스** · 02)322-0586
출판사 등록일 · 1990년 12월 24일
홈페이지 · www.gilbut.co.kr | **이메일** · gilbut@gilbut.co.kr

기획 및 편집 · 김동섭(dseop@gilbut.co.kr) | **마케팅** · 정경원, 김진영, 장세진, 김도현
제작 · 손일순 | **영업관리** · 김명자 | **독자지원** · 윤정아

표지디자인 · [★]규 | **본문디자인** · aleph design | **교정교열** · 김동화
전산편집 · 예다움 | **CTP 출력 및 인쇄** · 예림인쇄 | **제본** · 예림바인딩

- 이 책은 저작권법에 따라 보호받는 저작물이므로 무단전재와 무단복제를 금합니다. 이 책의 전부 또는 일부를 이용하려면 반드시 사전에 저작권자와 (주)도서출판 길벗의 서면 동의를 받아야 합니다.
- 잘못 만든 책은 구입한 서점에서 바꿔 드립니다.

© 천영록·이현열, 2022

ISBN 979-11-6521-906-2 13320
(길벗 도서번호 070470)

정가 17,500원

독자의 1초를 아껴주는 정성 길벗출판사

길벗 | IT실용서, IT/일반 수험서, IT전문서, 경제실용서, 취미실용서, 건강실용서, 자녀교육서
더퀘스트 | 인문교양서, 비즈니스서
길벗이지톡 | 어학단행본, 어학수험서
길벗스쿨 | 국어학습서, 수학학습서, 유아학습서, 어학학습서, 어린이교양서, 교과서

오직 성공 확률과 원칙으로 판단하는 현명한 투자법

감으로 하는 투자

데이터로 하는 투자

DATA-DRIVEN INVESTMENT

천영록 · 이현열 지음

길벗

서문 | 데이터가 최고의 투자 전략이다 천영록

 대한민국 국민들은 게임을 할 때도 완전한 공략법과 파훼법을 만들어서 합니다. 데이터를 활용하고 시나리오를 분석하는 데 탁월하기 때문이죠. 그러한 이유로 투자에 있어서도 데이터 중심의 투자가 한 번 유행을 타면 우리나라가 전 세계 최고 투자자 그룹이 될 수 있을 것이라 확신하는 사람이 많습니다. 게임 최강국이 된 것과 마찬가지로 말이죠.

 필자는 그러한 믿음으로 척박한 국내 투자 환경에서 데이터를 통한 첨단 투자 룰을 제공하고 전파하기 위해 팀을 꾸리고 사업을 일궈나가고 있습니다. 비록 지금은 쉽지 않지만 미래를 생각하면 가슴이 두근거립니다. 데이터를 많이 활용하는 세상은 너무나 쉽게 상상할 수 있는데, 데이터를 덜 사용하고 감각에만 의존하는 세상은 제 머리로는 상상이 불가능하기 때문입니다.

 데이터는 경험을 축적하는 일을 매우 빠르게 대체해줍니다. 데이터를 분석한다는 건 오류나 착시를 피해 과학적으로 경험을 쌓고 결과를 도출하는 과정이라 할 수 있습니다. 그런데 예지몽이나 수정구를 통해 투자를 할 수 있다는 환상이 많이 존재해서인지, 데이터를 활용한 투자 성공 사례를 쉽게 찾을 수 없어서인지 여전히 많은 의문이 존재하는 듯합니다. 이 점은 충분히 공감합니다.

필자가 평소에 많이 받는 질문 몇 가지를 소개합니다.

Q. 데이터나 시스템 트레이딩, 퀀트, 인공지능 등을 활용한다고 해서 돈을 많이 벌 수 있을까요? 좋은 데이터를 바탕으로 한 투자 전략은 이미 많은 사람이 써보지 않았을까요?

A. 네, 맞습니다. 모두가 돈을 벌진 못할 것입니다. 각자의 실력에 따라 다르겠죠. 그런데 그보다 중요한 것은 대부분의 사람은 데이터를 계속 활용하지 않는다는 점입니다. 그 이유는 우리의 본능과 조급함 때문입니다. 많은 사람이 정답이 놓인 길을 두고도 합리적으로 행동하지 않습니다. 운동을 하는 것이 몸에 이롭다는 사실을 알고 있지만 전 인류가 운동을 하지는 않죠. 저도 마찬가지입니다. 그래서 결국 근거가 확실한 운동도, 근거가 확실한 투자도 대유행을 타기 어렵습니다. 게다가 깊이 알아보고 꾸준히 지속하는 사람은 정말 찾기 어려워요. 오히려 모든 사람이 운동을 해야 한다고 믿는 사람을 이상주의자라고 생각하죠. 안타깝지만 현실이 그렇습니다.

Q. 인공지능으로 완벽한 투자 비법을 찾으면 모든 사람이 따라 할 텐데, 그럼 결국 수익률이 사라지지 않을까요?

A. 위와 마찬가지 이유로 세상에 어떠한 진리가 나타난다 해도 모든 사람이 따

라 하지는 않습니다. 사람들의 생각과 욕망은 모두 다르거든요. 더욱이 투자하는 시점, 투자를 지속할 수 있는 능력, 현금흐름이 모두 다릅니다. 그러니 같은 인공지능을 사용해도 모두 포지션이 다를 수밖에 없습니다.

또한 각자 운용할 수 있는 액수에 한계가 존재합니다. 어떤 전략에는 100억 원을, 어떤 전략에는 1조 원을 운용할 수 있죠. 정말 높은 수익을 낼 수 있는 전략이 일반인들에게 저렴한 수수료로 공개될 가능성은 거의 없습니다. 그래서 성과가 탁월한 전략일수록 소수의 사람에게만 제공되고, 운용 액수가 한계점에 달하면 더 이상 운용하지 않거나 반대되는 전략에 공격을 당해 수익률이 떨어질 수도 있습니다. 그러니 하나의 투자 전략이 천하통일을 할 가능성은 없습니다. 시장은 독점되기가 너무나 힘들어요. 밥집이나 쌀집이나 이커머스나 스트리밍 회사나 그 무엇도 세계를 정복하기란 쉽지 않습니다. 항상 더 작은 몸집으로 더 빨리 움직이는 경쟁자들이 나타나기 마련이니까요.

Q. 데이터를 보는 건 과거의 기록을 보는 것일 뿐, 미래를 예측할 순 없지 않나요? 과거에 있었던 일을 살펴보는 게 도움이 될까요?

A. 자고로 미래를 예측하는 유일한 길은 과거에서 배우는 것이라 했습니다. 과거를 보지 않고서는 반복되는 역사적 패턴이나 거대 추세를 헤아릴 가능성은 거의 없다고 생각해요. 물론 과거를 안다고 내일이나 모레의 날씨를 100% 예측할 수 있는 건 아닙니다. 누군가가 과거 날씨를 분석하면서 앞으로 1년간의 날씨를 예측하지 못하냐고 질문한다면 1년간의 날씨를 완전하게 예측해야만 하느냐고 반문할 수 있습니다. 이 역시 너무 큰 기우가 아

닐까요?

제가 예측과 관련해 가장 좋아하는 표현이 있는데, 바로 '투자란 내일 비가 올 것을 예측하는 일이 아니라 지금 현재 먹구름이 끼고 있는지를 관찰하는 일이다'입니다. 수십 년 동안 날씨를 관찰해온 사람은 현재 상황을 보고 내일 날씨가 어떨지 대략 예측할 수 있습니다. 점을 봐서 맞춘다는 사람은 신뢰하기 어렵지 않을까요?

Q. 지난 40년간 전 세계 기업들의 주가와 500만 개의 재무제표를 꼭 분석해야 할까요? 그런 복잡한 방법을 선택하기보다 현재의 뉴스와 감각을 바탕으로 투자를 하는 게 낫지 않을까요?

A. 우리는 1,000개의 재무제표를 분석해 미세한 특성을 이해하고 있는 투자자나 회계 고수들을 보면 놀라움을 금치 못합니다. 1만 개의 재무제표를 분석해 더욱 많은 패턴을 찾아낸 사람은 더 멋있어 보이겠죠. 만약 기업들의 데이터를 전수 조사해서 분석한다면, 이는 일부만 보고 분석하는 것보다 항상 더 유리합니다. 데이터가 부족해서 이로운 경우는 거의 존재하지 않아요. 그 분석에 들어가는 시간과 노력이 문제일 뿐입니다.

Q. 데이터를 보지 않는 투자 고수도 많지 않나요? 데이터보다는 사람의 감이 더 정확하지 않을까요?

A. 제가 알기로 데이터나 과거의 경험을 모형화하지 않는 투자 고수는 없습니다. 물론 운만으로도 10번 정도 연속으로 맞추는 사람은 있겠죠. 여러분이 동전 던지기를 800판 정도 한다면 한 번쯤은 연속해서 10번 정도 앞면이

나 뒷면이 나올 가능성이 있습니다. 즉 800 차례 투자를 한 사람 중 누군가 한 명은 10번 연속 수익을 내는 경험을 합니다. 그러면 신이 된 기분이 들지 않을까요?

그러나 투자 고수는 반복할수록 이기는, 이길 수밖에 없는 필승 전략을 만들어냅니다. 우연에 의존하는 것이 아니라, 매우 많은 과거 사례를 연구하면서 생긴 감 혹은 모형을 믿고 투자하는 것이죠. 감은 자신의 욕망이 투영되어 모형보다 훨씬 불안할 수도 있지만, 모형으로 정형화하기 힘든 매우 미세하고 입체적인 현상을 포착해낸 것일 수도 있습니다. 데이터 분석을 할 수 있다면 이 감이 맞는지 틀린지 완벽하게 확인할 수 있습니다. 대부분의 경우 감을 모형화하기 어려운 것이 문제이지, 모형화가 쓸모없는 것은 아닙니다. 감으로는 처음 두는 바둑에서 고수를 이길 수도, 처음 잡은 악기를 연주할 수도, 프로그래밍을 할 수도, 농사를 지을 수도, 로켓을 만들 수도 없습니다. 무수히 반복적인 경험과 데이터를 통해 세상을 꿰뚫어볼 수 있는 것이 인간의 장점 아닐까요?

날카롭게 이야기해서 죄송합니다. 이런 질문을 끊임없이 받다 보면, 많은 사람이 투자에서만큼은 데이터를 사용하지 않아도 되는 어떠한 명분을 애타게 찾는 듯한 느낌마저 듭니다. 답은 정해져 있습니다. 무조건 하나라도 더 데이터를 수집하고 분석해야 합니다. 지금부터 이 책을 통해 그 이유와 방법을 상세히 이야기해볼까 합니다.

서문 | 나는 왜 퀀트가 되었나 이현열

필자는 대학교에 입학하고 몇 년간 주식으로 돈을 버는 것은 불가능하다고 생각했습니다. 경영대 내에 각종 투자 동아리가 있었지만 동기나 선배 중에서 주식으로 돈을 벌었다는 사람을 찾아볼 수 없었습니다. 심지어 입학하고 얼마 지나지 않아 2007~2008년 글로벌 금융위기로 많은 사람이 돈을 잃었습니다. 그로 인해 '역시 주식으로 돈 버는 사람은 아무도 없구나'라고 확신하게 되었고, 주식은 절대 하지 말아야겠다고 생각하며 학교를 다녔습니다.

군 복무를 마치고 복학을 준비하는 동안 대학을 졸업하면 뭘 해서 먹고살아야 할지 고민에 빠졌습니다. 그때 같은 학교를 다니던 사촌형이 FRM(재무위험관리사) 시험을 치러보라 제안했고, 딱히 할 일이 없어 공부를 시작했습니다. 그동안 경영학과에서 배운 내용과는 달리 수학과 통계를 요하는 내용들이었는데, 거기에 사로잡혀 정말 시간 가는 줄 모르고 열심히 공부했습니다.

이를 계기로 당시 학교에 있던 금융공학회에 가입했고, 새로운 세계를 만났습니다. 교과서에 나오는 각종 수식을 이용해 금융공학이라는 무기로 잘 무장하면 그동안 생각했던 것과 달리 주식 투자를 통해 돈을 벌 수도 있겠다는 생각이 들었습니다. 돈을 벌 수 있는 '성배'를 찾기만 한다면 큰 노력을 들이지 않고도 부자가 될 수 있겠다는 생각이 들었죠. (물론 지금 돌이켜보면 말도 안 되는, 매우 건방진 생각이었습니다.)

그렇게 금융공학이라는 학문에 매료되어 대학원까지 진학했습니다. 그러다 우연히 들은 수업에서 '팩터 투자'의 존재를 알게 되었고, 학교에서 데이터를 받아 초보적인 수준이지만 팩터를 이용한 주식 투자를 시작했습니다. 장학금으로 시작한 첫 투자였는데, 정말 다행스럽게도 제 인생 최초의 주식 투자는 퀀트 투자가 된 셈입니다.

대학원을 졸업한 후에는 공채로 증권사에 취업했고, 주식을 운용하는 부서에 배정되었습니다. 불과 몇 년 전까지만 해도 '주식은 사기다'라고 생각했던 학생이 여의도에서 고객들의 돈으로 주식을 운용하는 일을 하게 된 것입니다. 물론 개인적인 재테크도 퀀트 전략을 이용해 발전시키며 계속해나갔습니다. 그리고 이듬해에는 운용사로 자리를 옮겨 퀀트 주식매니저가 되어 수백, 수천억 원을 운용하기도 했습니다. 펀드매니저는 개인 계좌로 주식 투자를 하지 못하지만, ETF를 이용한 퀀트 전략으로 투자를 지속해나갔습니다. 물론 펀드매니저를 아들로 둔 어머니는 여전히 주식으로 돈을 벌 수 있다는 사실을 믿지 못하는 눈치였습니다.

이후에는 퀀트 투자에 필요한 핵심 기술인 데이터 핸들링, 코딩 능력을 키우기 위해 데이터 분석가 업무를 맡았다가 현재는 핀테크 기업에서 퀀트 리서치 및 데이터 관련 업무를 하고 있습니다. 증권사, 운용사, 보험사, 핀테크 등 필자의 회사는 여러 차례 바뀌었지만, 공통점은 모든 일의 중심에는 항상 데이터가 있었다는 점입니다.

대학원생 때부터 시작한 퀀트 투자 경력은 이제 10년이 다 되어 갑니다. 취업을 한 이후 매월 월급의 일정 부분을 주식에 투자했고, 단 한 번도 투자금을 빼지 않았습니다. 이제 제게 주식은 사기가 아니라 자산의 90% 이상을 차지하는 보물입니다. 2015년 중국 증시 폭락과 2020년 코로나19 사태로 엄청난 손실을 보았을 때도 데이터와 로직을 믿었기에 기존에 해오던 대로 투자를 이어나갔고, 그 성과에 만족하고 있습니다.

투자에 있어 제 관심 사항은 오직 더 좋은 데이터와 더 좋은 모델을 찾는 것입니다. 스스로가 얼마나 비합리적이고 겁이 많은지 알고 있기 때문에 퀀트 투자가 아닌 전통적인 투자는 앞으로도 절대 하지 못할 것 같습니다. 주식 투자를 멈추는 그날까지 저는 퀀트 투자자로 남을 생각입니다.

차례

004　서문｜데이터가 최고의 투자 전략이다_천영록
009　서문｜나는 왜 퀀트가 되었나_이현열

1부 ｜ 도박의 세계에서도 돈이 되는 데이터

017　운에 좌우되는 베팅장, 승자와 패자의 차이
028　데이터를 활용한 베팅의 기술
045　투자를 실패로 이끄는 인간의 감정들

2부 ｜ 데이터로 검증해보는 투자의 진리들

071　장기투자는 정말 효과적인 투자법일까
079　분산투자로 높아지는 투자의 효율
088　적립식 투자 vs. 거치식 투자
095　데이터가 말하는 자산배분의 의미
102　비용에 따라 달라지는 투자 전략의 결과들

3부 ｜ 데이터에서 발견한 이기는 투자의 조건

115　데이터와 수익률의 연결고리, 팩터
121　시장을 이기는 포트폴리오의 비밀
160　워런 버핏을 부자로 만든 투자 전략
167　데이터를 활용해 워런 버핏처럼 투자하기

4부 투자의 대세를 이끌어갈 '퀀트 투자'

- 179　도대체 퀀트 투자가 뭔데?
- 184　분석 결과를 왜곡하는 실수들
- 203　지금부터 실천할 수 있는 실전 퀀트 투자
- 218　모두가 좋은 전략을 따라 하면 수익률이 감소할까
- 227　퀀트 전략만 있으면 누구나 돈을 벌 수 있을까

5부 데이터 기반 투자 기술의 현재와 미래

- 235　대체 데이터 – 새로운 알파를 찾아서
- 246　다이렉트 인덱싱 – 나만의 투자 전략 만들기
- 257　로보어드바이저 – 자동화된 프라이빗 투자 멘토

부록

- 268　Ⅰ 분산투자 시뮬레이션 결과
- 270　Ⅱ 각 팩터 내 소형주 효과
- 272　Ⅲ 각 팩터의 지역별 효과

- 284　참고자료

1부

도박의
세계에서도
돈이 되는
데이터

DATA-DRIVEN INVESTMENT

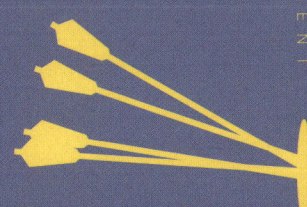

당신이 꼭 도박을 해야겠다면, 시작할 때 3가지를 결정하라. 게임의 룰이 무엇인지, 얼마를 걸 것인지 그리고 언제 끝낼 것인지.
— 중국 속담

운에 좌우되는 베팅장,
승자와 패자의 차이

사람들이 주식, 경마, 카지노, 복권과 같은 것에 베팅을 하는 목적은 대개 비슷하다. 대박을 터트려 빨리 부자가 되기 위함이다. 이에 "주식과 경마가 어떻게 같아?"라고 반문할 수도 있고, 한편으론 "그래. 주식이나 경마나 다 똑같은 투기지!"라며 볼멘소리를 할 수도 있을 것이다.

투기자 speculator 와 투자자 investor 는 '재빨리 부자가 되고 싶은 사람'과 '시간과 전략을 모두 이용하는 사람'으로 구분할 수 있다. 모든 근거를 내버려둔 채 기도하듯 돈을 건다면, 그 대상이 부동산이든 채권이든 로또든 투기가 되지 않을까? 일확천금이라는 신기루에 짐승적인 감각만을 내세워 당장 지옥불 속으로 뛰어들겠다는데, 그 대상의 구분이 중요하겠는가. 같은 칼이라도 소를 잡는 칼이 될 수 있고 강도질을 하는 칼이 될 수 있듯, 같은 확률적 성격을 가진 투자 대상들도 얼마나 성급하게 투자하느냐에 따라 그 이름이 달라질 수 있다. 당장의 스릴과 욕망을 토대로 한다면 그 과정도, 결과도 대체로 투기라 할 수 있다.

　노력을 쏟지도 않았는데 운명의 여신에게 점지당하는 상상을 해보라. 얼마나 즐거운가. 우리가 진화해온 모든 과정 속에 그런 운명의 장난에 대한 깊은 그리움이 있는지도 모르겠다. 그래서 베팅은 우리의 본능이라고 말할 수 있다. 그러다 보니 누군가의 대박 소식은 언제나 큰 주목을 끈다. 2000년 라스베이거스에서 100억 원이 넘는 잭팟을 터트린 모 연예인의 뉴스는 20년이 지난 지금까지도 회자되고 있다.[1] 더욱이 운명의 여신이 '선착순!'을 외치는 듯한 환상은 인간의 본능이 아닐까 싶다. 2003년 국내 로또 1등 당첨금이 이월되는 바람에 당첨금이 400억 원 가까이 될 것이란 소식이 퍼지자 전 국민이 줄을 서서 로또를 구입했던 것도 이러한 본능 때문이다.[2]

　그러나 사람들의 꿈에 부푼 베팅은 매번 '혹시나'에서 '역시나'로 이어진다. 타로에서는 '운명의 여신' 카드를 삶의 변화에 복종한다는 것으로 해석한다고 한다. 내 자신의 운명을 개척할 생각도, 노력도 내려놓고 그 어떤 결과도 받아들이겠다는 것과 다름없다. 그러니 투기란 '내 의지를 내려놓고 마구잡이로 내던지는 행위'라고 정리할 수도 있겠다.

　보통 유혹은 좋은 결과로 이어질 것이라는 선험이나 경험으로 인해 작동한다. 이성의 유혹이나 모험적인 경험의 유혹에 몸을 맡기자 일생일대의 즐거움을 느껴본 적이 있을 것이다. 그리고 그 경험은 평생의 행동양식에 영향을 미친다. 도박도 마찬가지다. 어딘가에서 우연한 성공을 통해 짜릿한 경험을 해본 것이 매우 강력하게 각인되었을 가능성이 크다. 불행히도 이는 확률적으로 전혀 유의미하지 않은 행동에 유혹된 것이므로 결과가 나쁠 수밖에 없다.

반대로 그 확률을 이해하는 사람들은 어마어마한 이점을 누릴 수 있다. 생각해보라. 대부분의 사람이 무엇에 홀린 것처럼 똑같이 (확률적으로) 어리석은 행동을 반복한다면, 그렇지 않은 사람들은 장님들의 세계에서 외눈박이가 왕이 되듯 성공을 쓸어 담게 될 것이다. 인류 모두가 태어날 때부터 본능적으로 확률을 잘못 해석하는 비극적인 상황이 거꾸로 보면 얼마나 대단한 구조적 이점이란 말인가. 베팅으로 돈을 번 사람들은 이런 간단한 이치를 이용했을 뿐이다.

필자들은 기존에 투자와 투기를 나누던 어떤 모호한 윤리적 잣대보다는 개인의 심리적 상태를 더 중요하게 생각한다. 전통적으로 투기라 여겨지던 영역에서도 매우 침착하게 데이터를 잘 활용한 사례들을 한번 살펴보자. 데이터를 활용하면 색안경을 끼고 불 같이 달려드는 우리의 모습에 얼마나 허점이 많은지 깨달을 수 있을 뿐만 아니라, 시장 전체에 만연한 허점들로 인한 새로운 기회가 보일 것이다. 재미있을 것 같지 않은가.

지금부터 숫자를 통해 살펴보자. 카지노에서 잭팟이 터질 확률은 370,000분의 1이며, 로또 1등 당첨률은 8,145,060분의 1이다. 잭팟이 터질 확률은 여러분이 주사위를 7번 던졌는데 7번 모두 윗면이

6이 나올 확률과 다름없다. 로또 1등 당첨은 여러분이 무작위로 전화번호를 골랐는데 그것이 대통령의 직통 번호일 확률과 비슷하다. 주사위를 7번 정확히 던지는 데 베팅하는 사람이나 대통령의 직통 번호를 맞출 것이라고 상상하는 사람은 거의 없다. 그러나 카지노나 로또를 통해 부자를 꿈꾸는 사람은 너무나 많다. 즉 여러분이 확률을 이해한다면 그런 사람들보다 구조적으로 월등히 유리하다는 뜻이다.

도박꾼이 베팅한 금액 대비 돌려받을 수 있는 금액 비율을 '환수율'[3]이라고 한다. 1만 원씩 100번을 베팅해 결과적으로 150만 원을 번다면 환수율은 150%다. 당연한 말이지만 환수율이 100% 이상의 게임을 해야 반복해서 베팅을 할 가치가 있다. [표 1-1]은 카지노의 게임별 환수율을 정리한 것이다. 모두 100%가 되지 않는다. 룰렛의 환수율은 94.74%이며, 이는 1만 원을 100번 걸면 확률상 52,600원을 잃는다는 뜻이다. 어마어마한 행운이 따르지 않는다면, 이 확률적 약점을 극복하기란 결코 쉽지 않다.

[표 1-1] 카지노의 게임별 환수율

(단위: %)

게임명	환수율	게임명	환수율
슬롯머신	96.00	블랙잭	99.44
바카라(뱅커 벳)	98.88	빅휠	84.47
바카라(플라이어 벳)	98.62	룰렛	94.74

버는 장에서도 벌지 못하는 이유

그렇다면 주식에 투자하는 것은 어떨까? '주식은 장기적으로 돈을 버는 수단이다'라는 말을 들어본 사람이 많을 것이다. 과연 그럴까? 결론적으로 주식도 어떻게 접근하느냐에 따라 매우 다른 결과를 낳을 수 있다.

주식시장은 경제 구조와 자본시장의 성장, 물가 상승에 따라 동반 상승하므로 주식 투자는 장기적으로 승률이 높을 수밖에 없는 게임이다. 그러나 카지노보다 월등히 유리한 이런 게임도 잘못된 방법으로 참여한다면 결과가 좋지 않을 수밖에 없다.

한 연구[4]에 따르면 1998년부터 2003년까지 6년간 개인 투자자 1만 명을 대상으로 조사한 결과, 총수익률은 연간 12.3%, 거래비용을 제외한 순수익률은 연간 8.3%를 기록했다. 결과만 봤을 때는 돈을 번 것처럼 보이지만, 같은 기간 전체 주식시장의 상승률인 연 13.6%에 비하면 개인 투자자들은 단순히 주식시장에 투자하는 것만으로 취할 수 있는 수익 대비 연간 -5.3% 수익률을 기록한 셈이다. 개인 투자자들이 단체로 어떤 몹쓸 투자 행위를 하고 있는 것은 아닐까?

이 연구는 꽤 오래전에 진행된 것이므로 최근 결과를 살펴볼 필요가 있다. 과거에 비해 개인 투자자들의 정보 접근성이 발달했고, 유튜브나 각종 매체를 통해 투자 지식을 쌓기도 편리해졌으니 수익률이 훨씬 더 올라가지 않았을까? 그런데 2020년의 조사 결과를 보면 그렇지 않다.

2020년은 투자 역사에 있어 길이 남을 한 해였다. 1월에 발생한 코로나19가 아시아를 넘어 유럽과 미국으로 확대된 3월, 전 세계 주식시장은 손쓸 수 없을 정도의 빠른 속도로 무너졌다. 투자자들은 한 달도 되지 않는 기간 동안 주가가 27% 가까이 떨어지는 것을 바라보며 공포감에 휩싸였다. 하지만 3월 20일을 기점으로 거짓말처럼 하락이 멈추었고, 3월 31일까지 코스피는 무려 20% 가까이 상승했다. 코스피는 여기서 멈추지 않고 연말까지 쉴 새 없이 올라 2020년 한 해 동안 30% 가까이 상승했으며, 3월 저점을 기준으로는 무려 100% 가까이 상승했다.

[그림 1-1] 2020년 코스피지수

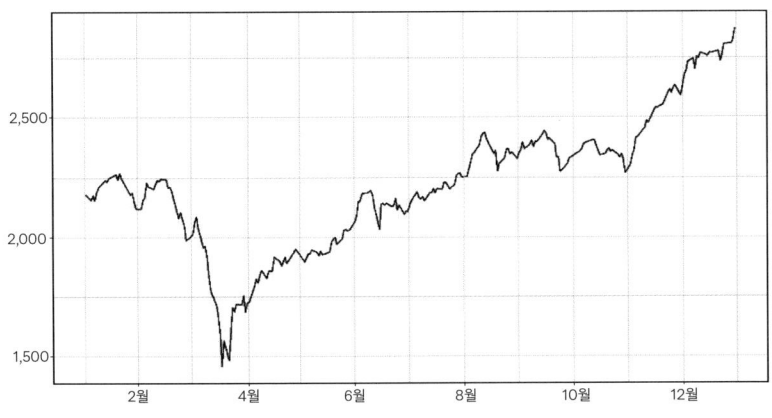

이로 인해 주식 투자를 처음 시작한 개인 투자자 수도 폭발적으로 증가했다. 개인 투자자들의 계좌를 분석한 자료[5]가 있다. 이 자료는 2020년 3월부터 10월까지 주식시장이 열린 166일 중 약 20만 명의 개인 계좌를 분석한 것이다. 이 기간 동안 코스피 누적 수익률은 약 14%였으며, 3월에 주식시장 바닥에 진입했다면 코스피만으로도 최종적으로 55%의 수익을 올릴 수 있었다. 소위 말하는 '위기이자 기회였던 시기'라 할 수 있다.

그러나 약 20만 개의 계좌 수익을 분석한 결과, 무려 46%의 개인 투자자가 손실을 기록한 것으로 나타났다. 구체적으로는 기존 투자자 중 39%, 주식을 처음 시작한 투자자 중 62%가 손실을 보았다. 기회를 잡은 사람보다는 위기에 당한 사람이 많았던 것이다. 안타깝지만 앞서 언급한 대로 투자자들은 무언가 습관적으로 몹쓸 짓을 하고 있는 것임이 분명하다. 기본적인 확률만큼도 수익을 챙기지 못하는 결과가 매우 보편적으로 발생하고 있으니 말이다.

당신의 주식 투자는 과연 '진짜 투자'인가

사람들이 베팅에 실패하는 이유는 결국 2가지다. 첫째, 애초에 이길 수 있는 확률이 극도로 낮아 성공할 수 없는 게임인 줄 알면서도 베팅을 하기 때문이다. 많은 사람이 운명의 여신에 대한 환상 비슷한 것에 유혹되어 하지 말아야 할 베팅을 하고 만다. 이때 우연히 베팅에 성공하기도 하는데, 장기적으로 불리한 확률을 가진 게임을 계속해서 하다 보면 자산이 줄어들 수밖에 없다. 한 번 베팅에 성공한 경험은 중독성을 높여 최악의 결과를 야기한다. 둘째, 본인에게 유리한 게임을 만들 수 있음에도 그 방법을 잘 몰라 구조적으로 잘못된 베팅을 하기 때문이다.

그렇다면 베팅을 하는 것은 장기적으로 무조건 나쁘고, 손실을 불러온다고 결론 내려야 하는 것일까? 물론 아니다. 확률을 내 편으로 만들기 위한 상식적인 노력만으로도 좋은 결과를 이끌어낸 사례를 쉽게 찾아볼 수 있다.

먼저 주식 투자를 살펴보자. 전설적인 투자자 워런 버핏Warren Buffett의 버크셔 해서웨이는 1964년부터 2020년까지 약 281만%의 수익률을 기록했는데, 이를 연간으로 환산하면 약 20%다. 같은 기간 미국의 주식시장인 S&P500지수가 연평균 약 10% 상승했으니 투자 결과는 꽤 성공적이라 할 수 있다. 이외에도 장기간에 걸쳐 주식시장을 이기며 돈을 번 투자자는 셀 수 없을 정도로 많다.

[표 1-2] S&P500과 버크셔 해서웨이의 수익률

(단위: %)

	연평균 수익률	누적 수익률
S&P500	10.2	23,454
버크셔 해서웨이	20.0	2,810,526

기간: 1964~2020년

그렇다면 승률이 훨씬 낮고 하룻밤에 패가망신하기 쉬운 게임, 즉 흔히 도박이라 말하는 영역은 어떨까? 도박판에도 오랜 기간 살아남아 돈을 버는 사람이 꽤 존재한다. 그런 사람들을 '프로 갬블러'라 하는데, 영화 〈타짜〉의 주인공처럼 속임수를 써 돈을 버는 것이 아닌, 순수하게 실력으로 살아남은 사람들이 바로 그 주인공이다.

미국에서는 일부 도박 게임이 확률적 분석을 모두 마친 프로들의 전쟁터가 되었다. 텍사스 홀덤 월드시리즈를 비롯해 각종 지역 토너먼트가 수도 없이 열리고, 온라인에서도 수백, 수천 명씩 참여하는 토너먼트가 수시로 열린다. 프로 갬블러들은 이러한 토너먼트에 참여해 꾸준히 등수 안에 들며 상금을 쓸어 담고 있다. 한때 국내에서 유명했던 프로게이머 베르트랑 그로스펠리에Bertrand Grospellier도 2005년 프로 포커 플레이어로 전향해 9년 동안 약 1,000만 달러(한화 약 100억 원)의 상금을 벌어들였다. 한 번의 대회에서 우연히 돈을 번 것이 아닌, 말 그대로 꾸준히 베팅에 성공해 돈을 번 것이다.

베팅에 실패하는 사람과 성공하는 사람들 간에는 '행운'을 기다리는지, '확률'을 공부하는지의 차이가 존재한다. 로또 당첨률이 0에 가까우니 많은 사람이 로또를 구입할 때 '한 명의 당첨자가 내가 될 수 있지 않을까?'라는 행운을 믿는다. 주식 투자를 할 때도 마찬가지다. 제대로 공부하지도 않고 그저 주가가 오르기만을 간절히 기도한다.

어느 날 카지노에 간 적이 있다. 슬롯머신 앞에 앉아 있는 사람들의 눈을 보니 손톱을 물어뜯는 초조함 속에서도 어쩌면 자신에게 행운이 올 것이라는 기대감이 가득 담겨 있었다. 문제는 그 자리에

앉는 수천 명의 사람이 매일매일 같은 생각을 한다는 것이다. 도박의 룰이 더 복잡해 보일수록 자신이 더 깊은 지적 행동을 추구한다는 착각이 들어 더 진지하게 행운을 기다리는 경우도 많다.

그런데 주식 투자를 하는 사람들도 대체로 비슷하다. 복잡한 재무제표를 공부해봤자 어차피 결과는 행운에 의해 결정되는 것이 아니냐며 오늘도, 내일도 행운을 기다린다. '어쩌면 오늘만은', '어쩌면 나에게만은'이라고 주문을 외면서 말이다. 하지만 이런 자세는 베팅에 실패하는 매우 표준적인 모습임을 누구나 알고 있을 것이다. 더 나은 방법을 알지 못해 행동하지 못하고 있을 뿐이다.

베팅에 성공하는 사람들은 자신이 게임에서 이길 확률이 얼마인지를 계산하고, 확률이 높을 때만 베팅을 한다. 물론 모든 베팅에서 성공을 거두지는 못할지라도 계속해서 게임을 해나가면 장기적으로는 승리할 수밖에 없다. 주식 투자를 할 때 각종 데이터를 꼼꼼히 분석해 오를 수밖에 없는 기업에만 투자한다면, 장기적으로 돈을 버는 것은 물론 마음도 불안해지지 않는다.

확률을 내 편으로 만드는 것은 단지 운을 내 편으로 만드는 것과는 다르다. 구조적으로 자신에게 유리한 게임을 취사선택할 뿐만 아니라 악운이 왔을 때 생존할 수 있는 구조를 만들고, 행운이 왔을 때 취할 수 있는 구조를 만들어야 가능한 이야기가 아닐까? 그러자면 악운과 행운은 무엇인지, 어떤 빈도로 얼마의 악운이 올 수 있는지 철저하게 이해할 필요가 있다.

결국 행운의 영역을 확률의 영역으로 바꾸기 위해 우리에게 필요한 것은 데이터다. 데이터를 토대로 각종 확률을 계산하고 이해하여 이를 토대로 자신에게 유리한 판을 만들어야 한다. 데이터와 그에 대한 분석을 내려놓는 순간, 우리 앞에는 운명의 여신 같은 기괴한 환상만 아른거릴 것이다. 우리 모두 확률적 인간으로 길이 생존할 수 있는 고리를 놓지 말자.

데이터를 활용한
베팅의 기술

DATA IN GAMBLING

많은 사람이 도박은 분석의 대상이 아닌, 기도의 대상이라 생각한다. 즉 승패가 오직 운에 의해서만 결정된다고 생각한다. 그러나 데이터를 이용한 확률적 베팅을 통해 카지노, 경마, 복권에서 엄청난 돈을 벌어들인 사람들이 있다. 그들은 과연 어떻게 데이터를 통해 도박을 정복했는지 살펴보도록 하자.

블랙잭을 정복한 사람들

소설《MIT 수학 천재들의 카지노 무너뜨리기》와 이를 기반으로 만든 영화〈21〉은 우리 모두가 한 번쯤 상상하는 모습을 그리고 있다. MIT 교수와 수학 천재 학생들이 모임을 만들어 블랙잭 게임에서 이길 확률을 계산할 수 있는 공식을 만들고, 이를 이용해 카지노에서 연전연승하는 이야기다. 카지노 딜러를 이길 수 있는 마법의 공식만 있다면 누구나 부자가 될 수 있다는 이야기를 단순히 영화적 상상력이라고 여길 수도 있다. 그런데 놀랍게도 이 소설은 실화를 바탕으로 만들어졌다.

1970년대 말 과학 수재들의 집단 MIT에서 카지노 게임의 일종인 블랙잭을 확률적 분석을 통해 정복하고자 하는 모임이 만들어졌다. 1980년 8월에는 모임 구성이 더 전문적으로 변화했고, 얼마 지나지 않아 8만 9,000달러의 투자금을 가지고 10주 만에 2배의 수익을 거두었다. 그들은 직접 카지노에 방문해 블랙잭 게임에 참여했고, 계속해서 승리를 거두었다. 1994년부터 1998년까지 약 5년 동안 무려 몇백만 달러를 휩쓸었다. 블랙잭은 구조적으로 참가자(플레이어)의 승률이 49%가 넘을 수 없는, 엄청난 운이 있지 않다면 장기적으로 돈을 잃을 수밖에 없는 게임이다. (카지노의 모든 게임이 그렇다.) 즉 그들이 만들어낸 결과물에는 분명 카지노의 구조적 이점을 뒤집은 어떤 비밀이 존재했을 것이다.

그 비밀은 영화의 주인공 벤 캠블이 수업 시간에 몰래 읽은 《딜러를 이겨라》라는 책에 적혀 있다. 1962년에 출간된 이 책은 '카드 카운팅'이라는 방법으로 카지노의 이점을 모두 뒤엎어버리는 확률적 방법론을 소개하고 있다. 이를 이해하기 위해 우선 블랙잭이라는 게임이 어떻게 진행되는지 알아보도록 하자.

블랙잭의 기본 규칙은 간단하다. 딜러와 참가자가 카드를 받은 뒤 카드에 적힌 숫자의 합이 21에 가까울수록 이기는 것이다. 단, 참가자 카드 숫자의 합이 21이 넘어가면 참가자는 무조건 패하게 된다. 21에 가까이 가기 위해 카드를 몇 장이든 추가로 받을 수 있는데, 욕심을 부리다 높은 숫자가 나오면 일종의 치킨 게임에서 패배하게 된다. 딜러는 받은 카드의 합이 16 이하면 무조건 한 장씩 더 받아야 한다. 딜러 역시 카드 숫자의 합이 21이 넘어가면 무조건 패배한다. (물론 구체적인 규칙은 이보다 복잡하다.)

블랙잭은 딜러가 내미는 카드가 무작위적이라는 전제를 두고 있다. 참가자가 아무리 확률적으로 정교한 방법으로 게임을 한다 해도 무작위로 인해 참가자가 미묘하게 불리하다. 블랙잭에서 '확률적으로 정교한' 방법으로 베팅하는 것은 수리적으로 매우 복잡해 예전엔 거의 불가능한 계산으로 알려져 있었는데, 차츰 그 계산법이 만들어지면서 49.6% 수준의 승률까지 근접하게 플레이하는 방법이 만들어졌다.

필자도 이 계산 테이블을 통째로 외워 블랙잭을 즐겨본 적이 있다. (사실 머리가 아파 죽을 지경이었다.) 아무튼 언뜻 보면 블랙잭은 승률이 50% 정도 되어 보이는 제법 공정한 게임이다. 실제로 49.6%의 승률은 모든 게임을 통틀어 카지노에서 플레이어가 가져갈 수 있는 최대치의 승률이다. 역으로 생각하면 카지노는 이 0.4% 차이 때문에 엄청난 돈을 벌고 있는 것이다.

《딜러를 이겨라》의 저자 에드워드 소프[Edward Thorp]는 UCLA에서 물리학 석사 및 수학 박사학위를 받은 뛰어난 학자였다. 그는 블랙잭 게임에서 이미 나온 카드를 기억한다면 딜러가 가지고 있는 카드덱에 남아 있는 카드를 알 수 있으며, 이를 통해 이길 확률을 계산한 뒤 유리할 때는 크게 베팅하고 불리할 때는 베팅액을 줄일 수 있다고 생각했다. 즉 카드가 '무작위'가 아니라는 점에 집중한 것이다.

그는 컴퓨터를 이용해 각종 시뮬레이션을 했고, 그 결과 이길 확률을 계산할 수 있는 '카드 카운팅', 즉 카드를 세서 남은 카드 숫자들의 크고 작음을 대략적으로 추정하는 기술을 개발했다. 작은 숫자 카드(2, 3, 4, 5, 6)가 나오면 +1, 중간 숫자 카드(7, 8, 9)가 나오면 0, 큰 숫자 카드(10, J, Q, K, A)가 나오면 -1을 더하는 식으로 카지노 자리에서 암산을 할 수 있는 방법론을 만든 것이다. 더해진 숫자가 클수록 남은 카드가 참가자에게 유리하다는 뜻이므로 베팅을 크게 하고, 숫자가 작을수록 남은 카드가 참가자에게 불리하다는 뜻이므로 베팅을 작게 한다. 예를 들어 나온 카드가 'A, 2, 3, 10, 4'라면 다음과 같이 계산된다.

$$(-1) + 1 + 1 + (-1) + 1 = 1$$

블랙잭을 감과 운으로 하는 도박이 아닌, 데이터와 확률에 기반한 과학의 영역으로 접근한 것이다. 소프는 이러한 전략을 논문으로도 발표했는데, 반응은 회의적이었다. 그는 전략이 실제로 작동한다는 것을 증명하기 위해 1만 달러를 후원하겠다는 2명의 동료와 함께 라스베이거스로 향했다. 결과적으로 그는 일반적으로 딜러가 5% 정도 유리하던 블랙잭의 승률을 카드 카운팅을 통해 참가자가 1% 유리한 승률로 바꾸었고, 일주일 만에 원금의 2배가 넘는 돈을 벌어들였다.

그 후 소프는 자신의 경험을 바탕으로 《딜러를 이겨라》를 출판했으며, 이 책은 카지노를 절대 이길 수 없다던 기존 상식을 뒤집으며 폭발적인 인기를 얻었다. 물론 카지노들은 카드 카운팅을 하는 고객들을 추출해 쫓아냈고, 더불어 카드 카운팅을 할 수 없도록 중간에 카드덱을 섞는 새로운 룰을 만들었다. 사실 이 책을 통해 블랙잭을 과학적으로 접근해보려는 수많은 애호가 덕분에 카지노는 떼돈을 벌었다. 소프가 카지노 사장들에게 최고의 홍보 효과를 안겨준 셈이다.

어쨌든 소프는 블랙잭을 그만둔 뒤 지상 최대의 카지노인 월가로 진출했고, 데이터를 통해 투자에서 이길 확률을 계산하는 '퀀트 투자'로 믿을 수 없을 정도로 큰 성공을 거두었다. 어디에나 확률의 빈틈은 존재하기 마련이다.

룰렛을 예측한 사람들

다른 게임에도 데이터를 이용해 카지노를 정복하는 사람들이 있다. 영국 런던의 피카딜리 거리에 위치한 리츠 호텔 지하에는 세계에서 가장 럭셔리한 멤버십 전용 카지노 '리츠클럽'이 있다.

2004년 3월 22일, 리츠클럽의 룰렛 게임에서 30대 헝가리 여성 1명과 그녀를 호위하는 30대 중후반의 세르비아인 2명이 하룻밤 동안 10만 파운드, 약 1억 5,000만 원을 따간 사건이 있었다. 물론 10만 파운드가 작은 돈은 아니지만 카지노에서 행운이 따르면 얼마든지 벌 수 있는 금액이기에 카지노 측은 특이하게 여기지 않았다. 그러나 다음 날인 23일, 그들은 다시 한 번 카지노에 방문해 룰렛 게임에서 무려 120만 파운드, 약 18억 원을 챙겨갔다.[6] 이들을 수상하게 여긴 카지노 측은 CCTV를 분석했고, 결국 그들을 사기 혐의로 신고했다. 그렇다면 그들은 어떻게 세상에서 가장 무작위처럼 보이는 룰렛 게임에서 구조적인 확률적 우위를 만들 수 있었을까?

먼저 룰렛 게임의 규칙을 살펴보자. 딜러가 숫자가 적힌 거대한 휠을 회전시킨 뒤 휠이 회전하는 반대 방향으로 쇠구슬을 던진다. 카지노가 등장하는 영화에 단골로 나오는 휠이 바로 룰렛이다. 룰렛은 쇠구슬이 빠르게 회전하다가 1~36까지의 숫자와 0(싱글 제로), 00(더블제로) 중 어디로 들어가느냐에 따라 배당금을 받을 수 있는 게임이다. 쇠구슬이 회전하는 동안 숫자나 숫자의 색, 홀짝 등에 베팅을 할 수 있다.

[그림 1-2] 룰렛의 게임 테이블

구체적인 게임 진행 방법은 다음과 같다.

1. 참가자들이 베팅을 시작한다.
2. 딜러가 돌아가는 휠의 반대 방향으로 쇠구슬을 던진다.
3. 쇠구슬이 돌아가는 중에 딜러가 "No more bet"이라고 말할 때까지 베팅이 가능하며, 이후에는 베팅이 불가능하다.
4. 쇠구슬이 휠 안에 멈추면 해당 숫자에 베팅한 참가자가 상금을 받는다.

여기서 중요한 점은 딜러가 쇠구슬을 던진 뒤 베팅을 금지시키기까지 몇 초의 시간이 있다는 것이다. 즉 이론적으로 휠과 쇠구슬의 속도를 정확히 측정한 뒤 계산을 통해 어느 곳에 쇠구슬이 멈출 것인지 충분히 예측할 수 있다. 이에 필요한 데이터는 쇠구슬과 휠의 위치, 속도, 가속도다.

과학자들은 1960년대부터 여러 방법을 활용해 룰렛을 예측하려 했고, 앞서 소개한 에드워드 소프도 그중 한 명이었다. 하지만 그 누구도 이렇다 할 성과를 내지 못했다. 속도를 측정할 수 있는 고속 카메라와 결과 지점을 예측할 컴퓨터를 카지노에 가지고 들어가는 건 불가능했다. 설사 가지고 들어간다 해도 쇠구슬이 룰렛 안의 여러 칸막이에 튕겨져 나가는 물리 현상을 실시간으로 계산하는 것은 몹시 어려웠다. 상황이 이러하니 룰렛 예측을 통해 베팅을 하고자 하는 사람은 드물었다.

그렇다면 리츠클럽의 3인조는 어떻게 예측을 한 것일까? 그간 컴퓨터의 성능이 획기적으로 향상되었고 크기가 매우 작아졌기에 가능했다. 구체적인 방법이 공개되지는 않았지만, 그들은 다음과 같은 방법을 썼을 것이라 추측된다.

1. 딜러가 휠을 돌릴 때 레이저 스캐너가 숨겨진 휴대폰으로 룰렛 바퀴를 겨냥해 원판의 속도를 측정한다.
2. 딜러가 쇠구슬을 휠에 던질 때 레이저 스캐너로 속도를 측정해 컴퓨터에 전송한다.
3. 2개의 속도 정보를 받은 컴퓨터는 계산을 통해 최종적으로 쇠구슬의 위치를 예측한다.
4. 계산이 끝나면 휴대폰으로 컴퓨터의 예측 결과를 전송받고, 휠이 멈추기 전에 재빨리 베팅한다.

그들에게 필요한 것은 레이저 스캐너가 달린 휴대폰과 컴퓨터, 구슬이 떨어질 곳을 예측하는 데 걸리는 2~3초의 시간, 담대함뿐이었다. 쇠구슬과 휠의 속도를 제대로 측정할 수 있다면 룰렛 게임은 더 이상 도박의 영역이 아니라 확률로 계산되는 과학의 영역이다. 그렇게 그들은 데이터를 이용해 베팅에 성공했고, 무죄로 풀려나 130만 파운드를 고스란히 챙겼다. 그들은 데이터를 측정했을 뿐이지, 쇠구슬의 움직임을 방해하거나 게임을 조작한 것이 아니기에 무죄로 풀려날 수 있었다.

경마왕 빌 벤터

이번에는 경마를 살펴보자. 홍콩인들은 경마를 사랑한다. 경마에 참여할 수 있는 18세 이상 성인 중 80%가 경마를 즐길 정도다. 전 국민이 800만 명에 불과하고 땅도 넓지 않지만, 마권의 매출 규모는 미국과 일본에 이어 세계 3위를 자랑한다. 심지어 음력 설을 기준으로 열리는 설 경마에 참여하면 1년 내내 행운이 깃든다고 여겨 홍콩인들은 설 연휴 내내 경마장을 찾거나 도심 속 장외거래소, 전화 거래를 통해 경마에 참여한다.

2001년 11월 6일, 한 사람이 홍콩 해피밸리 경마장에서 160만 홍콩달러, 약 2억 5,000만 원을 베팅해 3경기 연속 삼복승식(순위와 관계없이 1등, 2등, 3등을 모두 알아맞히는 방식)을 맞추는 트리플 트리오[triple trio]

를 달성했다. 그가 받게 될 환급금은 자그마치 1억 1,800만 홍콩달러, 약 180억 원에 달했다. 그러나 이 행운의 주인공은 모습을 드러내지 않았고, 환급금은 모두 자선단체에 기부되었다. 그는 본인의 당첨 사실을 알지 못한 걸까? 아니면 사고가 생겨 환급금을 받지 못한 걸까? 모두 아니다. 너무 많은 돈을 딸 경우 경마장 출입을 금지당할 수 있으므로 마권을 환급하지 않는다는 본인만의 규칙, 홍콩인들에게 서양인이 자신들의 돈을 전부 따간다고 비난을 받을 수 있을 것이란 걱정 때문에 일부러 나타나지 않은 것이다. 그는 주최 측에 환급금을 받지 않겠다는 내용의 편지까지 보냈다.

　세상에 180억 원이나 되는 거액을 포기할 사람이 얼마나 될까? 하지만 경마를 통해 이미 10억 달러, 약 1조 원의 수익을 올린 그에게는 그리 큰돈이 아니었나 보다. 자, 그 주인공이 궁금하지 않은가? 바로 경마왕 빌 벤터Bill Benter다.[7]

[그림 1-3] 경마왕 빌 벤터

사진: Tom Johnson

벤터 역시 에드워드 소프의 후계자 중 한 명이다. 《딜러를 이겨라》를 읽고 크게 감명받은 그는 아르바이트로 마련한 돈을 토대로 카드 카운팅 기술을 이용해 카지노를 정복하기 시작했다. 벤터는 몇 년 만에 엄청난 돈을 벌었지만, 결국 카지노에서 출입 금지를 당하고 말았다.

데이터를 바탕으로 베팅을 하면 도박 역시 정복할 수 있다는 사실을 안 그는 홍콩의 경마시장을 다음 목표로 정했다. 물리학에 해박하고 컴퓨터에 관심이 많았던 그에겐 경마 역시 데이터와 과학의 영역이었다. 여러 변수를 통해 특정 말이 우승할 확률을 구하는 모형을 만들고, 경마의 배당률에서 구해지는 승률보다 모형을 기준으로 한 승률이 더 높은 '오버레이overlays'를 찾아 베팅을 하면 되는 것이었다. 더구나 경마장에 직접 갈 필요 없이 전화로도 베팅이 가능한 홍콩의 해피밸리는 참으로 이상적인 장소였다.

남은 문제는 '이 모형이 얼마나 정확한가'였다. 사실 경마 예측을 위한 연구는 이전부터 존재했다. 벤터는 캐나다 앨버타 대학의 루스 볼턴Ruth Bolton과 랜들 채프먼Randall Chapman의 논문 〈Searching for Positive Returns at the Track〉[8]에서 힌트를 얻었다. 말이 우승할 확률은 말의 출발 위치, 최근 경주에서의 평균 속도 등에 영향을 받는다는 것이 이 논문의 핵심이었다. 벤터는 이를 바탕으로 모델을 만들며 약 9개월에 걸쳐 경마 관련 책을 탐독하고 방대한 데이터베이스를 만들어 경마 예상 프로그램을 개발했다.

결과는 어땠을까? 그의 첫 번째 도전은 처참히 실패했다. 고작 20여 개의 변수를 사용한 모델로는 경마 결과를 예측할 수 없었다. 하지만 그는 좌절하지 않았다. 2년에 걸쳐 새로운 프로그램을 만들어 다시 홍콩 경마시장에 도전장을 던졌다. 몇십만 줄의 컴퓨터 코드와 120개로 늘어난 변수로 인해 적중률은 대폭 향상되었다. 결국 맥도날드에서 아르바이트를 하던 청년 벤터는 경마 베팅을 정복할 수 있었고, 1조 원이 넘는 돈을 손에 쥐게 되었다.

데이터를 이용한 경마 베팅은 더 이상 신화 속 이야기가 아니다. 벤터가 성공을 거둔 이후 홍콩 경마시장에 데이터와 모형을 사용하는 팀이 계속해서 늘어가고 있다. 전 세계 최대 경마시장인 미국에서도 컴퓨터 예측 모형을 통해 베팅을 하는 금액이 연간 20억 달러, 약 2조 원에 달한다. 이는 전체 베팅액의 15~20%를 차지한다.[9]

복권 당첨을 예측한 셀비 부부

2011년 미국 메사추세츠주에 살고 있던 제럴드 셀비Gerald Selbee와 마조리 셀비Marjorie Selbee 부부는 3일에 걸쳐 복권 30만 장을 사들였다. 그들은 왜 이렇게나 많은 복권을 구입한 것일까? 다른 많은 이들처럼 당첨을 간절히 바라며 도박을 한 것일까? 이 부부가 2011년 한 해에만 100만 달러, 약 10억 원의 복권 당첨금을 받았다고 신고한 것은 절대 우연이 아니다. 그들은 게임의 구조를 이해하고 복권 당첨률을 분석해 매해 돈을 벌어들이고 있었으니 말이다. 그렇다면 과연 그들은 어떻게 이런 결과를 만든 것일까?[10]

[그림 1-4] 제럴드 셀비와 마조리 셀비 부부

사진: Lyndon French

2003년 제럴드는 새로 나온 로또인 윈폴WinFall의 안내문을 보았다. 윈폴은 1부터 49까지의 숫자 중 6개를 고르고, 6개 숫자를 추첨하는 방식이다. 6개 숫자를 맞추면 최대 200만 달러의 당첨금을 받을 수 있고, 6개 중 5개, 4개, 3개 또는 2개를 맞춰도 적은 금액이지만 당첨금을 받을 수 있다. 여기서 주목할 점은 바로 '롤다운roll-down'이라는 특이한 방식이다. 1등 당첨자가 나오지 않으면 당첨금이 이월되고, 1등 당첨금이 500만 달러를 넘으면 롤다운이 발생한다. 만약 이때도 1등 당첨자가 나오지 않으면 당첨금은 2등 이하 모든 당첨자에게 돌아간다.

제럴드는 암산으로 확률을 계산해보았다. 6개 숫자 중 3개를 맞춰

5달러의 당첨금을 받을 확률은 54분의 1, 4개를 맞춰 100달러의 당첨금을 받을 확률은 1,500분의 1, 롤다운이 발생할 때까지 기다렸다가 복권을 사면 다음 회차에 1등 당첨자가 나오지 않을 경우 손해보다 수익이 높다는 결과가 나왔다. 즉 롤다운 발생 후 1등 당첨자가 나오지 않으면 3개 숫자를 맞춘 사람은 5달러가 아니라 50달러, 4개 숫자를 맞춘 사람은 100달러가 아니라 1,000달러를 받게 된다.

제럴드는 실제로 테스트를 진행했다. 롤다운이 발생한 주에 가상으로 숫자를 고르고, 당첨 번호가 발표되면 당첨금이 얼마인지 계산해보았다. 결과는 놀라웠다. 진짜 돈을 벌 수 있었다! 제럴드는 다음 롤다운이 발생했을 때 실제로 투자를 해보기로 결심했다. 그는 본인의 집에서 북서쪽으로 47마일 떨어진 편의점으로 달려가 로또 기계를 통해 모든 숫자 조합으로 2,200장의 복권을 구입했다. 이때 들어간 비용은 2,200달러였다. 며칠 뒤 제럴드는 추첨을 통해 2,150달러의 당첨금을 얻었다. 총 50달러의 손해를 본 것이다.

하지만 그는 실망하지 않았다. 그저 운이 나빴다고 생각했다. 그는 본인이 계산한 통계적 확률을 맞추려면 더 많은 로또를 구입해야 한다는 사실을 깨닫고 이후 롤다운이 발생했을 때 3,400달러어치 복권을 구입했다. 이번에는 결과가 어땠을까? 당첨금이 6,300달러로 늘었을 뿐만 아니라 수익도 거두었다. 용기를 얻은 그는 다음번에는 8,000달러를 베팅해 1만 5,700달러를 벌어들였다.

제럴드는 본격적으로 나서기로 결심하고 'GS 인베스트먼트 스트레터지'라는 법인을 만들어 기업 형태로 베팅을 하기 시작했다. 사실 이 회사에서 하는 사업은 복권을 구매하는 일이 전부였다. GS 인베스트먼트 스트레터지는 2005년 봄까지 12차례 롤다운이 발생한 주에 복권을 구입했고, 수익은 4만 달러에서 8만 달러, 16만 달러로 늘어났다.

2005년 미시간주에서는 매출이 떨어진다는 이유로 윈폴의 판매를 중단했다. 그로 인해 GS 인베스트먼트 스트레터지는 메사추세츠주에서 새롭게 팔기 시작한 캐시 윈폴 복권으로 눈을 돌렸다. 게임의 룰은 약간 달랐지만 방식은 기본적으로 같았다. 확률도 문제가 없었다. 그들은 약 12만 달러를 들여 복권 6만 장을 구입했고, 이를 통해 17만 8,000달러의 당첨금을 받았다. 이후에는 베팅액을 늘렸는데, 6년 후 마지막으로 복권을 구입했을 때는 72만 달러를 투자해 99만 8,000달러의 당첨금을 받았다. 9년 동안 그들이 받은 당첨금은 무려 2,700만 달러였으며, 세전 순이익은 775만 달러에 달한다. 셀비 부부는 2012년 1월 캐시 윈폴 복권을 구입한 것을 마지막으로 베팅을 그만두었고, GS 인베스트먼트 스트레터지와 수익을 나누었다.

캐시 윈폴을 노린 사람은 셀비 부부만이 아니다. MIT에 재학 중이던 제임스 하비(James Harvey)는 기숙사 동료들에게 팀을 만들어 복권을 구입하자고 제안했다. 하비는 수학 과제로 복권 게임에 대해 연구했고, 당시 인기 복권이었던 파워볼과 메가밀리언스 중 어느 것이 당첨률이 높은지 비교해보았다. 그 과정에서 그는 캐시 윈폴 복권에서 롤다운이 발생하면 확률적으로 돈을 벌 수 있다는 놀라운 사실을 발견했다. 하비는 며칠 만에 50명의 동료를 모았고, 20달러씩 걷어 1,000달러를 준비했다. 그는 이 돈으로 롤다운이 발생한 캐시 윈폴 복권 500장을 구입했다. 그 결과, MIT 복권팀은 3,000달러의 당첨금을 받았다.

그들은 '랜덤 스트레터지스 LLC'라는 법인을 설립한 뒤 셀비 부부처럼 기계적으로 베팅을 하기 시작했다. 그들은 7년간 4,000만 달러, 약 400억 원어치의 복권을 구입해 4,800만 달러, 약 480억 원의 당첨금을 받았다. 무려 800만 달러, 약 80억 원의 수익을 거둔 것이다.

〈컬럼비아 저널리즘 리뷰〉의 2017년 조사 결과에 따르면, 단순히 행운이라고 말하기 힘든 복권 당첨 결과가 매우 많다. 메사추세츠주에 살고 있는 79세 남성 클라렌스 존스 Clarence W. Jones는 지난 7년간 1만 장이 넘는 복권이 당첨되어 1,800만 달러 이상의 당첨금을 수령했고, 약 1,700명의 미국인이 600달러가 넘는 당첨금을 50회 이상 받아갔다. 조안 진서 Joan Ginther라는 여성은 4차례나 텍사스 복권 1등에 당첨되기도 했다. 그녀가 통계학 박사인 점을 고려하면, 텍사스 복권의 시스템에서 이례적인 현상을 발견하지 않았을까 싶다. 스탠퍼드 대학교와 MIT에서 공부한 통계학자 모한 스리바스타바 Mohan Srivastava는 2003년 캐나다에서 발행된 특정 즉석복권의 패턴을 연구하면 90% 이상 정확한 숫자를 예측할 수 있다고 이야기했다.

많은 사람이 베팅 중 가장 운의 영역이라고 생각되는 복권도 데이터를 통해 정복했다. 게임의 구조를 알고 확률을 계산했던 그들에게 복권은 도박의 영역이 아닌, 과학의 영역이었다.

인간의 본능보다 강한 힘을 가진 데이터

데이터를 활용해 과거에도, 현재에도, 미래에도 계속 발생할 일들을 찾는다는 것은 분명 매혹적이다. 이 책에 소개한 사람들은 도박꾼이 아니라 남들이 보지 못한 데이터 속 모형들을 찾아 나선 과학자라 할 수 있다. 이런 행위가 수익으로 연결되는 이유는 이들을 제외한 다른 사람들은 관심이 없기 때문이다.

혹자는 데이터를 통해 투자의 이점을 찾아내면 모든 사람이 따라 하기 시작할 텐데 과연 그것이 유지되겠느냐고 묻는다. 그런데 데이터를 통해 로또나 대부분의 카지노 게임이 손실을 입힌다는 사실이 증명되었어도 많은 사람이 이를 이해하지 못하거나 이해하더라도 투기적인 조급함 때문에 깊이 생각하지 않는다. 더욱이 경마나 주식시장 등 타인의 판단이 집단적으로 틀릴수록 내가 얻을 수 있는 이익이 많아지는 경우에는 더욱 그러한 경향이 심해진다.

사람들이 구조적으로 오판을 할 수 있다는 사실을 이해할수록 그 반대편에 서 있을 이유가 분명해진다. 인간은 증거가 눈앞에 있어도 본능을 앞세우는 경향이 강해 그 증거들을 외면한다는 사실을 기억하자. 그럴수록 정확한 데이터를 가지고 있는 사람의 이점은 공고해진다. 무엇보다 우리 스스로 데이터를 피해 본능대로 뛰쳐나가고자 하는 마음을 억제해야 한다. 관심이 멀어지면 그 순간부터 필패하게 된다.

투자를 실패로 이끄는
인간의 감정들

지금까지 베팅의 세계에서 데이터를 통해 유리한 확률을 찾아내고, 이를 활용해 성공한 사람들에 대해 알아보았다. 그런데 100명의 사람에게 이러한 기법을 알려주어도 정작 성공적인 베팅을 하는 사람은 10명도 되지 않는다. 전쟁터의 느낌을 전해 듣는 것과 머리 위로 총알이 날아다니는 것을 직접 경험하는 것은 전혀 다르다. 마찬가지로 실제 테이블에 앉아 베팅을 하기 시작하면 객관적으로 생각하기보다 감정에 휘둘리기 쉽다. 대부분의 사람은 감정과 편향에 지배당한다. 한 번 지배당한 이상 그 결과는 파산으로 직행할 가능성이 크다.

이는 주식시장도 마찬가지다. 전통적인 경제학에서는 인간이 합리적이고 객관적인 선택을 하는 존재라고 가정하지만, 최근에는 '행동경제학'이라는 이름으로 인간은 매 순간 상당히 주관적이고 변덕

스러우며 비합리적인 선택을 하는 존재라는 사실이 상세하게 밝혀졌다.

한 연구[11]에 따르면 맑은 날에는 주식시장이 더 자주 상승하고, 흐린 날에는 더 자주 하락하는 경향이 있다고 한다. 즉 화창한 날에는 투자자들의 기분 역시 좋아져 경제 환경을 더욱 긍정적으로 생각하고, 그 영향으로 주가 역시 상승한다는 것이다. 또 다른 연구[12]에 따르면 국가대표 축구팀이 월드컵이나 다른 경기에서 패한 다음 날 주식시장의 수익률이 낮다고 한다. 2000년 닷컴버블 시절에는 회사 이름을 '.com' 혹은 '.net'으로 바꾸기만 해도 주식 수익률이 상승하는 기현상이 벌어지기도 했다.[13]

이처럼 우리는 베팅을 할 때 감정에 상당히 영향을 받으며, 인간의 머릿속에는 합리적인 선택을 방해하는 수많은 편향이 존재한다. 편향은 달리 말하면 '색안경'이다. 인간의 뇌는 환경과 조우하며 온갖 종류의 심리적 색안경을 만들어내는데, 이 때문에 일관적인 판단을 내리는 것이 매우 어렵다.

길게 이야기할 필요도 없다. 아침에 배우자나 애인, 친한 친구, 사업 파트너와 모질게 싸운 뒤 하루를 시작한 날과 인생의 소중한 사람들에게 따스한 응원의 말을 들은 뒤 하루를 시작한 날의 상황 판단력이 매우 다르지 않은가. 사람이 한결같이 합리적이라면 "지금 사장님 기분이 좋지 않으니 나중에 보고하세요"와 같은 말은 애초에 들을 일이 없고, 바이어를 만날 때 옷을 차려입는 것, 작은 선물을 준비하는 것, 맛있는 음식을 대접하는 것 모두 결과에 영향을 미치지 않아야 한다.

만약 인간이 합리적이기만 하다면 꽃집은 다 망할 것이고, 담배는 한 대도 팔리지 않을 것이며, 카드 빚은 존재하지 않을 것이고, 비즈니스 출장도 필요하지 않을 것이다. 그러나 우리는 감성으로 결정하고 이를 이성이라 포장하는 존재가 아닌가. 이 감성들 중에는 내 돈을 갉아먹는 '색안경'들이 상당수 존재한다. 그 색안경은 절대로 우리의 편이 아니며, 그것을 극복해야만 돈을 벌 수 있다.

지금부터 감정적 색안경(심리적 편향)에는 어떠한 것들이 있는지, 그로 인해 어떻게 잘못된 선택을 하게 되는지 하나하나 알아보도록 하자.

잃는 것을 지극히 싫어하는 마음, 손실 회피성(Loss Aversion)

먼저 다음 두 시나리오를 읽고 답변해보기 바란다.

> 시나리오 1: 당신은 1,000달러를 받은 뒤 다음 2가지 중 하나를 선택할 것을 제시받았다. A를 선택하면 500달러를 더 받을 수 있다. B를 선택하면 동전을 던질 기회가 주어지는데, 앞면이 나오면 1,000달러를 더 받을 수 있지만 뒷면이 나오면 아무것도 받을 수 없다. 어느 쪽을 선택하겠는가?

> 시나리오 2: 당신은 2,000달러를 받은 뒤 다음 2가지 중 하나를 선택할 것을 제시받았다. A를 선택하면 그냥 500달러를 잃는다. B를 선택하면 동전을 던질 기회가 주어지는데, 앞면이 나오면 1,000달러를 잃게 되지만 뒷면이 나오면 1달러도 잃지 않는다. 어느 쪽을 선택하겠는가?

연구 결과에 따르면, 대부분의 사람이 첫 번째 시나리오에서는 1,000달러를 챙긴 이후 500달러의 이익이 보장되는 A를 선택한 반면, 두 번째 시나리오에서는 2,000달러에서 조금이라도 잃지 않을 가능성이 있는 B를 선택했다. 즉 확실한 이익을 손에 넣을 수 있는 기회가 오면 신중해지는 반면, 손실을 피하고자 할 때는 위험을 무릅쓰는 것이다.

그런데 두 시나리오는 확률적으로 완전히 같은 게임이다. 전자는 동전을 잘 던지면 2,000달러를 받고, 잘못 던지면 1,000달러를 받는 게임, 후자는 1,500달러만 챙겨갈 수 있는 게임일 뿐이다. 말만 잘하면 사람들은 같은 게임에서 다른 선택을 할 가능성이 크다. 자신들의 가치관을 반영해 신중하게 결정했다고 하지만 실제로는 감정적 색안경이 작용한 것이다.

노벨 경제학상을 수상한 대니얼 카너먼$^{Daniel\ Kahneman}$과 아모스 트버스키$^{Amos\ Tversky}$의 전망이론$^{Prospect\ theory}$[14]에 따르면 사람들은 돈을 얻는 기쁨보다 돈을 잃는 아픔을 2배 이상 크게 느낀다고 한다. [그림 1-5]를 보자. 가로축은 상대적인 이익을, 세로축은 주관적인 가치를 의미한다. 5달러의 이익을 볼 때는 18 정도의 행복을 느끼지만, 5달러의 손실을 볼 때는 40 정도의 불행을 느낀다.

[그림 1-5] 전망이론에 따른 가치함수

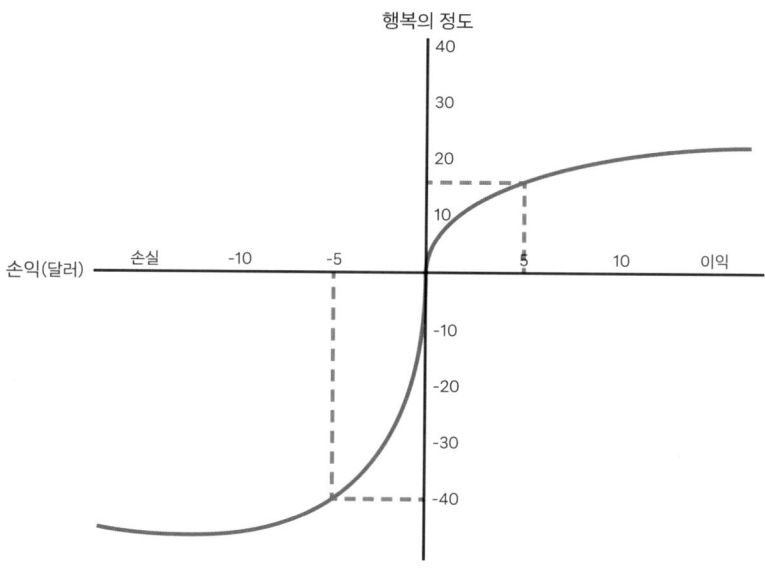

앞서 소개한 첫 번째 시나리오에서 사람들은 1,000달러를 얻으려다 확실한 500달러를 잃게 될지도 모른다는 생각에 확실한 500달러를 선택한다. 이미 1,500달러를 원금으로 생각하고 있는 것이다. 두 번째 시나리오에서는 2,000달러를 원금으로 생각하는 상황에서

500달러를 확실히 잃는다고 생각하는 것이 매우 고통스럽기 때문에 이러한 고통을 피하기 위해 1,000달러를 잃을 가능성이 있지만 위험을 불사하는 것이다.

이처럼 손실을 회피하기 위해 위험을 감수하는 행동은 베팅의 세계에서 흔히 볼 수 있다. 도박을 할 때 손실을 보기 시작하면 원금을 되찾고자 하는 마음에 베팅액을 올리는 사람이 많다. 보유한 주식이 조금만 오르면 다시 하락하는 것이 두려워 금방 팔아버리는 것도 원금 이하로 하락하는 고통이 앞으로 얻을 감정적 이익보다 월등히 크기 때문이 아닐까? 한편 주가가 하락하기 시작하면 이미 고통을 경험했으므로 원금을 복구해 시원한 쾌감을 느낄 생각이 추가 하락에 대한 걱정보다 훨씬 강렬하게 다가온다. 그래서 많은 사람이 손실을 본 주식을 너무 오래 붙들고 있어 다른 투자 기회를 놓친다.

[그림 1-5]는 우리의 감정적 색안경을 매우 잘 표현한 듯하다. 우리에게 색안경이 없었다면 S자로 그려진 곡선은 곧은 직선이 되었을 것이다.

나에 대한 지나친 믿음, 자기 과신(Overconfidence)

1981년 스웨덴의 자동차 운전자들을 대상으로 실시한 조사에 따르면, 90%의 사람이 '나의 운전 기술은 평균 이상이다'라고 대답했다고 한다. 물론 그럴 리가 없는데 말이다. 대부분의 남성은 자신이 평균 이상으로 잘생겼다고 믿고 있다. 하지만 이는 착각일 뿐이다. 평균적으로 사람들은 '평균'을 잘 이해하지 못한다. 덕분에 많은 사람이 스스로에 대해 굉장히 자신감을 가지고 있고, 이런 자신감은 인생을 윤택하게 만들어준다.

하지만 확률을 아는 자가 모든 것을 가져가는 베팅의 세계에서 지나친 자신감은 오히려 독이 될 수 있다. 2020년 한 증권사의 고객 데이터를 조사한 결과, 연령대가 낮을수록 그리고 남성일수록 수익률이 낮은 현상이 발견되었다.[15]

[표 1-3] 2020년 연령/성별에 따른 수익률 차이

(단위: %)

연령	남성	여성
20대	3.81	21.73
30대	11.29	25.98
40대	20.36	25.73

출처: NH투자증권

40대 여성은 한 해 동안 25.73%나 되는 수익률을 기록한 반면, 20대 남성은 3.81%의 수익률밖에 기록하지 못했다. 그 원인은 무엇일까? 바로 본인의 투자 능력을 과대평가해 지나치게 많이 매매했기 때문이다. 자신감이 있을 땐 확률적으로 유리한 매매가 무엇인지 검토할 생각조차 하지 않을 수 있다. 남성 호르몬인 테스토스테론으

로 인해 자신감이 넘치는 젊은 남성들은 자신은 저가에 주식을 사서 고가에 팔 수 있는 능력을 지녔다고 (근거가 없을 때도) 확신한다. 테스토스테론은 도전심과 탐구심을 불러일으키는, 과학인을 키우는 호르몬이기도 하다. 남자아이들이 하루 종일 로봇 장난감을 뒤트는 이유도, 종종 물건을 집어던지는 이유도 물리 세계를 이해하고자 하는 강렬한 탐구심 때문이라고 한다.

정리하면, 남성들은 과도하게 무분별한 실험 매매를 하는 편이고, 결과적으로 가장 낮은 성과를 기록했다. 과도한 매매로 비용을 더 지불했던 것도 한몫했다. 어쨌든 건장한 남성들은 이러한 수수료를 미리 계산해볼 가치조차 느끼지 않는 경우가 많다.

한 조사 결과[16]에 따르면 2021년 1월부터 7월까지 20대 남성의 매매회전율은 838%였는데, 이는 잔고가 100만 원인 계좌에서 1년간 8,380만원 어치를 매매했다는 뜻이다. 반면 20대 여성의 매매회전율은 이보다 훨씬 낮은 261%였다. 여성들이 '쓸데없는 일에 대한 실험정신'이 더 적다고 할 수 있다. 미국도 이에 대해 연구를 진행했는데, 남성이 여성에 비해 45%나 매매를 더 많이 함에도 불구하고 순이익은 더 낮은 것으로 밝혀졌다.

[표 1-4] 2021년 연령/성별에 따른 매매회전율 차이

(단위: %)

연령	전체	남성	여성
10대	128	151	98
20대	555	838	261
30대	527	714	327
40대	534	697	368
50대	541	722	369
60대	505	647	329
70대	409	472	309

출처: NH투자증권

　필자는 이러한 사실을 접하고도 자신만큼은 해당되지 않는다고 생각하는 남성이 80%는 될 것이라 추측한다. 만약 여러분이 20%에 속한다면 스스로의 호르몬을 뛰어넘는 뛰어난 메타인지를 보유하고 있으므로 성공적인 투자를 할 가능성이 크다. 아마도 80%는 지금 이 순간 자신이 20%에 속한다고 해석하지 않았을까?

마음에 내리는 닻, 앵커링 효과(Anchoring Effect)

　대니얼 카너먼 교수는 고등학생들을 두 그룹으로 나누어 다음 문제를 5초 만에 암산하게 했다.

첫 번째 그룹: 8 × 7 × 6 × 5 × 4 × 3 × 2 × 1 = ?

두 번째 그룹: 1 × 2 × 3 × 4 × 5 × 6 × 7 × 8 = ?

첫 번째 그룹 학생들이 제시한 답의 중간값은 2,250, 두 번째 그룹 학생들이 제시한 답의 중간값은 512였다. 두 그룹 모두 1부터 8까지 곱하는 것이므로 같은 값이 나와야 한다. 첫 번째 그룹 학생들은 큰 숫자인 '8×7'부터 계산을 시작해 기준점을 높게, 두 번째 그룹 학생들은 낮은 숫자인 '1×2'부터 계산을 시작해 기준점을 낮게 잡아 두 그룹 간에 상당한 차이가 발생한 것이다. 참고로 정답은 40,320이다. 이처럼 사람들은 객관적인 판단이나 의사결정을 할 때 아무런 관계도 없는 사실이나 숫자를 기준으로 삼아 닻anchor을 내리고, 이를 바탕으로 결정을 한다.

1만 원에 산 주식이 하락해 7,000원이 되었다고 가정하자. 아마도 이 주식을 매도하는 사람은 거의 없을 것이다. 단순히 내가 산 가격이 1만 원이라는 이유 하나만으로 이 주식의 적정가격은 1만 원이라는 잘못된 기준점을 만들고 다시 1만 원이 될 때까지 무한정 기다리는 사람이 많다. 오히려 1만 원은 너무 비싼 가격이고, 적정가격은 5,000원이므로 지금 매도하는 것이 현명한 선택일 수도 있는데 말이다.

색안경 중에 가장 허탈한 색안경인 앵커링 효과는 투자가 아닌 일반적인 협상이나 마케팅에 대입해보면 훨씬 이해하기 쉬울 것이다.

여러분이 구입하려는 물건이 있다. 이때 물건에 '10만 원'이라고 적혀 있는 것과 '20만 원에서 50% 할인한 금액 10만 원!'이라고 적혀 있는 것 중 무엇이 더 저렴해 보이는가? 물론 여러분은 아니라고 주장하겠지만 후자를 선택하는 사람이 많다.

중고 자동차 가격 등을 협상할 때도 우선 비싼 금액을 제시하는 것이 중요하다. 상대방은 그 가격에 깊은 닻을 내리고 그 세계관을 받아들일 가능성이 크기 때문이다. 가격을 조금만 깎아줘도 엄청나게 기뻐할지도 모른다. 반대로 매수자가 먼저 가격을 불러야 한다면 무조건 가격을 후려쳐야 한다. 상대방은 그제야 가격을 높이기 위해 여러 논리를 펼치고 불쾌감을 드러내겠지만, 한 번 들은 가격은 쉽게 잊히지 않는 법이다.

문제는 여러분이 주식을 볼 때도 이미 이렇게 하고 있다는 것이다. 한 번 본 가격은 뇌리에 깊이 박혀 진실된 가치를 반영하는 착각을 일으킨다. 특히나 자신이 매수했거나 매도했던 가격, 심지어 매수하려 했거나 매도하려 했던 가격마저도 무슨 십계명처럼 자신을 옥죄기 마련이다. 모두 우리 머릿속에서 애착이 만들어낸 색안경이다.

앵커링 효과로 인해 비현실적인 숫자에 기준점을 내리고 미래를 예상하는 일도 비일비재하다. 한 예로 글로벌 금융위기 이후 미국의 나스닥지수 수익률은 믿을 수 없을 정도로 높았다. 2019년부터 2021년까지 연평균 수익률은 무려 33%나 된다. 이로 인해 나스닥지수에 투자하면 평생 20~30%의 수익을 얻을 수 있을 것이라 생각하는 사람이 많다. 최근 수익률로만 시뮬레이션을 해서 연 50% 이상 수익률을 안전하게 벌 수 있다고 주장하는 사람들도 있다. 최근 수익률에 기준점을 내리고 이것이 계속 반복될 것이라고 예상하는 것이다. 이런 주장은 최근 수익률이 높았던 모든 시기에 만연했다.

그러나 1971년 이후 연평균 수익률이 약 10%였다는 점을 생각하면 최근 수익률은 오히려 비현실적으로 높으며, 이런 수익률이 계속될 것이라는 보장도 없다. 닷컴버블이 정점에 달했던 2000년에 나스닥지수에 투자했다면 16년이 지난 후에야 원금을 찾았을 것이다. 최근 경험을 토대로 '진리'라고 주장하는 전략들 중 상당수를 2000년부터의 데이터에 적용해보면 현재까지도 원금을 회복하지 못하고 있는 경우가 많다.

[표 1-5] 글로벌 금융위기 이후 나스닥지수 수익률

(단위: %)

연도	수익률	연도	수익률
2009년	43.89	2016년	7.50
2010년	16.91	2017년	28.24
2011년	-1.80	2018년	-3.88
2012년	15.91	2019년	35.23
2013년	38.32	2020년	43.64
2014년	13.40	2021년	22.14
2015년	5.73		

[그림 1-6] 1990~2021년 나스닥지수

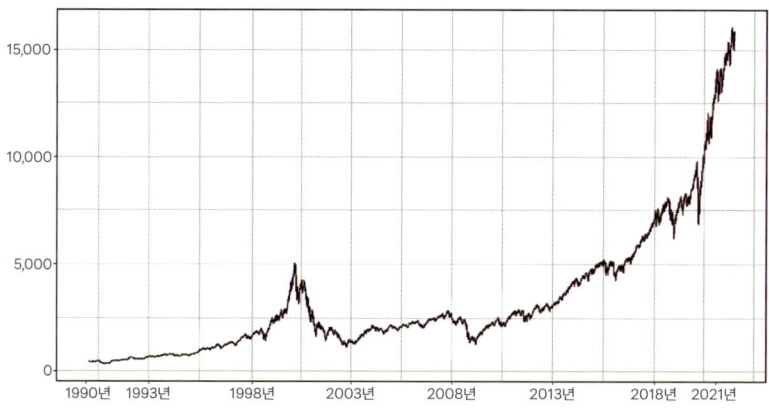

 이러한 앵커링 효과는 확증 편향Confimation Bias 혹은 선호 편향으로 인해 더욱 악화된다. 이는 최초에 받은 인상이나 선택을 확증시켜줄 만한 정보를 찾아내 그것을 특별하게 생각해 마음에 강하게 각인시키는 것이다. 즉 새로운 정보를 자신이 선택한 것에 유리하게 해석하는 반면, 이와 반대되는 정보는 무시하는 것이다. 많은 투자자가 특정 주식을 매력적이라 생각해 매수한다. 그 후에는 그 주식이 오를 것이라 말하는 정보만을 찾아보고 더욱 강하게 확신한다. 이와 반대되는, 즉 그 주식이 떨어질 것이라 말하는 정보는 보려 하지 않고 애서 무시한다.
 이에 대해서도 투자 외 사례들을 살펴보자. 사람을 뽑는 구인 면접 등에서 면접관들은 대체로 첫인상을 보고 자신의 판단을 결정한

다. 그리고 이후 면접을 진행하는 동안 자신의 첫인상을 정당화할 정보들만 찾는다고 한다. 즉 좋은 인상을 받은 사람에게서 무엇이든 자신과 닮은 점을 찾아내 "역시 내가 맞았어. 저 사람은 찐이야!"라고 외치는 것이다. 사고 싶은 물건이 있을 때는 물론, 소개팅을 할 때도 이런 확증 편향은 강력하게 발휘된다. 그런데 이런 경우, 대체로 후회를 불러일으킨다는 점을 염두에 두어야 한다.

소유 효과라는 것도 앵커링 효과와 흡사하다. 자신이 소유한 것이 더 예뻐 보이기 마련이다. 나의 배우자가, 나의 자녀가, 나의 이성친구가 더 예쁘고 멋지다. 고백하는 순간부터, 아니 좋아한다는 사실을 깨달은 순간부터 더 아름답고 잘생겨 보인다. 인간의 팔은 안으로 굽듯, 인간의 마음도 안으로 굽는다. 팔이 밖으로 굽으면 부러지지 않겠는가.

심지어 소유 효과로 인해 많은 사람이 선물 받아 소유하기로 한 미술작품을 기존에 선호하던 미술작품보다 더 마음에 들어 한다는 연구 결과도 있다. 더욱 신기한 것은 단기 기억 장애로 인해 자신이 선물을 받았다는 사실을 잊은 환자들마저도 선물을 받은 순간 뇌 구조가 변해 해당 미술작품을 더 선호하게 된다고 한다. 세일즈맨들은 "여러분이 이 물건을 가졌다고 상상해보세요"라고 멘트를 날리면 판매율이 상승한다고 이야기한다. 상상하는 순간부터 이미 지름신의 손아귀에 들어가는 것이다. 인간은 그런 존재라는 사실을 반드시 기억하자.

확률을 과대평가하게 만드는
대표성 휴리스틱(Representativeness Heuristic)

EBS에서 〈인간의 두 얼굴〉이라는 다큐멘터리를 통해 한 가지 실험을 진행했다. 사람들에게 복장과 헤어스타일만 달리한 동일한 남성을 보여준 뒤 첫인상이 어떤지 물어보았다. 사람들은 남성이 편안한 옷차림을 했을 때는 공장에서 일하는 사람, 음식점에서 일하는 사람일 것이라 예상했고, 남성이 정장을 갖춰 입었을 때는 억대 연봉을 받는 변호사나 의사, 심지어 금수저일 것이라 예상했다. 분명 같은 사람임에도 불구하고 옷차림만으로 상반된 평가를 한 것이다. 이는 편안한 옷을 입은 사람은 저임금 노동자, 정장을 입은 사람은 고임금 노동자 혹은 전문직이라는 편견과 고정관념으로 인해 잘못된 판단을 한 결과다.

이처럼 특정 집단에 대한 대표적 속성(앞의 예에서는 복장)에 과도하게 의존하는 오류를 '대표성 휴리스틱'이라고 한다. 어떠한 사건에 대한 카테고리를 정할 때 통계적 수치보다는 단순히 본인의 고정관념에 심하게 의존해 잘못된 판단을 하는 것이다.

물론 이런 색안경은 매우 훌륭한 진화 과정이다. 척 보면 딱 하고 사람을 평가해야 하는 경우가 있는데, 자신에게 위협이 될 사람인지, 도움이 될 사람인지 몇 초 안에 판단해야만 생존이 가능하기 때문이다. 문제는 이러한 첫인상이 확증 편향 같은 색안경들과 조합되면 주식 투자에 아무런 도움이 되지 않는다는 사실이다.

[그림 1-7] 복장 차이에 따른 동일인에 대한 평가 차이

출처: EBS

　대표성 휴리스틱의 한 예로 '도박사의 오류 Gambler's fallacy'가 있다. 1913년 여름, 몬테카를로 카지노의 룰렛이 '검정' 칸에만 20번 연속 멈춘 일이 발생했고, 이를 지켜본 도박꾼들은 모두 '빨강'에 돈을 걸었다. 21번 연속 검정이 나올 확률은 0에 가깝다고 생각했기 때문이다. 그러나 이번에도 검정이 나왔고, 무려 26번 연속 검정이 나왔다. 사실 검정이 연속으로 2번 나오든, 100번 나오든 다음번에 검정이나 빨강이 나올 확률은 50%로 같음에도 불구하고 20번 연속 한 색깔이 나왔다는 사실을 과대평가해 잘못된 확률에 베팅을 한 것이다.
　또 다른 예로 '핫 핸드 Hot hand 오류'가 있다. 농구 경기에서 한 선수가 몇 차례 연속해서 슛에 성공하면 그 선수는 다음에도 슛 성공률이 높다고 믿는 현상을 '핫 핸드'라 한다. 필자 역시 핫 핸드가 존재한다고 생각한다. 스포츠맨들에겐 컨디션이라는 것이 존재하지 않는가. 그러나 한 조사 결과[17]에 따르면 대부분의 선수는 직전 슛의 성공률이 높을수록 오히려 다음 슛의 성공률이 낮아져 핫 핸드 효과는 없는 것으로 나타났다. 몇 차례 연속으로 슛이 들어가는 것은 단지 우연의 결과이고, 결국 확률은 평균으로 회귀한다는 것이다. 사실 컨디션이 좋은 선수에게 더 격렬한 수비가 붙어 발생하는 현상일 가능성도 있기 때문에 개인적으로 필자가 이에 대해 다시 검증해보고 싶은 마음이 있다. 아무튼 이런 확률적인 분석을 할 때 데이터를 보지도 않고 강렬한 인상에 의존하는 색안경은 분명 존재한다.

영화 〈머니볼〉을 보면 빌리 빈 단장이 사람의 직관에 반하는 데이터를 활용해 구단과 야구계 전체를 변화시키는 과정이 나오는데, 대표성 휴리스틱의 빈틈을 공략하는 과정이라 할 수 있다.

미신으로 범벅된 베팅의 세계에서도 이러한 오류는 흔하게 존재한다. 로또 1등 당첨자가 여러 차례 나온 판매소는 소위 '로또 명당'이라 불리며 몇 시간씩 줄을 서야 로또를 구입할 수 있다. 2000~2002년 미국 텍사스주 로또 판매 데이터를 조사한 결과,[18] 1등을 배출한 판매소는 다음 주 판매량이 12~38% 증가했다. 로또 당첨률은 당연히 오르지 않았는데도 말이다.

투자의 세계에서도 예외는 아니다. 한 연구[19]에 따르면 1994~2000년 752개 헤지펀드의 분기별 수익률을 기준으로 상위 376개

펀드와 하위 376개 펀드로 나누어 자금흐름을 관찰했더니 투자자들은 핫 핸드, 즉 최근 수익률이 좋은 헤지펀드에 투자하는 현상이 나타났으며, 연승 횟수를 더해갈수록 자금 유입이 커지고 연패 횟수가 늘어날수록 자금 유출이 심해졌다고 한다. 이는 최근에 높은 수익을 낸 펀드매니저가 앞으로도 좋은 성과를 낼 것이라는 기대감 때문이다. 그러나 연승한 모든 펀드에 가입하고 연패한 모든 펀드의 자금을 해지하는 거래를 했을 때 다음 분기 평균 수익률은 4.46%에 불과한 반면, 펀드 운용 및 몇 가지 추가적인 사항을 고려해 투자했을 때 평균 수익률은 6.31%로 1.85%p 높은 성과를 거두었다.

이외에도 최근 급등한 주식이나 펀드에 돈이 몰리는 현상을 심심치 않게 볼 수 있듯, 최근 수익률이 영원히 지속되지 않음에도 불구하고 많은 투자자가 이를 과도하게 의식해 투자를 한다.

같은 돈 다른 가치, 멘탈 어카운팅(Mental Accounting)

2019년 6월, 한 남성이 상습절도 등의 혐의로 입건되었다. 놀라운 사실은 그가 13년 전에 로또 1등에 당첨되어 19억 원을 수령했다는 점과 1년 만에 그 돈을 모두 탕진했다는 점이다.[20] 우리는 로또 1등에 당첨되었지만 얼마 지나지 않아 파산한 사람들의 이야기를 종종 접한다.

한 연구[21]에 따르면 복권 당첨자들은 평균적으로 10년 안에 수령

금의 84%를 써버리는 것으로 나타났다. 또 다른 연구[22])에 따르면 1993~2002년 플로리다주의 고액 복권 당첨자(5만~15만 달러)와 소액 복권 당첨자(1만 달러 이하)의 연도별 재정 상태를 분석한 결과, 당첨 2년 후 고액 복권 당첨자의 파산율은 평균 3%로 소액 복권당첨자보다 오히려 높았으며, 5년 후에는 파산율이 5%로 상승했다.

큰 행운을 차지한 사람들이 왜 결과적으로 더 불행해진 것일까? 이는 복권 등 행운으로 얻은 돈에 매우 낮은 가치를 부여하고 쉽게 써버렸기 때문이다. 도박에서 딴 돈을 '하우스 머니house money'라고 한다. 사람들은 이러한 돈을 공짜로 생긴 것이라 판단해 가치가 없는, 즉 다시 사라져도 손해가 아닌 돈이라 생각하는 경향이 강하다.

우리 주변에도 주식이나 투자로 돈을 벌면 기분에 취해 골든벨을 울리는 사람이 많다. 돈을 쉽게 써버린다는 것 자체도 문제이지만, 그보다 더 큰 문제는 정작 본인이 번 돈보다 더 써버리는 경우가 많다는 점이다. 앞서 살펴본 전망이론에 빗대어 봐도 고개가 끄덕여진다. 돈을 많이 벌었을 때의 기쁨은 돈을 잃었을 때의 아픔보다 약하게 느껴진다. 그러니 번 것을 다시 잃어도 그 고통은 상대적으로 약하다. 그렇게 쉽게 돈을 쓰는 것이 습관이 되어 결국 모두 탕진해버리는 것이다.

그런데 어떤 사람은 매우 대범하게 난생처음 들어본 잡주들이나 코인, 선물옵션을 마구잡이로 매매해 수천만 원을 잃으면서도 동네 마트에서는 1,000원을 아끼려는 심리가 공존하기도 한다. 그 계좌와 이 계좌는 다르다는 심리가 발동하기 때문이다. 그런 심리마저 없으면 돈을

다 써버릴 것이기에 대부분의 부자는 마음속에서 가상의 계좌를 여러 개로 나누어놓고, 계좌마다 원금 기준을 부여해 조금이라도 돈을 잃으면 의도적으로 어지럼증을 느끼려고 애를 쓴다. 특정 계좌에서 수천만 원이 벌리거나 사라지고 있으면 현실 세계에서 월급의 위대함이 눈에 들어올 리 없다. 그렇게 저축을 하려는 마음이 사라지는 것이다. 이 역시 전망이론의 관점과 맞닿아 있다. 마음속 가상의 계좌를 파티션으로 분류해야 한 푼 한 푼의 소중함을 깨달을 수 있다. 이런 심리를 '심적 회계' 혹은 '멘탈 어카운팅'이라고 한다.

문제는 멘탈 어카운팅이 독으로 작용할 때다. 대표적으로 노후자금은 신중히 다루어야 한다는 생각에 가장 안전한 대상에 투자하곤 한다. 은퇴, 즉 자금 사용까지 남은 기간이 길면 위험자산에 투자하는 것이 장기적으로 현명한 선택이다. 많은 시간과 많은 현금흐름이 남아 있을 뿐 아니라 액수가 크기 때문에 안전자산에 묵혀둘 이유가 없다. 오히려 자신이 가진 자산 중에서 공격적으로 투자를 하기에 가장 적합하다.

그런데 그 계좌의 이름이 '노후 어쩌고'이기 때문에 사람들은 유독 보수적이 된다. 노후자금을 잘못 건드렸다가 불행한 노후를 보내는 것은 아닌지, 주위로부터 비난을 받지는 않을지 두려워서가 아닐까? 그래서인지 1,000만 원으로 1년 내내 잡주에 단타를 쳐 기껏 운 좋을 때 300만 원을 버는 한이 있어도, 5,000만 원의 퇴직연금으로 매년 10%를 불려 500만 원을 벌 생각을 하지 못한다. 국내 퇴직연금 계좌의 수익률이 1%대인 것을 보면 물가와 수수료를 감안했을 때 사실상 훗날 마이너스가 되기 쉬운데, 참으로 안타깝다. 현재 퇴직연금의 90%가 수익률이 낮은 원리금보장형에 투자되고 있으며, 실적배당형 상품도 대부분 채권형이나 채권혼합형과 같은 안전자산에 투자되고 있다.[23] 퇴직할 때가 됐을 때 저축액이 충분하지 않을 가능성이 매우 크다.

다른 사람에 대한 지나친 의존, 양떼 효과(Herding Effect)

피터 린치Peter Lynch는 월스트리트 사상 최고의 펀드매니저 중 한 명으로 꼽힌다. 1977년 5월부터 1990년 5월까지 13년간 그가 운용한 마젤란펀드는 누적 수익률 2,700%(28배), 연평균 수익률 29.2%를 기록했다. 단 한 해도 마이너스 수익을 기록한 적이 없으며, 1987년을 제외하고 매해 벤치마크인 S&P500지수를 능가하는 수익률을 기록했다(피터 린치가 사임한 1990년 기록은 제외).

그렇다면 이러한 전설적인 펀드에 가입한 투자자들 역시 높은 수익을 거두었을까? 놀랍게도 매해 플러스 수익률을 기록한 그의 펀드에 가입한 투자자 중 절반 이상이 손해를 보고 펀드를 해지했다. 이러한 현상은 마젤란펀드 가입자에게만 해당하는 것이 아니다. 1988년부터 2008년까지 미국의 주식형 공모펀드는 평균 8.4%의 수익을 기록한 반면, 해당 펀드에 가입한 투자자는 평균 1.9%의 수익밖에 거두지 못했다.[24]

[표 1-6] 마젤란펀드와 S&P500지수의 수익률

(단위: %)

연도	마젤란펀드	S&P500	초과 수익률
1977년	14.50	-11.50	26.00
1978년	31.70	1.10	30.60
1979년	51.70	12.30	39.40
1980년	69.90	25.80	44.10
1981년	16.50	-9.70	26.20
1982년	48.10	14.80	33.30
1983년	38.60	17.30	21.30
1984년	2.00	1.40	0.60
1985년	43.10	26.30	16.80
1986년	23.70	14.60	9.10
1987년	1.00	2.00	-1.00
1988년	22.80	12.40	10.40
1989년	34.60	27.30	7.30
1990년	-4.50	-6.60	2.10

　이는 펀드에 투자한 뒤 오랫동안 보유한 것이 아니라, 다른 사람을 따라 최근 수익률이 좋고 인기가 있는 펀드에 투자한 뒤 단기간에 실망하고 해지했기 때문이다. 즉 수익률이 좋을 때 투자하고 수익률이 나쁠 때 해지하는 일을 반복한 것이다.

　소설가 롤프 도벨리Rolf Dobelli는 저서 《스마트한 생각들》을 통해 인간의 진화 과정에서 군중 심리가 생존에 가장 적합하다는 사실을 증명했으며, 만약 군중 심리가 없었다면 현재의 인간은 존재하지 않았을 것이라고 주장했다. 이러한 결과로 사람들은 남들보다 뒤처지거나 동떨어지는 것을 무서워해 맹목적으로 다른 사람을 따라가는 경향이 있는데, 이를 '양떼 효과'라 한다. 사람들은 확신이 없을수록 혹은 위험이 커질수록 군중에 휩쓸린다. 남과 다르지 않다는 사실은 얼마나 포근한가. 설령 결과가 나쁘다 하더라도 외톨이가 되어 동떨어지는 것보다는 한결 낫다고 생각한다.

이러한 현상은 개인 투자자들에게만 국한되지 않는다. 한 연구[25]에 따르면 전문가인 애널리스트들조차 기업의 이익을 추정할 때, 본인들이 수집한 데이터보다 기존에 나와 있는 추정치 혹은 다른 애널리스트가 발표한 추정치를 믿고 비슷한 값을 발표한다고 한다. 또 다른 연구에 따르면 사람들은 "1+1=1"이라고 당당하게 외치는 이들 사이에서 같은 질문을 받으면 마찬가지로 "1+1=1"이라고 대답한다고 한다. 군중 속에 숨어 있다가 결국 모두 같이 틀리고 마는 상황을 주식시장에서도 수없이 목격할 수 있다.

2부

데이터로 검증해보는 투자의 진리들

DATA-DRIVEN INVESTMENT

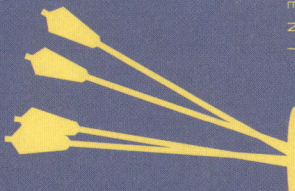

증권시장이란, 인내심이 없는 자로부터 인내심이 있는
자에게로 돈을 이동시키기 위한 도구다.
— 워런 버핏

장기투자는 정말 효과적인 투자법일까

VERIFICATION OF INVESTMENT STRATGY

베팅의 세계에서는 감정적 색안경을 벗어놓고 확률probability과 수익의 양quantity을 세심히 관찰해야 한다. 우선 베팅에서 승리하기 위해서는 게임에서 이길 확률을 정확히 알아야 한다. 당연히 그 확률이 자신에게 유리해야 좋다. 앞서 언급한 에드워드 소프와 그의 후계자들, 리츠클럽의 3인조 등은 데이터를 이용하여 바로 이 확률을 계산하기 위해 노력했다.

이에 못지않게 중요한 것이 베팅에서 성공했을 때 얻는 수익의 양이다. 확률이 아무리 높아도 수익이 지나치게 낮으면 부자가 되기까지 너무 오랜 시간이 걸리기 때문이다. 확률이 비슷하다면, 한 번 이겼을 때 수익이 큰 게임에 베팅해야 한다. 반대로 확률이 낮아도 수익이 이를 모두 보상하고도 남는다면 이 또한 좋은 베팅이 될 수 있다. 따라서 확률과 수익의 양을 입체적으로 분석해야 자신이 추구하는 수익의 형질을 정확히 이해하고 베팅할 수 있다.

[표 2-1]과 같이 확률과 수익의 크기를 기준으로 총 4개의 선택지를 나눌 수 있다. 첫 번째는 이길 확률도 높고 이겼을 때 얻는 수익도 높은 최적의 게임이다. 두 번째는 이길 확률은 높지만 수익은 낮은 게임으로, 이러한 경우 큰돈을 벌기 위해서는 빨리 끝나는 게임을 많이 반복해야 한다. 세 번째는 이길 확률은 낮지만 수익은 큰, 언뜻 보면 도박의 영역이다. 이런 경우에는 대부분 그 수익이 불리한 확률을 보상하지 못한다. 환급률이 낮다는 점이 이를 대변한다. 네 번째는 확률도 낮고 수익도 낮은, 절대로 베팅해서는 안 되는 게임이다.

[표 2-1] 확률과 수익의 크기에 따른 구분

		확률	
		고	저
수익	고	1. 최적	3. 도박
	저	2. 저수익	4. 금지

주식 투자를 할 때도 데이터를 기반으로 이러한 확률과 양을 고려해야 결과적으로 이기는 베팅을 할 수 있다. 그렇다면 확률이 높으면서 수익도 높은 투자법으로는 어떠한 것이 있을까? 흔히 투자의 대가들은 기본 원칙으로 '장기투자'와 '분산투자'를 꼽는다. 데이터를 통해 이러한 투자가 실제로 확률과 수익 모든 측면에서 유리한

지 검증해보도록 하겠다. 먼저 장기투자에 대해 살펴보자.

1928~2021년 미국 S&P500의 수익률을 살펴보면, 100여 년의 기간 동안 주식시장은 단기적으로 상승하기도, 하락하기도 했지만 장기적으로는 상승했다.

[그림 2-1] 미국 S&P500지수

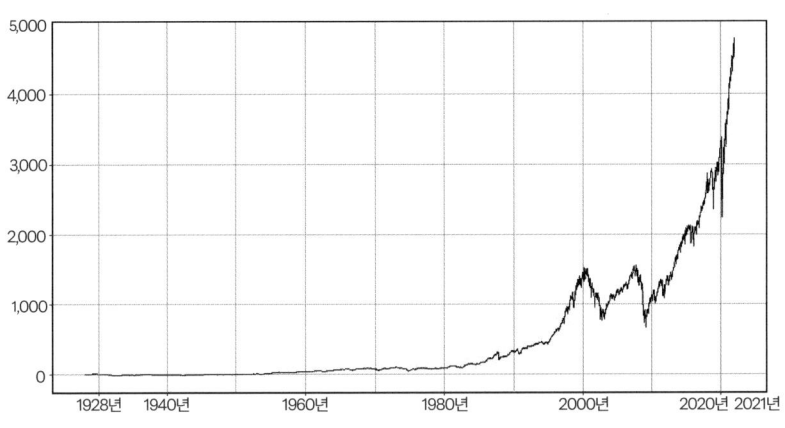

롤링 윈도우 기법을 이용해 투자 기간에 따른 승률을 계산해보자. 롤링 윈도우 기법이란, 예를 들어 1930년 1월부터 n개월 투자했을 때의 수익률, 2월부터 n개월 투자했을 때의 수익률, 3월부터 n개월 투자했을 때의 수익률 등 시작 시점을 한 칸씩 움직이며 모든 경우에서 n개월 투자했을 때의 수익률을 계산하는 것이다. 이를 통해 임의의 시점에서 투자했을 경우 n개월 후 수익률이 플러스인 확률을

계산할 수 있다.

[그림 2-2] 롤링 윈도우 기법의 이해

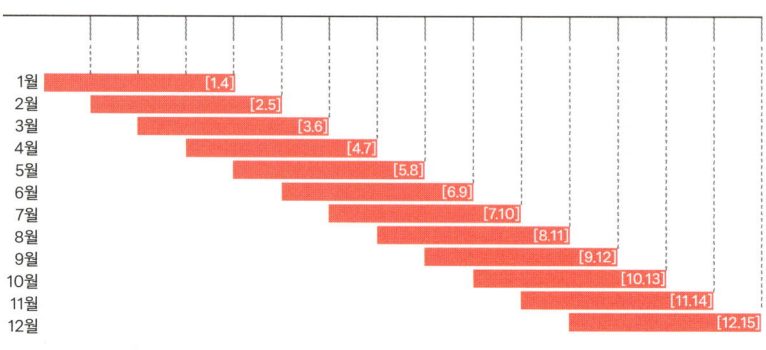

[그림 2-3]은 투자 기간(개월)에 따라 수익을 볼 확률을 나타낸 그래프다. 미국 S&P500지수에 단순히 한 달만 투자했을 때 수익률이 플러스인 경우, 즉 승률은 60%로 절반이 조금 넘는다. 그러나 투자 기간이 길어질수록 승률이 증가하며 120개월, 즉 10년 정도 투자하면 88% 확률로 플러스를 기록한다. 만약 30년 이상 투자한다면 어떤 시점에 투자하더라도 수익을 낼 확률은 100%다. 투자 기간 내에 1930년 대공황, 2000년 IT버블, 2008년 글로벌 금융위기가 발생해 주식이 절반 넘게 하락하는 일이 벌어지더라도 말이다. 즉 확률의 관점에서 보면 단기투자보다는 장기투자가 유리하다. 시간이라는 매우 소중한 자원이 들어가므로 어찌 보면 당연한 결과다.

[그림 2-3] S&P500 투자 기간에 따른 승률

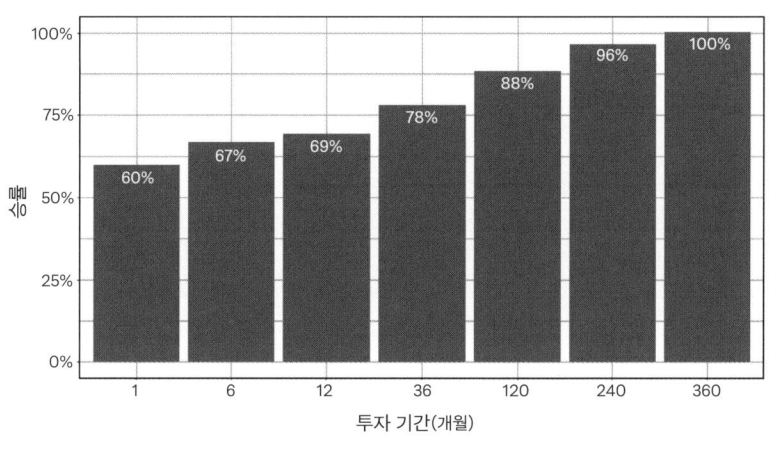

그러나 확률 못지않게 중요한 것이 수익의 양이다. 30년을 투자해 100% 확률로 수익을 보더라도 그 양이 너무 작다면, 가령 누적 수익률이 10%도 되지 않는다면 그다지 훌륭한 베팅이 아니다.

이번에는 양의 측면에서 살펴보자. [그림 2-4]는 투자 기간(개월) 별 연율화 수익률의 분포를 나타낸 것이다. 가장 아래에 위치한 것은 1개월만 투자했을 때의 연율화 수익률 분포다. 최소값은 -98%, 최대값은 5,164%로, 말 그대로 무작위 분포를 보이고 있다. 즉 엄청나게 큰 수익을 얻을 수도 있지만 반대로 큰 손실을 얻을 수도 있는, 사실상 운의 영역인 것이다.

-98%가 어떻게 나온 건지 의아할 것이다. 1개월간의 수익이 -30% 수준이라면 연간 기준이 이 정도 수준이라는 의미로, 실제로 발생한

것은 아니다. 마찬가지로 1개월간의 수익이 40% 수준의 반등이 있었기에 연간 기준으로 5,164%라는 수치가 나오지만, 현실적으론 불가능하다. 다만 일시적인 변동성이 그에 준한다고 생각하면 된다.

반면 투자 기간이 길어질수록 수익률 분포가 가운데로 모이며 극단적인 값이 사라지는, 즉 어느 정도 예측이 가능한 안정적인 모습을 보인다. 더구나 3년, 10년, 20년, 30년 투자했을 때 연평균 수익률의 평균값은 각각 6.31%, 6.45%, 6.82%, 7.06%로, 투자 기간이 길어지면 수익의 양도 커진다.

[그림 2-4] S&P500 투자 기간별 연율화 수익률 분포

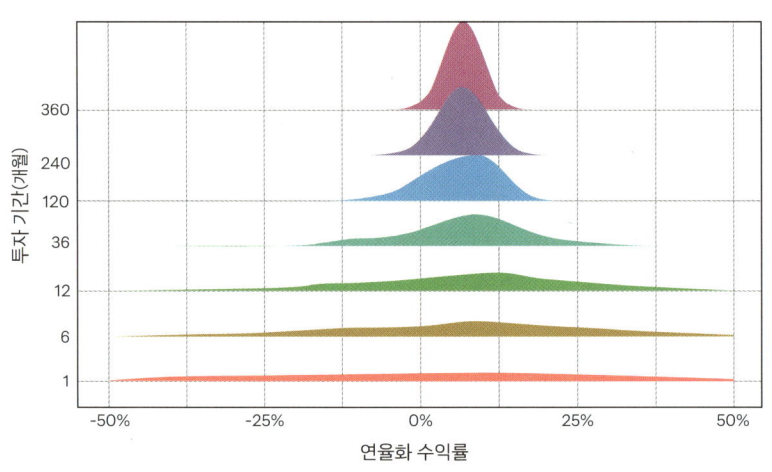

즉 단기투자가 아닌 장기투자를 할수록 수익이 날 확률이 높으며, 높은 수익률을 안정적으로 낼 수 있는 확률과 양의 관점 모두에서 성공적인 베팅이라 할 수 있다. 이렇게 "주식에 장기투자하라"라는 구루들의 조언이 옳다는 사실을 데이터를 통해 확인할 수 있다.

그러나 이러한 결과가 '주식은 무작정 오래 들고 있는 것이 좋다'라는 것을 의미하지는 않는다. 앞서 소개한 예는 S&P500지수, 즉 전체 주식시장을 대상으로 한 것이다. 장기적으로 주식시장의 수익률은 전체 기업들의 배당 수익률 및 배당 성장률의 합에 비례하므로, 기업들이 돈을 버는 한 플러스일 수밖에 없다. 게다가 이는 미국 데이터를 토대로 한, 최근 100년간의 눈부신 성장을 지속한 세계 일류 경제권의 과거 데이터다. 미래 10년 혹은 미래 100년은 다를 가능성도 존재한다. 그럼에도 최선진국들의 다수 기업에 장기투자하는 것은 우리가 할 수 있는 가장 안전한 투자의 일종이다.

단, 개별 기업의 주식은 상황이 전혀 다르다. 기업이 몇 년 연속으로 적자를 기록하는 경우도 있으며, 오랜 기간 주가가 지지부진하거나 하락하는 경우도 수없이 많다. 최악의 경우에는 상장폐지가 될 수도 있다. 기업은 대표이사의 한순간의 욕심이나 판단 착오에 의해서도 망가질 수 있다. 배임이나 횡령, 결정적인 실수가 작용할 수도 있지 않은가. 이런 위험들을 외부에서 일일이 모두 파악하는 것은 매우 어렵다. 앞서 이야기했듯 안타깝게도 개인 투자자들은 손실 회피 및 처분 효과로 인해 오르는 주식을 너무 빨리 팔아 치우고, 오를 가능성이 없는 주식을 너무 오래 붙들고 있는 경향이 있다. 자신의 선택이 잘못될 가능성이 얼마나 높은지 잘 인지했으면 좋겠다.

다시 한 번 정리하면 오를 가능성이 낮은 주식은 피하고, 상대적으로 유망한 종목들을 분산해 선택한 뒤 장기투자를 하는 것이 성공적인 투자를 위한 가장 쉬운 방법이다.

분산투자로
높아지는 투자의 효율

앞서 장기투자가 확률과 수익의 양 측면에서 유리한 베팅이라는 사실을 데이터를 바탕으로 확인해보았다. 이번에는 투자에 있어 또 다른 진리라고 여겨지는 분산투자의 효율성을 데이터를 바탕으로 확인해보자.

분산투자와 반대되는 투자법은 바로 집중투자다. 많은 개인 투자자가 한 종목에 몰빵해 수십 배를 번 주인공이 되기 위해 집중투자를 한다. 심지어 분산투자를 하면 돈을 벌지 못한다고 이야기하기도 한다. 한 조사[26]에 따르면 개인 투자자 중 59%가 평균 3종목 이하를 보유하고 있으며, 그중 20%는 겨우 한 종목만 보유하고 있다고 한다. 나이가 젊을수록 그리고 여성에 비해 남성의 분산투자 수준이 더 낮다. 이 역시 '나는 수십 배가 오를 종목을 선택할 수 있는 능력을 가지고 있어'라는 자기 과신에서 나온 결과다.

[표 2-2] 2020년 기존 및 신규 투자자의 보유 종목수 비율

(단위: %)

	1종목	2~3종목	4종목 이상
전체 투자자	20	39	41
기존 투자자	16	39	45
신규 투자자	32	41	27

출처: 김민기, 김준석(2021)

물론 집중투자를 제대로만 한다면 엄청난 부자가 될 수 있다. 워런 버핏 혹은 전설적인 투자자들처럼 우수한 종목을 발굴할 수 있는 능력과 장기간 기다릴 수 있는 인내심만 있다면 오히려 집중투자를 하는 것이 올바른 선택이다. 그러나 앞서 살펴봤듯, 개인 투자자들은 예전부터 지금까지 꾸준하게 주식시장보다 못한 성과를 기록하고 있으며, 많은 경우 손실을 기록한다. 종목 선정에 별다른 재능이 없는 것이다.

분산투자는 분명 감정적 색안경에 반대되는 행위다. 무언가 계산을 해야 할 것 같고, 충분히 용맹치 않아 보이며, 고위험·고수익에 대한 희망을 앗아가는 느낌이다. 뿐만 아니라 자신감이 부족한 느낌마저 든다.

참고로 단기적으로 엄청난 부자가 된 사람들은 모두 집중투자를 했다. 마치 로또에 당첨된 사람은 로또를 구입한 사람인 것처럼, 유명 오디션에서 1등을 한 사람은 오디션에 참가한 사람인 것처럼, 왕

자님과 결혼한 신데렐라는 파티에 참가했던 사람인 것처럼 앞과 뒤의 연결고리가 존재한다. 하지만 로또를 산다고 모두 당첨되는 것도, 오디션에 참가한다고 모두 1등을 하는 것도, 파티에 참가한다고 모두 왕자님과 결혼하는 것도 아닌 것처럼 집중투자를 한다고 모두가 부자가 되는 것은 아니다. 야외에 있다고 모든 사람이 번개를 맞는 것은 아니다. 번개를 맞은 사람은 야외에 있었던 수많은 사람 중 한 명이었을 뿐이다. 그러니 집중투자가 확률적으로 왕도가 아니라는 점을 강조하고 싶다. 이를 믿기 싫은 이유는 역시 색안경 때문이다. 색안경을 벗고 싶다면 데이터를 보자.

[그림 2-5]는 2012~2021년 국내 상장 종목의 연도별 수익률 분포를 나타낸 것이다. (2002년부터 2011년까지의 그래프는 부록에 첨부했으니 참고하기 바란다.) 붉은색 점선은 해당 연도 코스피지수의 수익률이다. 이를 통해 알 수 있듯 코스피보다 수익률이 낮은 종목이 더 많지만, 최대 하락폭은 상장폐지인 -100%가 최대다. 반면 코스피보다 수익률이 높은 종목 중 극히 일부는 수십, 수백 배가 상승하기도 한다. 즉 수익률은 오른쪽으로 꼬리가 매우 긴 분포를 가지고 있다.

실제로 [표 2-3]을 살펴보면 코스피보다 수익률이 높은 종목 비중은 약 40%, 수익률이 낮은 종목 비중은 약 60%로, 주식시장을 이기는 종목을 고를 확률은 절반도 되지 않는다.

[그림 2-5] 국내 상장 종목의 연도별 연수익률 분포

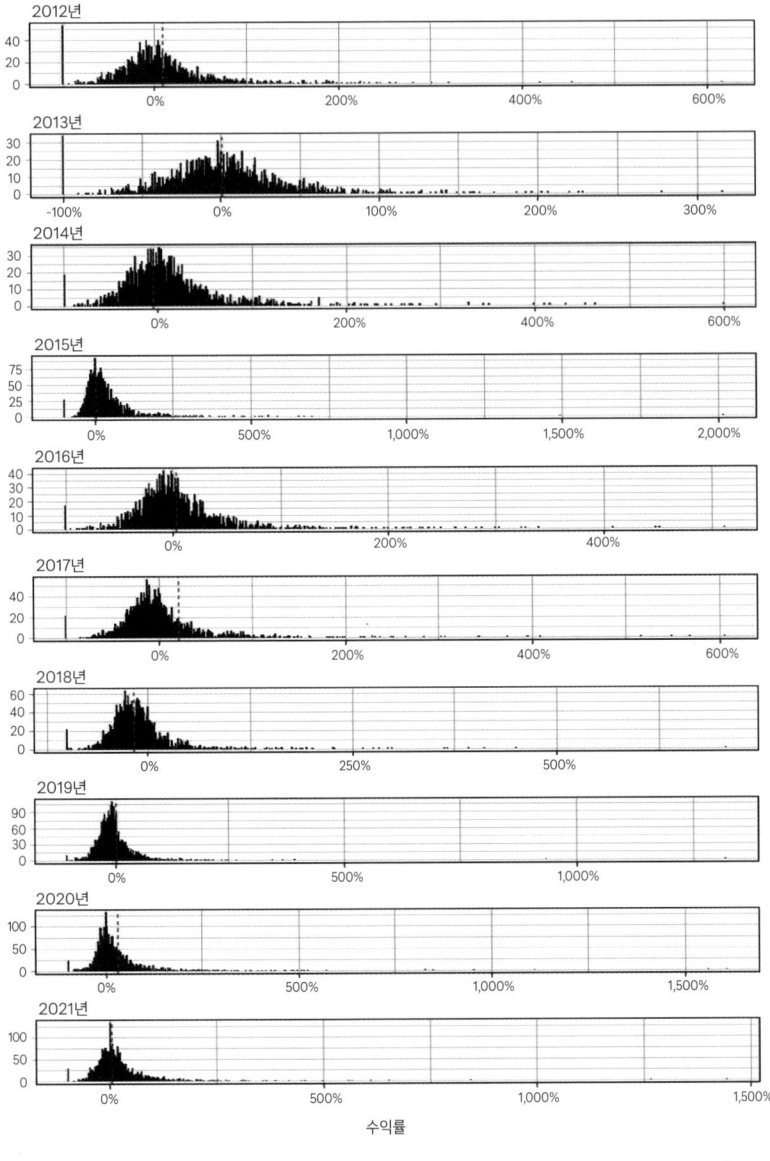

[표 2-3] 코스피 대비 상승/하락 종목 비중

(단위: %)

연도	코스피보다 수익률이 높은 종목 비중	코스피보다 수익률이 낮은 종목 비중
2002년	29.8	70.2
2003년	18.8	81.2
2004년	29.8	70.2
2005년	68.3	31.7
2006년	33.6	66.4
2007년	34.7	65.3
2008년	32.7	67.3
2009년	45.4	54.6
2010년	28.8	71.2
2011년	46.6	53.4
2012년	39.7	60.3
2013년	49.2	50.8
2014년	61.9	38.1
2015년	63.9	36.1
2016년	42.9	57.1
2017년	20.8	79.2
2018년	50.6	49.4
2019년	35.0	65.0
2020년	32.6	67.4
2021년	52.8	47.2
평균	37.3	62.7

이를 다트 게임으로 생각해보자. 다트판의 60% 정도 부분에 다트 핀을 꽂으면 점수가 깎이지만 그 한도는 정해져 있다. 40% 정도 부

분에 다트핀을 꽂으면 점수를 얻을 수 있는데, 좁은 부분에 꽂으면 엄청나게 높은 점수를 얻을 수 있다. 집중투자를 하는 사람들은 소위 대박이 나는 좁은 영역을 노리고 한두 개의 다트핀을 던지지만 점수가 깎이는, 즉 손실을 보는 부분에 꽂힐 확률이 높다.

그렇다면 이러한 다트 게임에서 승리하는 방법은 무엇일까? 답은 간단하다. 다트핀을 가능한 많이 던져 악운을 상쇄하는 것이다. 물론 여러 개를 던져도 확률상 손실 영역에 꽂히는 것이 더 많겠지만, 대박이 나는 영역에 꽂히면 전체 점수가 확연히 올라가기 마련이다.

주식 또한 마찬가지다. 분산투자를 해야 수십, 수백 배가 오르는 종목에 투자할 가능성이 높아진다. 비록 그 수익을 고스란히 다 누리진 못하겠지만, 악운에 휩쓸려 큰 손실을 볼 가능성을 획기적으로 줄일 수 있다.

이번에는 실제 주식시장에서 집중투자를 할 때와 분산투자를 할 때의 성과를 시뮬레이션해보자. 백테스트 방법은 다음과 같다.

1. 2002년부터 2021년까지 국내 종목을 대상으로 함(스팩 종목 제외)
2. 매해 전체 종목 중 무작위 n종목으로 포트폴리오를 구성한 뒤 1년간의 수익률과 변동성을 구함
3. n은 1, 5, 10, 30종목으로 이루어짐
4. 포트폴리오 내 비중은 동일 비중으로 계산
5. 각 포트폴리오에 대한 시뮬레이션을 1,000번 반복하고, 평균(중위수) 수익률 및 변동성을 구함

n=1은 집중투자를 의미하고, 한 종목에 투자하는 투자자 1,000명의 수익률과 변동성을 구하는 것이다. n=30은 반대로 분산투자를 의미한다. 과연 시뮬레이션 결과는 어떨까? [그림 2-6]을 보자. (2002년부터 2017년까지의 그래프는 부록에 첨부했으니 참고하기 바란다.) x축은 포트폴리오 내 종목수, y축은 평균 변동성을 의미한다. 분산투자를 할수록 변동성이 낮으며, 포트폴리오가 안정적이다.

[그림 2-6] 포트폴리오 내 종목수별 평균 변동성

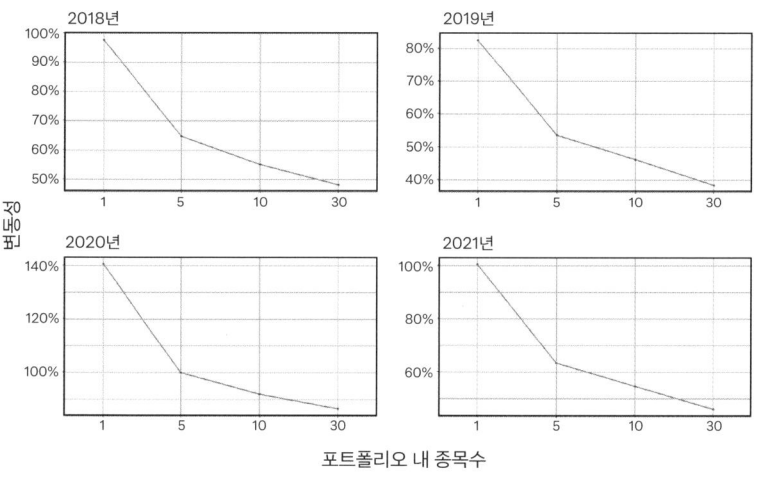

그렇다면 우리가 가장 관심 있는 계좌 전체의 수익률은 어떨까? [그림 2-7]을 통해 알 수 있듯 놀랍게도 종목수를 많이 가져갈수록 평균 수익률 역시 높다. 이는 앞서 설명한 바와 같이 종목수가 많을

수록 소위 '홈런 종목'을 선택할 확률 또한 높아져 포트폴리오의 수익률을 끌어올리기 때문이다. 종합해보면 분산투자를 할수록 변동성이 낮아질 뿐만 아니라 수익률이 높아진다. 즉 확률과 양 모든 측면에서 집중투자보다는 분산투자가 유리하다.

[그림 2-7] 포트폴리오 내 종목수별 평균 수익률

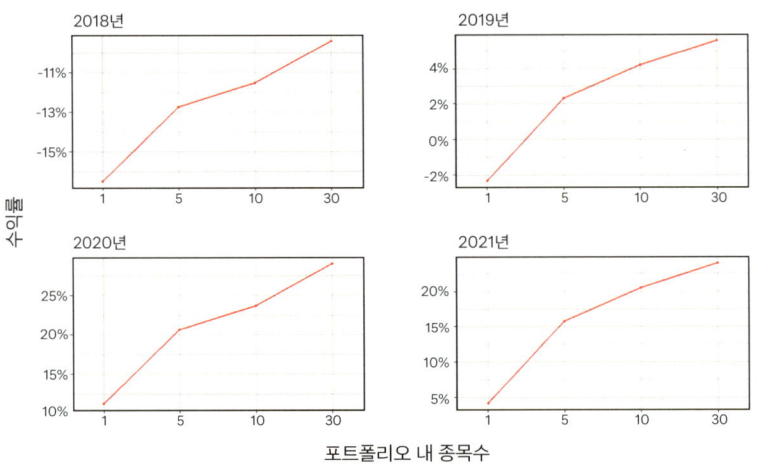

[그림 2-8]은 종목수별 수익률의 분포를 나타낸 것이다. 한 종목에만 투자할 경우 운이 좋으면 엄청나게 큰 수익을 얻을 수 있지만, 운이 나쁘면 상장폐지가 될 수도 있다. 반면 투자하는 종목수가 많아질수록 수익률 분포가 가운데로 모이며 극단값이 사라지는 안정적인 모습을 보인다. 더구나 분포의 가운데 역시 오른쪽, 즉 수익률

이 높은 지점에 위치하는 것을 알 수 있다.

[그림 2-8] 포트폴리오 내 종목수별 수익률 분포

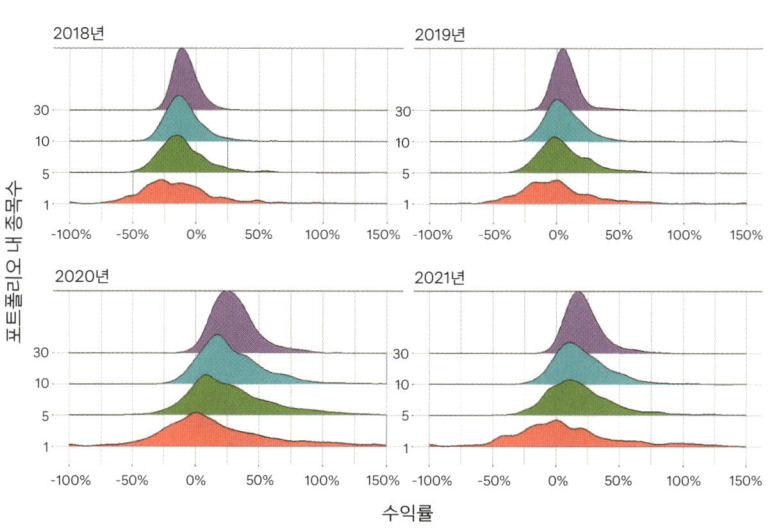

집중투자를 해서 성공을 거둔다면 매우 좋겠지만, 불행하게도 우리는 이처럼 뛰어난 기술을 가지고 있지 않다. 그렇기에 성공 가능성이 높은 베팅을 해야 한다. 우리는 데이터를 통해 가장 고전적이면서도 확실한 방법은 장기투자와 분산투자임을 확인했다.

가장 이상적인 투자법은 오를 확률이 높은 주식들을 찾아 비중을 높이고, 확률이 낮은 주식들은 대거 제외한 뒤 분산투자 및 장기투자를 하는 것이다. 어떤 주식에 투자하는 것이 승률이 높은 베팅인가에 대해서는 3부에서 자세히 살펴보도록 하겠다.

적립식 투자 vs. 거치식 투자

VERIFICATION OF INVESTMENT STRATGY

"목돈이 있는데 이걸 한번에 투자하는 것이 좋을지, 나눠서 투자하는 것이 좋을지 모르겠어요."

고객들로부터 많이 받는 질문 중 하나다. 수천 혹은 수억 원의 돈을 한 번에 투자했다가 혹여 2008년 글로벌 금융위기 때처럼, 코로나19 사태 때처럼 주식이 급락한다면 손실로 인한 고통이 너무 클 것이라 걱정하는 사람이 많다. 물론 미래 상황을 부분적으로라도 예측할 수 있다면 이러한 투자 타이밍 문제를 획기적으로 개선할 수 있을 것이다. 이는 고객들이 가장 고통받는 문제이므로 이에 대한 데이터 관점의 접근이 시급하다. 그러나 여기서는 단순히 시기별로 분산투자하는 것과 한 번에 투자하는 것의 차이를 검토해보자.

펀드를 판매하는 사람은 보통 매월 적립식으로 투자할 것을 제안한다. 주가가 하락하면 같은 금액으로 더 많은 주식을 사게 되고, 주가가 오르면 적은 주식을 사게 되어 평균 단가가 떨어져 결국 수익을 보게 된다는 달러 코스트 에버리징Dollar Cost Averaging 효과가 이론적 근간이다. 이 전략은 국내에서 적립식 펀드라는 열풍을 낳았다. 목돈을 투자하자마자 수익이 나는 것보다 손실이 나는 것을 더 걱정하는 투자자들의 마음을 공략하기에 매우 효과적이었다. 그러나 코스트 에버리징은 주가가 빠졌다가 오르는 오목형 시세흐름에서는 유리하게 작용하지만, 주가가 올랐다가 빠지는 볼록형 흐름이나 추세 상승 구간에서는 불리한 결과를 낳는다. 그렇다면 한 번에 투자를 하는 '거치식'과 매월 나누어 투자를 하는 '적립식' 중 어느 것이 확률적으로 더 유리할까?

1980년부터 2021년까지 S&P500에 투자하는 인덱스 펀드의 수익률을 기반으로 거치식으로 투자한 경우와 1년 동안 매월 적립식으로 투자한 경우의 1년 수익률을 비교해보자. 거치식의 경우 매년 1월 1일에 모든 돈을 한 번에 투자하고, 적립식의 경우 매월 1일에 가진 돈을 12분의 1씩 투자해 12월 31일에 둘의 수익률을 비교한다. 매월 롤링 윈도우 기법으로 테스트를 하며, 적립식의 경우 투자를 하지 않는 금액은 은행 예금에 맡겨두어 이자를 받는다고 가정하자.

[그림 2-9]를 보자. 노란색은 거치식 투자가 이기는 시점, 분홍색은 적립식 투자가 이기는 시점이다. 한눈에 봐도 거치식 투자가 이기는 시점이 훨씬 많다. 수치로는 전체 기간 중 73%에 해당한다. 즉 거치식으로 한 번에 투자하는 것이 적립식으로 투자하는 것보다 훨씬 승률이 높다.

[그림 2-9] S&P500 기준 거치식과 적립식의 우위 비교

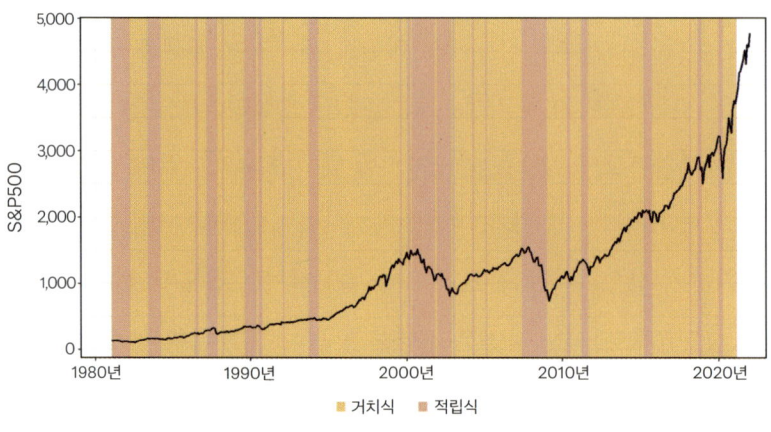

이 테스트는 http://moneychimp.com/features/dollar_cost.htm 에서 직접 해볼 수 있으니 참고하기 바란다.

그렇다면 왜 거치식이 베팅에서 이길 확률이 훨씬 높은 걸까? 주식시장은 상승하는 횟수가 더 많지만 분할해 매수할 경우 이 상승폭을 놓치기 때문이며, 하락은 짧고 굵게 끝날 때가 많아 적립식이 유리한 경우는 극히 일부이기 때문이다.

적립식 투자가 효율적이지 않다는 내용의 책과 논문은 1979년부터 꾸준히 있었다.[27] 버팔로 대학교 금융학과 교수였던 마이클 로제프Michael Rozeff가 1926년부터 1990년까지 거치식과 적립식을 비교한 결과[28]에서도 3분의 2에 해당하는 기간에서 거치식의 수익률이 높았다.

그럼에도 불구하고 사람들은 왜 적립식 투자를 선호하는 것일까? 앞서 이야기했듯 수익이 나는 것보다 손실을 보는 것이 몇 배로 싫은 손실 회피 성향 때문이다. 자칫 타이밍을 잘못 잡아 몇 개월 동안 후회할 가능성을 분산하는 것이다. 물론 적립식 투자가 나쁘기만 한 것은 아니다. 매월 월급에서 일정 금액을 강제로 투자하는 습관을 통해 불필요한 소비를 막을 수도 있고, 주식시장이 급락했을 때 패닉에 빠져 투매하는 습관을 고칠 수도 있다. 그러나 현재 목돈이 있고 이를 한 번에 투자할지, 나누어 투자할지 고민하고 있다면 적립식 투자는 그다지 유리한 방법이 아니다.

그렇다면 한 번에 모든 돈을 주식시장에 넣고 장기간 투자하는 것이 현명한 베팅 방법일까? 수십 년 동안 꾸준히 투자를 유지할 수만 있다면 훌륭한 방법이다. 머리로는 누구나 아는 사실이다. 하지만 역시 문제는 심리와 편향이다. 이따금씩 우리의 머릿속을 뒤흔드는 큰 폭의 하락은 이성을 마비시킨다. 1990년대 말 발생한 IT버블은 수년간 지속되다 2000년에 이르러 결국 터지고 말았고, 미국 주식시장은 2001년 9·11 테러와 맞물려 3년이라는 기간 동안 계속해서 하락했다.

2000년 IT버블의 정점에서 S&P500지수에 투자한 사람은 8년이 지난 2008년이 되어서야 원금을 회복했다. 그런데 곧바로 글로벌 금융위기가 닥쳐 주식시장은 다시 한 번 크게 하락했고, 13년이 지난 2013년이 되어서야 수익을 보게 되었다. IT버블이 극심했던 나스닥지수에 투자한 사람은 무려 15년 뒤에야 수익을 볼 수 있었다.

[그림 2-10] 미국의 S&P500지수와 나스닥지수

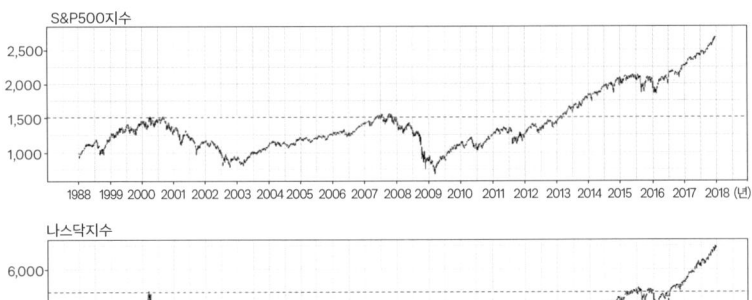

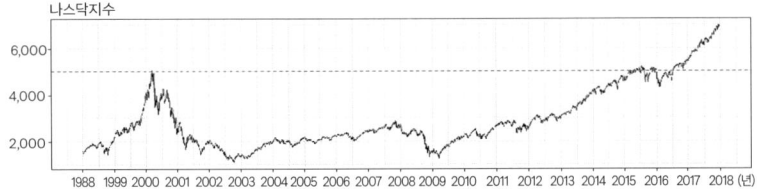

[그림 2-11] 일본의 니케이지수

미국 투자자는 그나마 기다리면 손실을 만회하고 수익을 보기라도 했다. 1980년대 말부터 1990년대 초, 극에 달했던 일본의 거품경제하에서 1990년에 니케이지수에 투자를 한 사람은 30년이 지난 지금까지도 원금을 회복하지 못했다.

이러한 주식시장의 대규모 하락은 주기적으로 발생하며, 그런 하락이야말로 주식시장의 본질이라 할 수 있다. 하락할 가능성이 없다면 평소에 훨씬 비싸게 거래될 것이고, 수익을 내기는 몹시 힘들 것이다. 어쨌든 하락의 낙폭은 일반인들이 견디기 힘든 수준이다. 또한 일반인이 견디기 힘들 정도까지 하락하는 것이 주식시장의 본연의 모습이다.

2007년 10월에 시작된 글로벌 금융위기는 2009년 3월 저점을 찍기까지 무려 355거래일 동안 약 57% 하락했으며, 원금을 회복하는 데는 4년(1,021거래일) 가까이 걸렸다. 이외에도 20~30%의 하락은 우리가 잊을 만하면 찾아와 투자자들을 공포에 빠지게 한다.

지난날들의 차트를 보며 "아무리 하락이 커도 주식은 언젠가 오르니 버티면 돼", "저렇게 떨어졌을 때가 기회야"라고 말하는 건 누구나 할 수 있다. 그러나 몇 달 만에 자산의 20~40%가 증발하는 상황에서 느끼는 두려움은 직접 겪어보지 않으면 절대 알 수 없다. 만일 은퇴를 앞둔 투자자라면 절반으로 줄어든 자산으로 노후를 보내야 하는 비극이 벌어질지도 모른다. 그렇다면 이를 방지하기 위한 해결책이 있을까? 이에 대해서는 다음 장에서 알아보도록 하자.

[표 2-4] 1970년 이후 미국 주식시장의 주요 하락과 회복 기간(하락폭의 크기순)

하락 시작일	최저점	원금 회복일	하락폭	하락 시작~최저점(일)	최저점~원금 회복(일)	하락 시작~원금 회복(일)
2007-10-10	2009-03-09	2013-03-28	-56.78	355	1,021	1,376
2000-03-27	2002-10-09	2007-05-30	-49.15	637	1,166	1,803
1973-01-12	1974-10-03	1980-07-17	-48.20	436	1,462	1,898
2020-02-20	2020-03-23	2020-08-18	-33.92	23	103	126
1987-08-26	1987-12-04	1989-07-26	-33.51	71	414	485
1980-12-01	1982-08-12	1982-11-03	-27.11	430	58	488
1970-01-06	1970-05-26	1971-01-19	-25.86	99	165	264
1990-07-17	1990-10-11	1991-02-13	-19.92	62	86	148
2018-09-21	2018-12-24	2019-04-23	-19.78	65	81	146
1998-07-20	1998-08-31	1998-11-23	-19.34	31	59	90

데이터가 말하는 자산배분의 의미

〈우산 장수와 짚신 장수〉라는 옛이야기가 있다. 우산 장수인 첫째 아들과 짚신 장수인 둘째 아들을 둔 어머니는 비가 내리면 우산이 날개 돋친 듯 팔릴 테니 첫째 아들이 좋고, 해가 쨍쨍 내리쬐면 짚신이 잘 팔릴 테니 둘째 아들이 좋기에 늘 행복할 수 있었다. 맑은 날과 비가 오는 날은 정반대에 놓여 있다. 이런 것을 상관관계가 −1이라고 말하는데, 만약 우산과 짚신 같은 종목에 분산투자를 한다면 어떤 상황이 오더라도 마음이 편안해질 수 있는 포트폴리오가 만들어지는 것이다.

마찬가지로 투자에서도 각각 가격이 오르기는 하나 특정한 상황에서 일시적으로 반대로 움직이는 자산을 동시에 보유하면 서로 번갈아가며 위험을 줄여주는, 소위 분산 효과를 만들 수 있다. 내 전체 자산은 한결 높은 확률로 수익이 나고, 한결 낮은 공포감을 경험하게 되는 것이다. 너무나 매력적이지 않은가? 심리적인 공포를 없애 줌으로써 훨씬 많은 수익 기회를 편안하게 즐길 수 있게 된다. 이것이 바로 투자에서 이야기하는 '유일한 공짜 점심'인 '분산투자'다.

위험자산인 주식과 상관관계가 낮은 대표적인 자산은 안전자산인 채권이다. [그림 2-12]는 1986년부터 2021년까지 미국 주식과 채권에 투자하는 펀드의 주간 수익률을 나타낸 것이다. 만약 다음 그림이 북동쪽 대각선 모양의 직선(╱)이었다면, 둘은 매우 긴밀하게 함께 움직이는 자산이었을 것이다. 우산과 장화의 관계 정도라고 할까? 하지만 얼핏 보기에도 관계가 상당히 낮은데다, 서로 반대로 움직이는 경향성(╲)도 강하다. 이 둘의 상관관계는 -0.13이다.

[그림 2-12] 1986~2021년 미국 주식과 채권 수익률 간의 상관관계

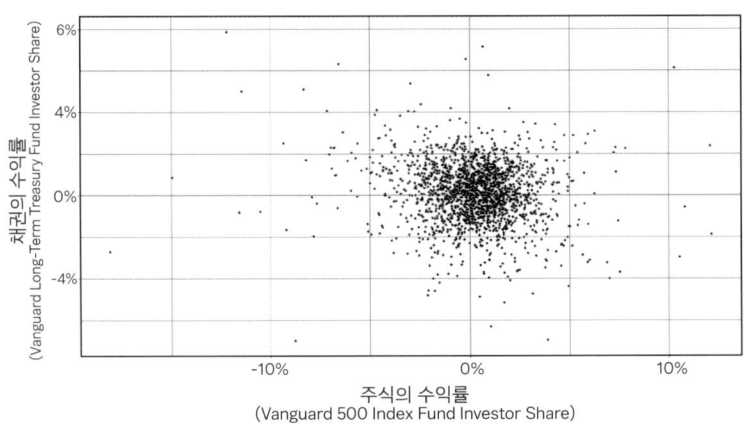

만약 주식과 채권에 분산투자를 하면 얼마나 좋은 효과를 발휘할 수 있을까? [그림 2-13]은 1986년부터 2021년까지 주식에 100% 투자한 경우, 채권에 100% 투자한 경우 그리고 매월 말 주식과 채권 투자 비중을 60대 40으로 조정한 포트폴리오의 누적 수익률과 하락폭을 나타낸 그래프다. 장기적으로 주식의 상승폭이 채권의 상승폭보다 월등히 높지만, 이따금 발생하는 하락폭 또한 매우 크다. 주식이 하락하는 기간에는 반대로 채권이 상승하며, 분산투자를 할 경우 이러한 상관관계로 인해 어떠한 구간에서도 포트폴리오가 상승하는 모습을 보인다.

[그림 2-13] 주식, 채권, 자산배분의 누적 수익률과 낙폭

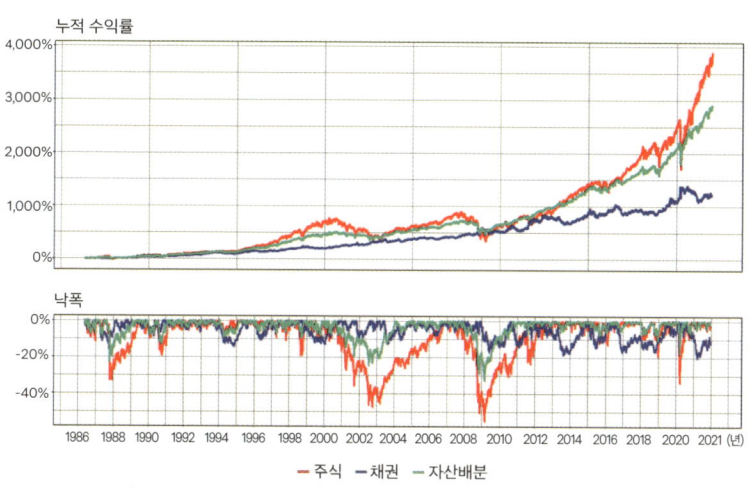

결과적으로 자산배분을 할 경우 주식에 100% 투자하는 것과 연율화 수익률은 크게 차이가 나지 않으면서도 연율화 변동성과 최대 손실률은 상당 부분 줄일 수 있다. 한마디로 공포로 인한 실수들을 줄일 수 있는 것이다. 이런 포트폴리오는 투자자가 안정적이라고 느끼는 만큼 훨씬 많은 자금을 투입할 수 있는 포트폴리오이기에 결과적으로 훨씬 많은 돈을 벌어준다. 성장기의 경제권에서 부동산을 구매한다면, 제아무리 많은 레버리지를 활용해도 훨씬 공포심이 적지 않은가. 자산배분도 그와 같이 압도적으로 많은 자금을 투입할 수 있는 수단이 될 수 있다.

[표 2-5] 주식, 채권, 자산배분의 통계값

(단위: %)

	주식	채권	자산배분
연율화 수익률	10.89	7.50	10.01
연율화 변동성	18.47	10.86	10.90
최대 손실률	55.25	20.25	32.79

그렇다면 확률과 양의 관점에서 자산배분이 유리한 점은 무엇일까? 먼저 확률의 관점에서 살펴보자. [그림 2-14]는 주식, 채권, 자산배분 포트폴리오의 투자 기간별 승률을 나타낸 그래프다. 채권의 경우, 하락폭이 제한적이고 꾸준히 이자를 받으므로 어느 시점에 투자를 해도 36개월 이상이면 거의 100% 확률로 수익을 볼 수

있다. 그렇다면 주식은 어떨까? 단기간(1~12개월) 투자할 경우 채권보다 수익이 날 확률은 높지만 이따금 발생하는 하락으로 크게 손실을 입을 가능성이 존재하므로 승률이 100%가 되기 위해서는 240개월(20년)이라는 긴 시간이 걸린다. 마지막으로 자산배분의 경우, 주식의 하락을 채권이 방어해주므로 60개월 이상만 투자하면 거의 100% 확률로 수익을 볼 수 있다. 단순히 주식에 투자하는 것보다 원금을 회복하는 데 걸리는 시간이 훨씬 단축된다는 장점이 있다.

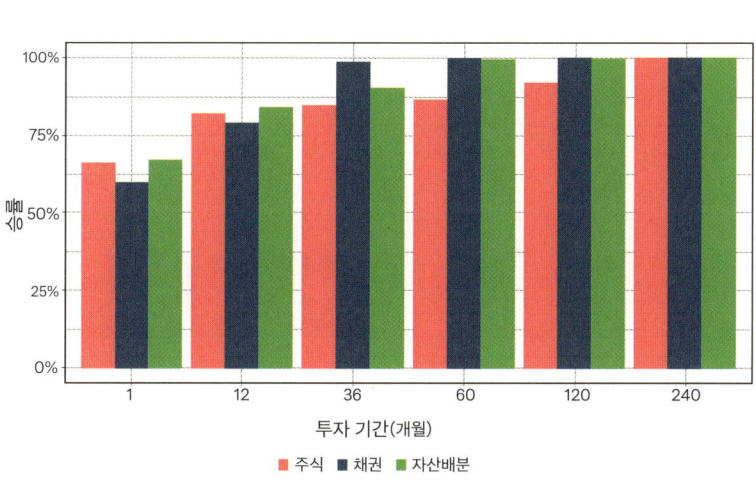

[그림 2-14] 주식, 채권, 자산배분의 투자 기간별 승률

이번에는 양의 관점에서 살펴보자. [그림 2-15]는 주식, 채권, 자산배분의 투자 기간(개월)별 연율화 수익률의 분포를 나타낸 것이다. 채권의 경우, 투자 기간이 길어질수록 수익률 분포가 가장 먼저 가운데

로 모인다. 반면 주식의 경우, 120개월(10년)이라는 긴 투자 기간에도 불구하고 분포가 넓게 퍼져 있는 불안정한 모습을 보인다. 마지막으로 자산배분의 경우, 60개월만 되어도 극단적인 하락폭이 사라지고 주식에 비해 훨씬 더 빠른 속도로 분포가 안정적인 모습을 보인다.

3가지 모두 안정적인 분포를 보이는 240개월에 자산배분을 한 포트폴리오의 최빈값이 오히려 주식보다 높은, 즉 평균적으로는 수익률이 더 높은 현상이 발생하기도 한다. 이따금 발생하는 대호황으로 인해 주식의 수익률이 높은 기간을 제외하면, 일반적인 상황에서는 오히려 자산배분을 통해 투자하는 것이 평균적으로 높은 수익을 거둘 수 있는 방법이다.

[그림 2-15] 주식, 채권, 자산배분의 투자 기간별 연율화 수익률 분포

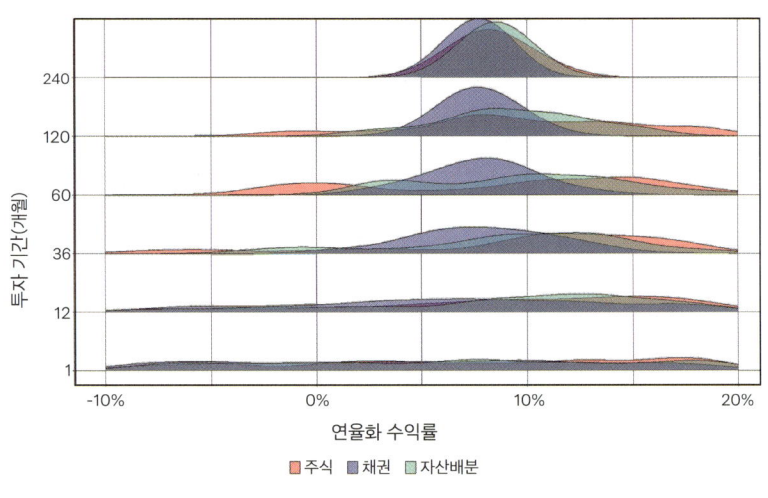

앞서 살펴본 것처럼 적립식, 즉 시간을 배분하는 것보다는 거치식으로 한 번에 투자하는 것이 훨씬 승률이 높은 투자법이다. 그러나 이따금 발생하는 주식시장 하락에 상관없이 어느 시점에 투자해도 자산이 상승하기 위해서는 채권처럼 주식과 상관관계가 낮은 자산에 분산해 투자하는 것이 더 좋은 베팅 방법이다.

채권의 경우 주식처럼 종목 분석을 하기도 어렵고, 개인 투자자가 직접 채권에 투자하는 것도 현실적으로 힘들다. 하지만 걱정할 필요 없다. 시장에는 자산배분을 도와줄 수많은 채권 ETF가 존재하니 말이다. 단순히 자산의 일정 부분을 이러한 채권 ETF에 투자하는 것만으로도 전체 자산 관점에서는 더욱 훌륭한 베팅 전략이 완성된다. 만약 1990년에 은퇴를 한 일본인 투자자가 자산배분을 했다면 니케이지수 폭락에 두려워하지 않고 상대적으로 편안한 노후를 보낼 수 있었을 것이다.

투자란 결국 무언가를 얻고 무언가를 잃어야 하는 트레이드 오프 trade-off, 즉 교환의 관계다. 수익률을 조금 줄이는 대가로 막대한 안정성을 얻을 수 있다면 비대칭적으로 유리한 교환일 수 있는데, 앞서 살펴본 종목의 분산투자와 더불어 자산배분 같은 수단이 대표적인 경우다. 수익률이 상승하거나 하락한다고 해서 항상 위험이 그에 비등하게 높아지거나 낮춰지는 것은 아니기 때문에 현명하게 트레이드 오프를 하는 것이 투자의 핵심이다. 분산투자는 이를 위한 가장 중요한 무기라 할 수 있다.

비용에 따라 달라지는
투자 전략의 결과들

당구장에서 내기 당구를 친다면 고수들은 돈을 많이 따갈 것이다. 마찬가지로 베팅을 할 때 숨겨져 있는 비용이 없는 카지노가 있다면 승률이 높은 전략을 만들어 무한정 베팅을 해도 좋을 듯하다. 그러나 당구와 카지노, 경마, 복권을 비롯해 기타 합법적 혹은 불법적 도박장 모두 게임에 참여할 때 어느 정도의 비용을 지불해야 한다. 결국 반복적으로 참여할수록 흔히 '당구장 주인만 돈 번다'라는 말이 들어맞게 된다.

안타깝게도 주식 투자도 마찬가지다. 이론적으로 수익률이 뛰어난 전략이 있어도 이를 실행하는 데 많은 비용이 들어간다면 실제로 남는 수익은 별로 없거나 오히려 손실을 볼 수 있다. '증권사만 돈 번다'라는 말이 절대 틀린 말이 아니다. 증권사는 장이 폭락해 거래가 폭주하는 시기에 대체로 가장 큰 수수료 수익을 얻기 때문에 증권사가 당구장 주인인지 여러분 편인지 진지하게 고민해볼 필요가 있다.

투자 과정 속에 숨겨진 비용들

그렇다면 투자를 할 때 알아두어야 할 비용에는 어떤 것들이 있을까? 첫 번째는 주식을 매수하거나 매도할 때 증권사에 내는 매매수수료다. 그러나 개인 투자자의 경우 HTS나 MTS를 이용하면 매매수수료가 0.01%도 되지 않는 증권사도 많고, 무료 이벤트를 제공하는 곳도 많기 때문에 이는 큰 문제가 되지 않는다. 두 번째는 주식을 팔 때 내야 하는 증권거래세다. 투자한 주식이 하락해 손해를 보더라도 매도가액에 일정 세율(2022년 기준 0.23%, 2023년 0.15%로 인하 예정)을 곱해 무조건 내야 한다. 이 2가지는 대부분의 투자자가 익히 알고 있다.

그런데 투자자들이 잘 신경 쓰지 않지만 성과를 갉아먹는 숨겨진 비용들도 존재한다. 가장 대표적인 것이 매수 호가와 매도 호가의 차이 때문에 발생하는 스프레드 비용과 시장충격 비용이다. '부를 호', '값 가' 자를 사용한 호가(呼價)는 팔거나 살 수 있는 가격을 의미하는데, 과거 시장에서 상인들이 '가격을 외쳤다'라는 데서 유래했다. 매수 호가와 매도 호가가 같으면 서로 행복하게 무한정 거래가 발생할 것이지만 대체로 호가는 벌어져 있다. 살 수 있는 가격이 팔 수 있는 가격보다 항상 높아 매도인과 매수인 간의 가격에 대한 입장 차이를 반영하고 있다. 이러한 가격 차이를 '호가상의 스프레드(괴리)'라고 한다.

[그림 2-16]은 국내 종목 중 유동성이 가장 풍부한 삼성전자와 유동성이 떨어지는 소형주의 호가창이다. 삼성전자의 경우, 각 호가별로 잔량이 많아 내가 원하는 금액으로 자유롭게 매수 혹은 매도할 수 있다. 스프레드가 얇아 불과 100원의 차이(0.13%의 차이)를 보이고 있다. 샀다가 팔면 바로 100원의 손실을 보게 되는 것인데, 거래수수료보다는 높지만 치명적이지는 않다.

그렇다면 소형주의 경우는 어떨까? 언뜻 보면 스프레드가 50원, 0.12% 수준으로 커 보이지는 않지만 여기에 숨겨진 문제가 존재한다. 호가 10개 차이까지의 매도 잔량의 합은 537주, 매수 잔량의 합은 134주다. 즉 내가 주식을 사고자 하는데 파는 사람의 가격에 전부 사야 한다면 잔량이 적어 비싼 값을 죄다 지불하며 살 수밖에 없고, 이는 가격을 급등하게 만든다. 매우 작은 사례이지만 이런 급등은 '시장 충격'의 일종이라 할 수 있다. 마찬가지로 내가 주식을 팔고자 하는데 사려고 하는 사람이 없다면 헐값에 팔 수밖에 없다. 150주를 팔고자 할 경우, 주가는 나로 인해 순식간에 -3%로 하락한다. 내가 판매한 가격도 상당히 낮을 것이다. 제아무리 좋은 주식을 찾아도 거래량이 작으면 매수와 매도를 하는 과정에서 큰 손실을 볼 수 있다. 평가액과 실제로 얻을 수 있는 이익의 차이가 벌어지는 것이다.

[그림 2-16] 대형주와 소형주의 호가창

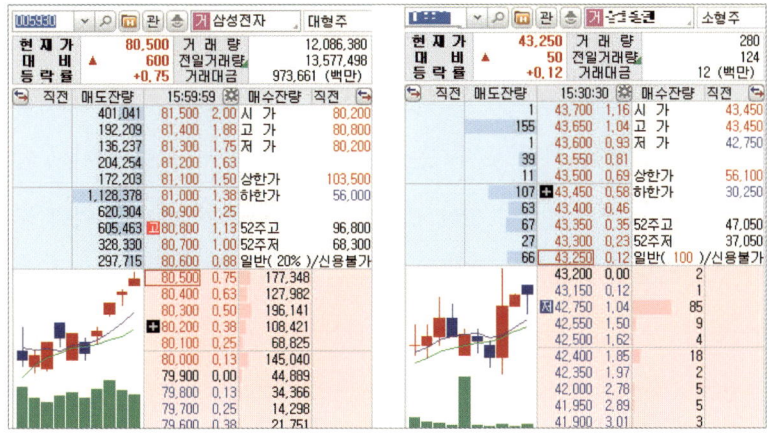

    사람이 컴퓨터로 만든 시스템 트레이딩의 과거 시뮬레이션을 보고 떨 듯이 기뻐하기도 하는데, 대부분의 오류는 거래비용을 감안하지 않았기 때문에 발생한다. 거래비용이 없는 이상적인 세상에서 돈 버는 시스템을 만드는 것은 매우 쉽다. 계산해보면 하루에 비용이 0.1%만 발생하더라도 연간으로는 이의 250배인 25%에 달한다. 이런 경우 대다수의 투자자와 시스템 트레이딩 로직은 마이너스 영역으로 들어가게 된다. 25% 이상을 벌어야만 수익이 난다고 생각해보라. 99%의 투자자는 이를 뛰어넘기 힘들 것이다.

    개인 투자자들에겐 더 무서운 비용도 한 가지 존재한다. 바로 주식 거래 시 사용하는 자잘한 대출이나 신용 거래들이다. 이들 또한 전체 수익률에 악영향을 미쳐 승률을 많이 떨어뜨린다.

비용이 수익에 미치는 거대한 영향

그렇다면 이러한 비용이 실제 수익에는 어떤 영향을 미칠까? [그림 2-17]을 보자. 2020년 주식 투자자들의 수익률을 살펴보면 기존 투자자는 18.8%, 신규 투자자는 5.9%를 기록했다. 그런데 이 수치는 호가 스프레드에서 손실을 본 것을 이미 반영한 것이다. 아마 호가 스프레드가 없었다면 이보다 월등히 높은 수익을 얻었을 가능성이 있다. 여기에 거래비용(거래세 및 수수료)이 추가로 발생해 실제 수익률은 15.0%, -1.2%를 기록했다. 즉 거래비용으로 최소 3.8%p와 7.1%p를 지출했으며, 실제로 숨겨진 비용은 훨씬 높았을 것이다. 신규 투자자의 경우 주식으로 번 돈보다 비용으로 나간 돈이 더 큰 것으로 드러났다.

[그림 2-17] 기존 투자자와 신규 투자자의 거래비용 전후 수익률

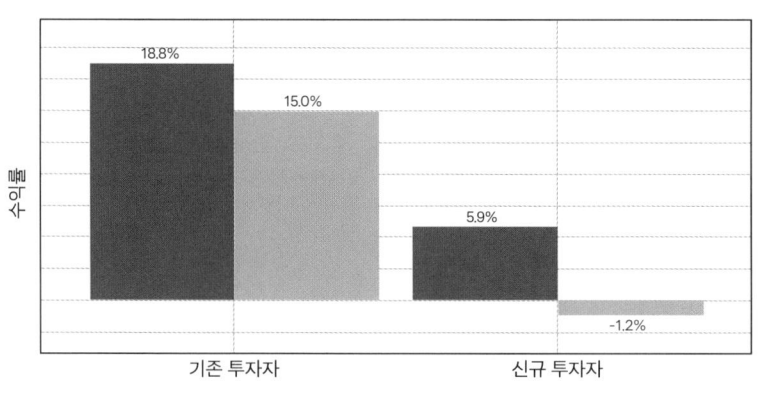

전문 투자자들이 운용하는 펀드의 수익률도 비용의 영향을 크게 받는다. 펀드는 크게 액티브 펀드와 패시브 펀드로 구분할 수 있다. 액티브 펀드는 비교 대상인 주식시장(예 코스피200)보다 높은 수익률을 기록하기 위해 적극적으로 종목을 발굴하고 매매를 하는 스타일이다. 반면 패시브(인덱스) 펀드는 비교 대상과 거의 비슷한 수준의 수익률을 기록하는 것을 목표로 하며, 주가지수의 종목 및 비중과 동일하게 투자하므로 특별한 이벤트가 없는 한 매매를 거의 하지 않는다.

그렇다면 액티브 펀드의 성과는 패시브 펀드보다 좋을까? 많은 연구와 역사적 수익률에 따르면 결과는 전혀 그렇지 않으며, 주식시장을 이기는 액티브 펀드는 매우 드물다. 물론 액티브 전략들 중 다수가 실제로는 거래비용을 이기지 못해 발생한 일일 것이다.

S&P의 스피바SPIVA에서는 여러 액티브 펀드 중 지수 대비 초과 성과를 기록한 비율을 조사하고 있다. 조사 결과에 따르면, 2021년 기준 1년 동안 S&P500보다 성과가 좋았던 미국의 대형주 액티브 펀드는 41.8%, 즉 절반도 되지 않으며, 평가 기간을 길게 할수록 이러한 비율은 현저히 떨어진다. 3년 기준으로는 32.36%, 5년 기준으로는 27.33%, 10년 기준으로는 겨우 17.49%밖에 되지 않는다. 달리 말하면 10년 기준으로는 훌륭한 펀드매니저들이 장기투자 기회를 살렸다 해도 100명 중 82명은 일하지 않은 것만 못한 결과를 낸 것이다.

이는 미국뿐 아니라 전 세계적에서 동일하게 나타나는 현상으로, 기간이 길어질수록 액티브 펀드가 주식시장을 이길 확률은 점점 낮아진다. 패시브 펀드가 사실상 비교 대상인 벤치마크와 동일하다는 점을 생각할 때, 액티브 펀드에 베팅하는 것은 패시브 펀드에 베팅하는 것보다 훨씬 승률이 떨어진다.

[표 2-6] 국가별 액티브 펀드의 벤치마크 대비 승률

(단위: %)

국가	투자 스타일	비교 벤치마크	1년	3년	5년	10년
미국	Large-Cap	S&P500®	41.80	32.36	27.33	17.49
	Mid-Cap	S&P MidCap 400®	24.48	50.65	40.80	26.91
	Small-Cap	S&P SmallCap 600®	21.98	45.17	33.27	16.49
	Large-Cap Growth	S&P500 Growth	35.02	46.86	47.22	18.54
	Large-Cap Value	S&P500 Value	51.65	27.44	28.74	12.25
	Mid-Cap Growth	S&P MidCap 400 Growth	39.85	80.47	69.44	44.57
	Mid-Cap Value	S&P MidCap 400 Value	23.53	20.37	12.07	12.16
	Small-Cap Growth	S&P SmallCap 600 Growth	22.87	83.52	67.88	33.01
	Small-Cap Value	S&P SmallCap 600 Value	25.00	20.62	13.16	1.90
	Multi-Cap Growth	S&P Composite 1500 Growth	44.44	36.42	31.73	11.82
	Multi-Cap Value	S&P Composite 1500 Value	60.61	15.00	22.50	12.50
캐나다	Canadian Equity	S&P/TSX Composite	40.43	5.56	4.29	16.90
	Canadian Small-/Mid-Cap Equity	S&P/TSX Completion	85.19	48.48	35.29	38.00
멕시코	Mexico Equity	S&P/BMV IRT	15.56	12.77	16.28	11.11

브라질	Brazil Equity	S&P Brazil BMI	16.94	34.14	17.11	13.96
	Brazil Large-Cap	S&P Brazil LargeCap	19.20	29.41	35.90	19.05
	Brazil Mid-/Small-Cap	S&P Brazil MidSmallCap	40.91	18.75	8.70	8.33
칠레	Chile Equity	S&P Chile BMI	41.03	31.82	7.50	2.22
유럽	Europe Equity	S&P Europe 350	49.30	27.66	26.76	15.23
	Eurozone Equity	S&P Eurozone BMI	24.56	18.62	12.46	8.04
	Nordic Equity	S&P Nordic BMI	65.22	34.78	22.22	16.67
	France Equity	S&P France BMI	36.71	6.48	5.50	5.91
	Germany Equity	S&P Germany BMI	55.91	33.68	28.57	18.18
	Italy Equity	S&P Italy BMI	60.00	27.87	15.38	24.59
	Spain Equity	S&P Spain BMI	56.04	15.91	22.09	17.39
	Netherlands Equity	S&P Netherlands BMI	33.33	0	12.50	0
중동/북아프리카	MENA EQUITY	S&P Pan Arab Composite LargeMidCap	36.67	16.13	5.71	7.32
	MENA EQUITY	S&P Pan Arab Composite	30.00	6.45	5.71	7.32
	GCC EQUITY	S&P GCC Composite	20.00	8.33	4.55	36.84
	SAUDI ARABIA EQUITY	S&P Saudi Arabia	23.53	28.57	15.38	36.36
남아프리카 공화국	South African Equity	S&P South Africa DSW Capped	44.44	49.27	45.88	0
	South African Equity	S&P South Africa 50	38.16	19.02	7.22	0
인도	Indian Equity Large-Cap	S&P BSE 100	13.79	13.33	17.28	0
	Indian Equity Mid-/Small-Cap	S&P BSE 400 MidSmallCap Index	42.86	51.35	30.43	0
일본	Japanese Large-Cap	S&P/TOPIX 150	41.87	29.47	22.60	20.60
	All Japanese Equity	S&P Japan 500	50.73	33.77	35.81	30.96
	Japanese Mid- and Small-Cap Funds	S&P Japan MidSmallCap	73.89	64.95	67.82	48.02

호주	Australian Equity General	S&P/ASX 200	55.70	24.10	24.30	19.20
	Australian Equity Mid- and Small-Cap	S&P/ASX Mid-Small Index	65.00	50.40	34.70	44.90

기준: 2021년 12월
출처: https://spglobal.com/spdji/en/research-insights/spiva/

액티브 펀드의 승률을 떨어뜨리는 요인 중에는 거래비용 외에도 수익률을 갉아먹는 운용보수의 문제가 존재한다. 액티브 펀드의 운용보수는 연간 1~2% 수준이며, 2%가 넘는 펀드도 있다. 즉 펀드의 성과가 좋든 나쁘든 매해 고객의 계좌에서 1~2%나 되는 돈이 빠져나가고, 이는 수익률에 반영된다. 거래비용만 해도 버거운데 운용보수까지 합쳐지면 승률은 더욱 하락하게 된다.

반면 패시브 펀드의 운용보수는 0.4~0.45% 수준이며, 최근에는 운용보수가 0.01%인 ETF가 국내에 등장하기도 했다. 심지어 미국에는 운용보수가 0%인 ETF가 존재하기도 한다. 액티브 펀드의 운용보수를 1%, 패시브 펀드의 운용보수를 0.4%로 가정하고 10년간 투자한다면 이 비용에서만 약 6%p의 수익률 차이가 발생한다. 물론 액티브하게 운용을 해 높은 수익률을 기록한다면 운용보수가 2%든 10%든 문제될 것은 전혀 없을 것이다. 그러나 결국 비용을 이기기 몹시 힘들었다는 것을 결과로 볼 수 있다.

비용으로 인한 성과 차이는 비단 액티브와 패시브 간에만 존재하는 것이 아니다. 비용이 펀드 성과에 얼마나 영향을 많이 미치는지는 패시브 펀드 내에서 더욱 명확하게 확인할 수 있다.

[그림 2-18]은 2010년부터 2021년까지 매년 말에 측정한 코스피 200을 추종하는 인덱스 펀드들의 운용보수 순위와 10년 누적 수익률 순위의 관계를 나타낸 것이다. 지수를 추종하는 것을 목적으로 하는 패시브 펀드이기에 매매를 적극적으로 하지 않으며, 따라서 성과에 가장 큰 영향을 미치는 요소는 바로 비용이다. 둘 간의 관계에서 알 수 있듯 펀드의 비용이 작을수록 상대 성과가 높으며, 반대로 펀드의 비용이 클수록 상대 성과가 낮다.

[그림 2-18] 인덱스 펀드의 운용보수 순위와 10년 누적 수익률 순위의 관계

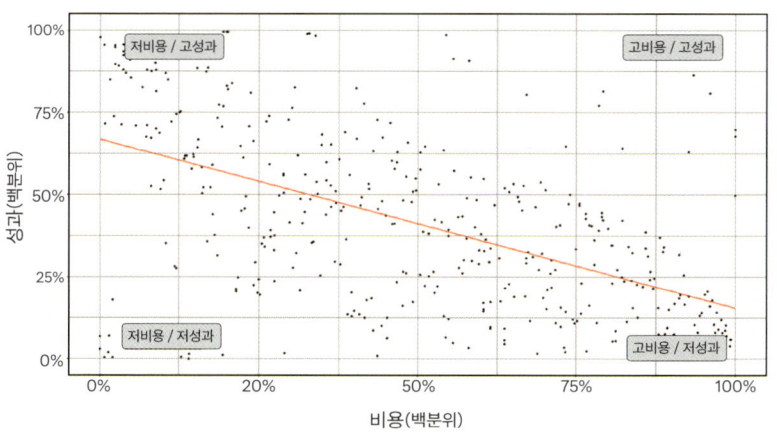

많은 사람이 투자를 할 때 성과만 신경 쓰는데, 주식시장은 베팅을 할 때마다 참가비를 내야 하는 게임이므로 그에 해당하는 비용 역시 신경 써야 한다. 작은 수익을 챙기기 위해 무한정 베팅을 반복

하다가는 수수료와 세금 혹은 눈에 보이지 않는 각종 비용으로 인해 손해만 볼 수도 있다. 직접 투자가 아닌 펀드에 돈을 맡길 때도 비용은 투자 성과에 직접적인 영향을 미치므로 절대로 무시해서는 안 된다. 펀드의 성과가 좋든 나쁘든 보수는 계속해서 빠져 나가니 말이다.

비용을 이겨내는 전략은 쉽게 찾아볼 수 없다. 비용을 인지하고 전략을 짜는 사람이 많지 않은 만큼 작은 비용이라도 수익률에 미치는 영향을 통합적으로 생각하며 전략을 짜는 펀드매니저에게 큰 점수를 줄 필요가 있다.

3부 데이터에서 발견한 이기는 투자의 조건

DATA-DRIVEN INVESTMENT

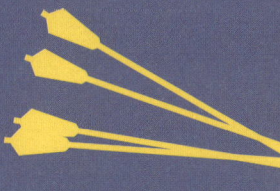

우리는 역사적 데이터를 통해 미래에도 일정하게 발생할
것이라 여겨지는 비정상적인 패턴을 찾습니다.
― 제임스 사이먼스(James Simons)

데이터와 수익률의 연결고리, 팩터

투자에 데이터를 활용해야 하는 이유

투자자라면 오를 주식을 미리 알 수 있는 노스트라다무스의 예지력을 갖고 싶을 것이다. 투자로 큰돈을 번 이들에게는 좋은 주식을 고르는 비밀스러운 노하우나 특별한 재능이 있을 것이라고 생각하는 사람이 많다. 그러나 워런 버핏 같은 전설적인 투자자들은 예언가가 아니다. 그들은 자신들의 노하우를 공개적으로 상세하게 알려주기도 한다.

놀랍게도 버핏의 스타일을 침착하게 따라 한 수많은 투자자가 높은 수익을 얻었고, 가치투자자라는 이름으로 거대한 무리를 형성했다. 혹자는 "가치투자의 시대는 끝났다"라고 말하며 그런 노하우들을 무시하기도 하는데, 일부는 맞는 말이다. 10년 기준으로 뛰어난 성과를 끝

없이 갱신하는 버핏의 스타일도 1년이나 1개월, 1분, 1초에 적용하면 아무짝에도 쓸모없는 경우가 많다. 사실 일정 단위로 버핏의 성과를 분석하는 것은 쓸모없는 일이다. 하지만 그러한 비판자가 존재하는 것은 대다수의 사람이 투자를 매일매일의 시장 상황을 예지하는 특별한 기예라고 여기기 때문이 아닐까? 투자 고수들이 인내심을 아무리 강조해도 이런 부분은 쉬이 전파가 되지 않는다.

투자 방법론이란 대개 과거를 바탕으로 현재에도, 미래에도 반복될 현상이나 특징들을 연구하는 일이다. 법률도, 바둑도, 사업도, 스포츠도, 예술도, 사랑도 마찬가지다. 모두 학습을 통해 패턴들을 인지하는 일이라 할 수 있다. 액체가 담긴 컵이 여러 개 있다고 가정하자. 이 액체의 특징을 더 깊이 연구하기 위해서는 냄새도 맡아보고, 무게도 재보고, 리트머스지를 담가보기도 하는 등 입체적인 정보를 모아야 한다. 그렇게 10가지, 20가지 특징들을 비교하다 보면 액체의 정체를 밝힐 수 있다.

주식 혹은 기업들도 매우 다양한 특징을 가지고 있다. 여러 가지 정보를 취합해 비교하다 보면 주식의 특징들이 분류되기 시작한다. 안타깝게도 대부분의 사람은 한 가지만 보고 평가를 한다. 주가만 보기도 하고, 심지어 업종이나 주식의 이름만 보기도 한다. 그러나 어떤 사람들은 다양한 도구를 가지고 최대한 많은 데이터를 추출해 분석하려고 노력한다. 어느 쪽이 유용한 정보를 얻을 가능성이 클까? 물으나 마나 아닐까?

이렇게 다양한 특징이 묶여 있는 주식의 주가가 향후 상승할 것이라는 인과관계를 잘 파악하고 있는 사람이 좋은 투자자다. 물론 이런 투자자들도 자신이 가진 모형을 개선하고 바꿔나간다. 그러나 한두 차례 손실을 봤다고 자신의 모형을 죄다 불신하거나 분석 자체를 포기하지는 않는다. 경험과 데이터를 믿는 사람과 그렇지 않은 사람의 차이다.

데이터 안에 숨겨진 의미를 파악하는 것은 절대 쉬운 일이 아니다. 그렇기에 대다수의 사람이 포기하는 것 아니겠는가. 주식의 특징은 일반인의 눈과 인내심으론 쉽게 찾을 수 없을 정도로 잘 숨겨져 있다. 기업에서 재무제표를 만들 때 자신의 기업이 돋보이도록 최선을 다해 흔적을 남기지 않겠는가. 그러니 그 포장을 꿰뚫어보려면 심미안이 필요하다. 이런 특징들의 연구를 흔히 '요인 분석', 즉 '팩터 리서치'라 한다. 학계와 투자업계에서 이루어지는 팩터들에 대한 연구는 언뜻 복잡해 보이는 재무제표와 주가간의 관계 내에서 가장 두드러지는 현상들을 파헤치는 일이다.

필자는 이런 리서치를 믿지 않으려면 대단히 강력한 신념을 가지고 있어야 한다고 생각한다. 기업의 재무제표나 주식의 과거 수익률은 미래의 수익률과는 완전히 무차별 하다는 신념 말이다. 임직원들의 노력은 성과에 아무런 영향을 미치지 않고 재무제표에도 드러날 가능성이 전무하다는 믿음, 그 재무제표를 아무리 분석해도 눈곱만한 흔적도 찾아낼 가능성이 전무하다는 믿음, 그래서 결국 모든 주가는 마구잡이로 움직인다는 강철 같은 믿음 혹은 어떤 사람은 그런 분석을 전혀 하지 않고도 미래를 속속들이 맞출 수 있는 예지력을 가지고 있다는 믿음을 가진 사람들을 많이 봤다. 그런데 그런 사람들은 수익을 증명하지 못할 뿐만 아니라 거래비용을 지나치게 낭비해 손실을 많이 본다.

신뢰도 높은 팩터가 되기 위한 조건

그렇다면 오르는 주식들에는 어떤 비밀이 숨겨져 있는 것일까? 하나의 주식으로 그 비밀을 모두 찾을 순 없지만 많은 주식의 특징을 그룹으로 나눠 살펴보면 조금씩 알아낼 수 있을 것이다. 어떠한 특성, 예를 들어 기업 규모에 따라 주식들을 묶은 뒤 수익률을 살펴보면, 규모가 큰 기업의 수익률이 좋았는지, 작은 기업의 수익률이 좋았는지 알 수 있다. 현대의 데이터 분석은 이러한 팩터들에 대해 제법 상세하게 분석을 진행하는 중이며, 대부분 팩터들로 주식의 수익률이 높을지 낮을지를 설명하고 있다. 결국 수익률의 비밀은 주식이 가지고 있는 특성, 즉 팩터인 것이다.

그러나 단순히 특성을 기준으로 수익률이 높거나 낮다고 해서 좋은 팩터로 인정되는 것은 아니다. 신뢰도가 높은 팩터로 인정받고 전략으로 사용되기 위해서는 다음 조건을 충족해야 한다.

- 지속성: 오랜 기간 그리고 여러 경제 상황에서도 꾸준히 작동해야

한다. 몇 개월 혹은 몇 년 동안만 작동한다면 우연일 가능성이 매우 크다.

- 범용성: 특정 국가에서만 작동하는 것이 아닌 다양한 국가, 지역, 섹터, 자산군에서도 작동해야 한다. 전 세계 중 한국에서만 작동하는 전략이라면 이 역시 우연일 가능성이 크다.
- 이해 가능성: 전략이 작동하는 이유 및 지속 가능성에 대한 설명이 가능해야 한다. 수익률이 높은 이유를 경제학이나 이론적으로 설명할 수 있어야 앞으로도 수익률이 높을 것이라 믿을 수 있다. 이유가 없는 효과는 우연 혹은 과최적화의 결과일 가능성이 매우 크다.
- 강건성: 같은 팩터라면 비슷한 정의(예 가치주를 정의하는 PBR, PER, PSR 등) 모두에서 작동해야 한다. 전략이 작동하는 이유가 명확하다면 정의가 약간씩 달라도 당연히 작동해야 하고, 결과 역시 비슷해야 한다.
- 투자 가능성: 이론적으로만 작동하는 것이 아니라 실제로 투자가 가능해야 한다. 아무리 좋은 전략이라도 수수료, 세금, 법률적인 문제 등으로 실제 투자가 불가능하다면 돈을 벌 수 없기 때문이다.

이 책에서는 각종 팩터의 효과를 검증하기 위해 케네스 프렌치 Kenneth French 교수의 홈페이지 https://mba.tuck.dartmouth.edu/pages/faculty/ken.french/data_library.html 에서 제공하는 데이터를 사용한다. 1927년부터 현재까지 미국뿐 아니라 글로벌 팩터 데이터를 무료로 제공하고 있으니 관심이 있다면 직접 다운로드받아 테스트해보기 바란다. 한국 주식시장에서의 결과는 이 책의 저자 중 한 명인 이현열이 집필한《스마트 베타》에서 자세하게 다루고 있다. 참고하면 많은 도움이 될 것이다.

시장을 이기는
포트폴리오의 비밀

지금부터 주식시장에서 대표적으로 알려진 4가지 팩터가 실제로 효과가 있었는지 하나씩 살펴보도록 하자. 저평가된 종목, 규모가 작은 종목, 최근 수익률이 높은 종목, 우량한 종목 위주로 포트폴리오를 구성했을 때의 수익률과 변동성을 시장 전체의 경우와 비교해 볼 것이다.

가치주 효과

물건을 싸게 사서 비싸게 팔수록 이득인 것은 당연한 상식이다. 주식 역시 마찬가지다. 헐값에 나온 주식을 산 뒤 기다렸다가 제 가격에 혹은 비싼 가격에 판다면 수익을 볼 수 있다. 그러나 많은 투자자가 싸거나 비싸다는 기준을 '가격'에 의존해 해석한다. 예를 들어 5만 원이던 주식이 3만 원이 될 경우 싸다고 생각해 매수하지만, 사실 이 3만 원이 비싼 가격일 수도 있다.

그렇다면 주식이 싼지 비싼지는 어떻게 측정할 수 있을까? 먼저 적정가격과 비교해보는 방법이 있다. 1934년 벤저민 그레이엄 Benjamin Graham과 데이비드 도드 David Dodd의 《증권분석》에서부터 이어져 내려온 가치투자의 아이디어는 각종 모델을 통해 주가의 적정가격 혹은 내재가치를 측정하고, 이와 비교해 싼지 비싼지를 판단한다. 현재 3만 원에 거래되는 주식도 적정가격이 2만 원이라면 비싼 주식일 뿐이다.

또한 주식의 가치를 측정할 수 있는 지표(밸류에이션)를 만든 뒤 모든 주식의 가치를 비교해보는 방법도 있다. 대표적인 가치 지표로는 PBR Price Book-value Ratio, 즉 주가순자산비율이 사용된다. 이는 주식이 순자산의 몇 배로 거래되고 있는가를 나타내며, 상대적인 수준이기에 각기 다른 주식 간에도 비교가 가능하다. PBR이 0.5인 주식과 2인 주식이 있다고 가정하자. PBR이 0.5라는 말은 순자산이 1원인 기업이 주식시장에서 0.5원에, 즉 상대적으로 싼 가격에 거래되고 있다는 뜻이다. 반면 PBR이 2라는 말은 순자산이 1원인 기업이 주식시장에서 2원에, 즉 상대적으로 비싼 가격에 거래되고 있다는 뜻이다. PBR 외에도 기업의 가치를 측정할 수 있는 다양한 지표가 있다.

[표 3-1] 대표적인 밸류에이션 지표들

지표	분자	분모
PBR	주가	순자산
PER	주가	수익
PCR	주가	현금흐름
PSR	주가	매출액
EV/EBITDA	기업가치	세전 영업이익

　가치주 효과란, 가치가 싼 주식(저밸류에이션)이 가치가 비싼 주식(고밸류에이션)보다 수익률이 높은 현상이다. 이를 확인해보기 위해 1926년부터 2021년까지 미국 주식의 PBR별 포트폴리오 수익률을 살펴보자. 매해 6월 말 전년도 재무 데이터를 이용해 모든 기업의 PBR을 계산한 뒤 PBR이 낮은 순부터 높은 순까지 5개 포트폴리오를 구성한다. 즉 1분위 포트폴리오는 전체 종목 중 PBR이 가장 낮은 20%의 주식으로, 5분위 포트폴리오는 전체 종목 중 PBR이 가장 높은 20%의 주식으로 이루어져 있으며, 시가총액 가중 방식으로 포트폴리오를 구성한다. PBR이 음수인 종목은 제외한다.

　[그림 3-1]을 통해 알 수 있듯 저PBR 종목으로 구성된 포트폴리오가 고PBR 종목으로 구성된 포트폴리오보다 수익률이 높다. 즉 가치주 효과가 존재한다는 것을 확인할 수 있다. [표 3-2]에는 더욱 자세한 통계값이 정리되어 있다. PBR이 낮은 포트폴리오일수록 연간 수익률이 높으며, PBR이 높은 포트폴리오의 경우 시장보다 못한

수익률을 기록했다.

이번 장에서 승률의 기준점은 주식시장의 수익률이다. 즉 어느 시점에 투자했든 1~10년간 투자했을 경우 주식시장보다 수익률이 높았던 비율을 의미한다. PBR이 낮을수록 그리고 투자 기간이 길수록 승률이 증가했다. 즉 확률과 수익의 양 모든 측면에서 PBR이 낮은 주식에 투자하는 것이 훨씬 유리한 베팅이다.

[그림 3-1] PBR별 포트폴리오의 누적 수익률

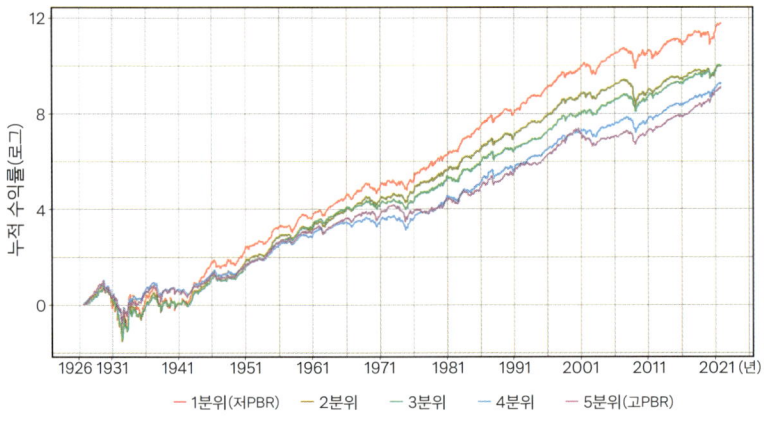

[표 3-2] PBR별 포트폴리오의 통계값

	1분위 (저PBR)	2분위	3분위	4분위	5분위 (고PBR)	시장
연간 수익률(산술)	16.00%	12.90%	12.37%	11.44%	11.36%	11.51%
연간 수익률(기하)	13.08%	11.01%	11.03%	10.17%	10.02%	10.27%
연간 변동성	27.84%	22.37%	19.51%	18.60%	18.76%	18.45%
샤프지수	0.34	0.34	0.39	0.36	0.35	0.37
승률(1년)	60.49%	57.32%	59.96%	44.00%	48.24%	-
승률(3년)	66.13%	59.64%	61.71%	44.50%	46.49%	-
승률(5년)	72.56%	68.60%	63.81%	45.58%	47.05%	-
승률(10년)	79.92%	76.71%	71.93%	49.12%	32.65%	-

이번에는 투자 기간별 수익률의 분포를 살펴보자. [그림 3-2]는 투자 기간에 따른 PBR별 포트폴리오의 시장 대비 초과 수익률을 연간으로 환산한 값이다. 10년의 투자 기간을 살펴보면, 고PBR 포트폴리오의 봉우리는 음수, 즉 시장보다 못한 수익률을 기록할 때가 가장 많다. 반면 저PBR 포트폴리오의 봉우리는 가장 오른쪽에 위치해 있으며, 이는 확률적으로 가장 많이 벌 수 있는 베팅 방법임을 뜻한다.

[그림 3-2] PBR별 포트폴리오의 수익률 분포

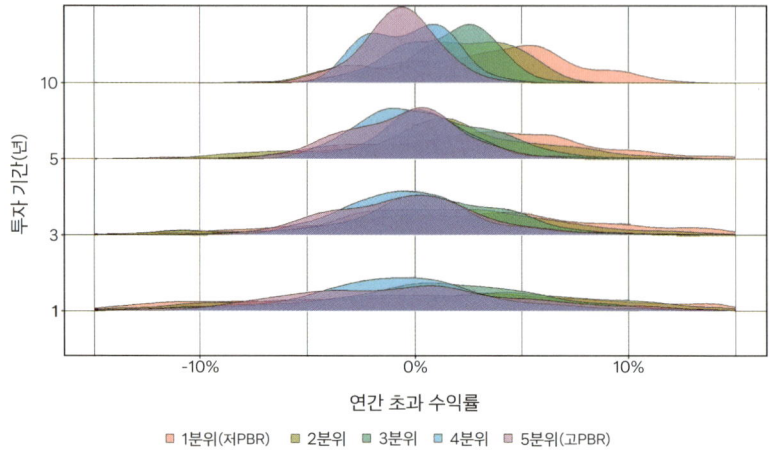

이러한 가치주 효과는 PBR이 아닌 다른 지표를 사용해도 동일하게 나타난다. [표 3-3]와 [표 3-4]는 PBR과 동일한 방법을 사용해 PER과 PCR의 포트폴리오별 통계값을 나타낸 것이다. 역시나 밸류에이션이 낮을수록 수익률이 높고, 밸류에이션이 높을수록 수익률이 낮다. 또한 미국뿐 아니라 글로벌 여러 지역을 대상으로 해도 동일하게 가치주 효과가 나타난다(부록 참조).

[표 3-3] PER별 포트폴리오의 통계값

	1분위 (저PER)	2분위	3분위	4분위	5분위 (고PER)	시장
연간 수익률(산술)	16.02%	14.50%	12.55%	12.06%	10.77%	11.92%
연간 수익률(기하)	15.59%	14.26%	12.11%	11.57%	9.76%	11.36%
연간 변동성	16.97%	14.77%	14.62%	14.50%	16.78%	14.87%
샤프지수	0.65	0.66	0.53	0.49	0.32	0.47
승률(1년)	68.35%	64.51%	53.00%	50.12%	40.65%	-
승률(3년)	76.67%	72.84%	53.21%	55.31%	33.09%	-
승률(5년)	81.42%	81.17%	56.62%	57.76%	30.66%	-
승률(10년)	91.74%	82.64%	62.53%	67.08%	17.77%	-

[표 3-4] PCR별 포트폴리오의 통계값

	1분위 (저PCR)	2분위	3분위	4분위	5분위 (고PCR)	시장
연간 수익률(산술)	15.08%	13.63%	12.23%	11.71%	11.62%	11.92%
연간 수익률(기하)	14.62%	13.32%	11.71%	11.14%	10.70%	11.36%
연간 변동성	16.40%	14.60%	14.85%	14.80%	16.77%	14.87%
샤프지수	0.62	0.61	0.49	0.46	0.38	0.47
승률(1년)	66.91%	61.87%	47.60%	48.56%	46.28%	-
승률(3년)	71.85%	73.95%	45.31%	47.65%	43.70%	-
승률(5년)	78.88%	72.65%	48.73%	51.53%	46.06%	-
승률(10년)	86.78%	85.54%	58.40%	59.64%	34.71%	-

이러한 가치주 효과는 왜 생기는 것일까? 바로 사람들이 가치주(저밸류에이션)를 기피하고, 성장주(고밸류에이션)를 선호하기 때문이

다. 달리 말하면 사람들이 기피한 것이 가치주가 되었다고 할 수도 있다. 가치주는 일반적으로 차입비율이 높고, 수익의 변동성이 크며,[29] 경기가 좋지 않을 때 더 위험한 경향이 있다.[30] 사람들은 이처럼 위험한 주식에 필요 이상으로 과민 반응을 보인다. 그로 인해 주가가 하락하고 가치주가 되는 것이다.

반면 인간은 익숙한 것을 안전하다고 착각하는 경향이 있다. 최근 성과가 좋은 주식은 여러 매체를 통해 접하기 쉬운데, 이런 주식을 안전하다고 착각해 많은 사람이 매수에 나선다. 그로 인해 주가가 상승하고 고평가주가 된다.

보고 싶은 것만 보는 확증 편향으로 인해 투자자들은 위험하다고 생각되는 가치주가 망할 것 같은 이유만 찾아 더욱 기피하고, 안전하다고 생각되는 성장주는 영원히 상승할 것 같은 이유만 찾아 더욱 선호한다. 그러나 가치주가 생각보다 위험하지 않다는 것을, 성장주가 너무 많이 상승해 안전하지 않다는 것을 깨닫는 순간 주가는 원래 수준으로 회귀하기 마련이고, 이로 인해 가치주 효과가 발생한다.

그렇다면 성장주 대신 가치주를 택하는 것은 언제나 좋은 전략일까? 단순히 지표만 본다면 그렇지만 최근의 성과를 찾아보면 가치주 효과는 전혀 없는 것처럼, 오히려 성장주 효과가 있는 것처럼 보인다.

[그림 3-3]은 성장주 대비 가치주의 상대 성과를 누적한 결과다. 1930년대부터 2000년대 중반까지 대부분의 구간에서 가치주의 성

과가 훨씬 좋았다. 1900년대 말과 2000년대 초중반에 수많은 가치투자 스타가 생긴 이유는 가치주 효과가 워낙 좋았기 때문이다. 그러나 2000년대 중반부터 2020년까지는 오히려 성장주의 성과가 훨씬 좋았다. 공교롭게도 스타들이 저문 시기도 이와 겹친다.

미국의 경우 FAANG^{Facebook, Amazon, Apple, Netflix, Google}와 같은 대형 성장주들이 상승을 이끌었으며, 국내의 경우도 바이오, IT 등 성장주들이 주로 상승했기에 가치주에 투자한 사람들은 지옥과도 같은 시간을 보내야 했다.

[그림 3-3] 성장주 대비 가치주의 누적 수익률

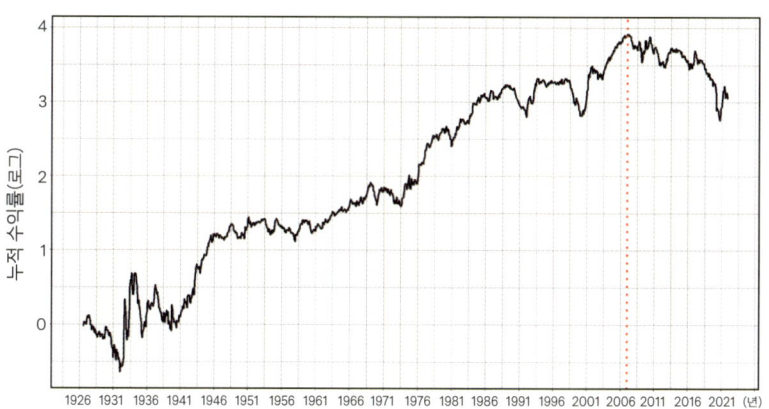

가치주의 슬럼프가 언제까지 계속될지는 알 수 없다. 가치주 효과가 사라진 것일 수도 있고, 단순히 10여 년간 작동하지 않은 것일

수도 있다. 그러나 투자의 세계에서 언제나 돈을 버는 전략이란 존재하지 않으며, 싸게 사서 비싸게 파는 것이 돈을 버는 방법이라는 사실은 절대 바뀌지 않는 진리다. 그나마 희망적인 것은 2021년부터 다시 가치주 효과가 작동하기 시작했다는 점이다.

소형주 효과

주식시장 내에서 기업의 크기는 어떻게 측정할까? 바로 시가총액, 즉 주식의 가격과 상장된 주식의 수를 곱해 계산한다. 주식시장에는 삼성전자와 같이 시가총액이 수백조에 이르는 기업부터 몇백억 정도밖에 되지 않는 초소형주까지 매우 다양한 크기의 기업이 존재한다.

주식시장에서 대형주가 차지하는 비중은 무려 81%나 되며, 중소형주가 차지하는 비중은 19%밖에 되지 않는다. 반면 많은 투자자들은 큰돈을 벌기 위해서는 대형주보다는 중소형주에 투자해야 한다고 생각한다. 실제로 개인 투자자들의 계좌를 살펴보면 대형주에 투자하는 비중은 55%, 중소형주에 투자하는 비중은 45%다. 주식시장에서 중소형주가 차지하는 비중에 비해 많은 사람이 중소형주에 투자하는 것을 알 수 있다.[31]

[표 3-5] 국내 주식시장 크기 비중과 개인 투자자들의 투자 비중

(단위: %)

	주식시장 내 비중	투자 비중
대형주	81	55
중형주	13	27
소형주	6	18

출처: 김민기, 김준석(2021)

소형주 효과란, 대형주보다 소형주의 수익률이 높은 현상이다. 이를 확인해보기 위해 1926년부터 미국 주식의 시가총액별 포트폴리오 수익률을 살펴보자. 매해 6월 말 시가총액이 낮은 순부터 높은 순까지 5개 포트폴리오를 구성한다. 즉 1분위 포트폴리오는 시가총액이 가장 작은 20%의 주식으로, 5분위 포트폴리오는 시가총액이 가장 큰 20%의 주식으로 이루어져 있으며, 시가총액 가중 방식으로 포트폴리오를 구성한다.

[그림 3-4]와 [표 3-6]을 통해 알 수 있듯 소형주로 구성된 포트폴리오가 대형주로 구성된 포트폴리오보다 수익률이 높다. 즉 소형주 효과가 존재하는 것처럼 보인다. 시가총액이 작을수록 산술평균으로 계산된 연간 수익률이 높다. 그러나 소형주의 경우 변동성이 매우 크며, 실제 수익률에 해당하는 기하평균 수익률 역시 사이즈별로 크게 차이가 나지 않는다. 또한 초소형주(1분위)의 경우 시장 대비 승률 자체도 그리 매력적이지 않다.

[그림 3-4] 사이즈별 포트폴리오의 누적 수익률

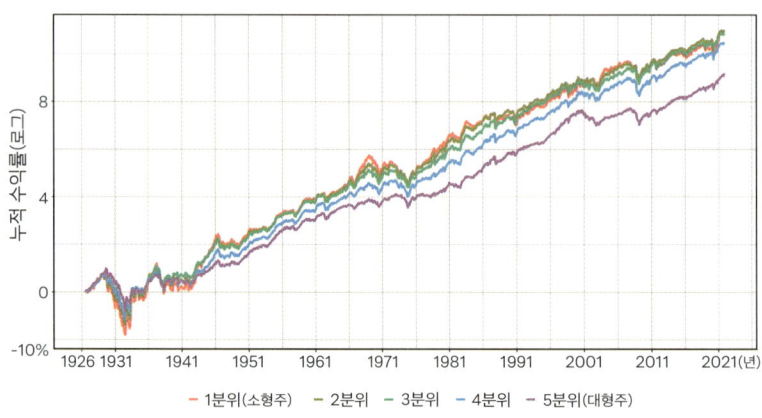

[표 3-6] 사이즈별 포트폴리오의 통계값

	1분위 (소형주)	2분위	3분위	4분위	5분위 (대형주)	시장
연간 수익률(산술)	15.69%	14.78%	14.11%	13.24%	11.18%	11.51%
연간 수익률(기하)	12.00%	12.14%	12.01%	11.56%	10.05%	10.27%
연간 변동성	30.83%	26.22%	23.67%	21.39%	17.71%	18.45%
샤프지수	0.27	0.33	0.36	0.38	0.37	0.37
승률(1년)	50.62%	56.35%	58.02%	56.88%	45.86%	-
승률(3년)	48.47%	55.41%	57.03%	59.73%	48.38%	-
승률(5년)	49.91%	58.56%	63.44%	67.50%	44.57%	-
승률(10년)	67.54%	76.61%	79.82%	88.40%	34.02%	-

이번에는 투자 기간별 초과 수익률의 분포를 살펴보자. [그림

3-5]에서 10년의 투자 기간을 살펴보면, 초소형주의 경우 높은 변동성으로 인해 시장보다 높은 수익률을 기록할 때도 있었지만 현저하게 낮은 수익률을 기록할 때도 있었다.

[그림 3-5] 사이즈별 포트폴리오의 수익률 분포

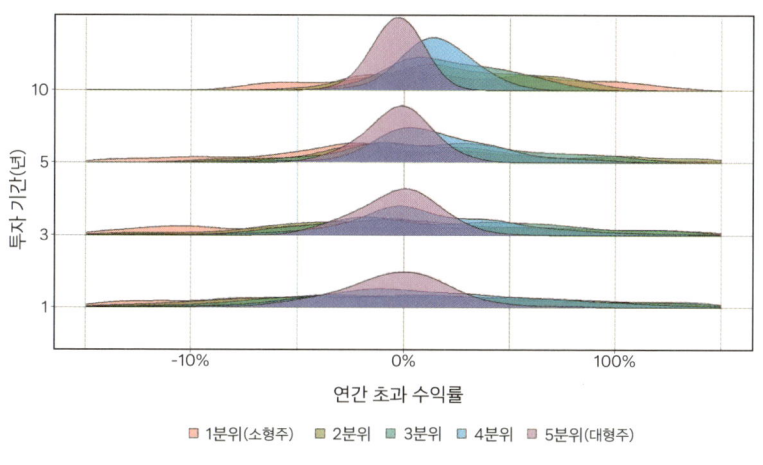

위의 결과를 종합적으로 고려해보면 소형주 효과는 가치주 효과처럼 강하게 존재하지는 않는 듯하다. 실제로 소형주 효과에 대한 의문은 오래전부터 존재했다. [그림 3-6]은 대형주 대비 소형주의 상대 성과를 누적한 결과다. 1930년대부터 1980년대 초반까지는 소형주의 성과가 좋았지만 이후 30년이 넘는 기간 동안은 오히려 대형주의 수익률이 좋았다.

[그림 3-6] 대형주 대비 소형주의 누적 수익률

 소형주 효과를 의심하는 또 다른 주장은 그것이 대부분 1월 효과 January Effect 로 설명이 가능하다는 것이다. 1월 효과란, 1월에 주식시장의 수익률이 높으며, 그중에서도 소형주의 수익률이 높은 현상이다.

 [그림 3-7]은 1월과 2~12월의 사이즈별 평균 수익률을 나타낸 그래프다. 1월 수익률이 다른 달의 수익률보다 확연히 높으며, 그중에서도 소형주일수록 압도적으로 높다. 1월 효과를 제외하고 나면 사이즈와 수익률은 아무런 관계가 없는 듯하다.

[그림 3-7] 1월과 2~12월의 사이즈별 수익률

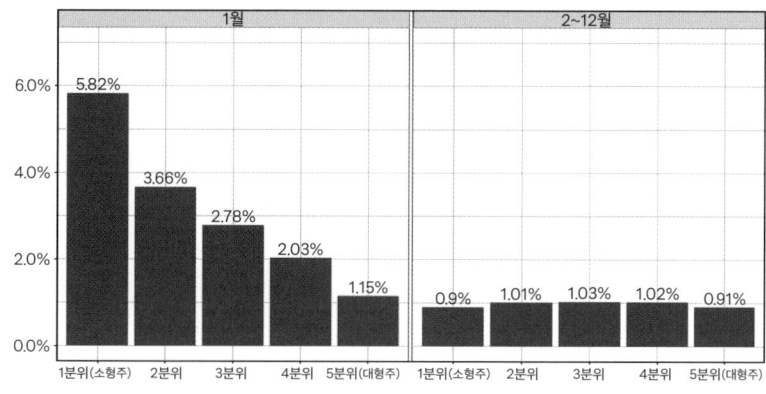

그렇다면 소형주 효과는 존재하지 않는 것일까? 단순히 기업의 크기별로 수익률을 살펴보면 그러한 것처럼 보인다. 그러나 한 연구 결과[32]에 따르면, 팩터들 내에서는 여전히 소형주 효과가 매우 강하게 나타난다. [그림 3-8]을 살펴보자. 대형 가치주는 대형주 중 저 PBR로 구성된 포트폴리오의 수익률, 소형 가치주는 소형주 중 저 PBR로 구성된 포트폴리오의 수익률이다. 1980년대 이후 소형주 효과가 사라진 것처럼 보이는 것과 달리, 대형 가치주 대비 소형 가치주는 꾸준하게 상승하고 있다. 즉 가치주 내에서 소형주 효과는 여전히 존재한다는 것을 확인할 수 있다.

[그림 3-8] 소형 가치주와 대형 가치주의 누적 수익률

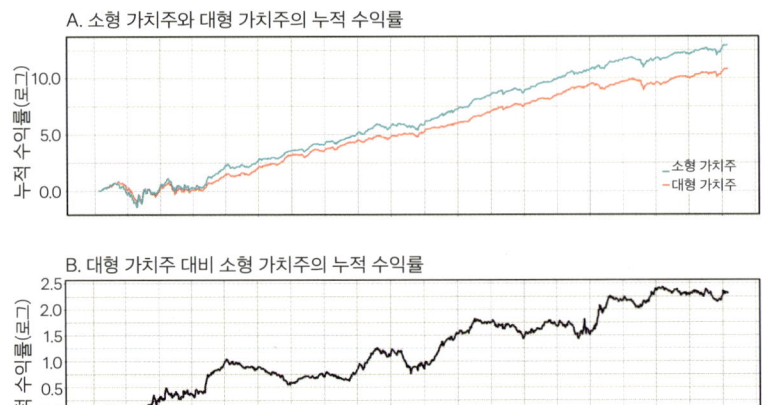

　　[표 3-7]의 통계값을 확인해봐도 이러한 결과는 명확하다. 대형 가치주와 비교했을 때 소형 가치주의 연간 수익률 및 샤프지수가 높다. 또한 10년 동안 장기투자를 할 경우 시장을 이길 확률도 소형 가치주가 더욱 높다. 즉 확률과 수익의 양 모든 측면에서 소형 가치주에 투자하는 것이 훨씬 유리한 베팅이다. 이러한 소형주 효과는 가치주뿐 아니라 앞으로 살펴볼 모멘텀, 우량성 등 대부분의 팩터에서 공통적으로 나타난다.

[표 3-7] 소형 가치주와 대형 가치주의 통계값

	소형 가치주	대형 가치주	시장
연간 수익률(산술)	17.32%	14.28%	11.51%
연간 수익률(기하)	14.52%	11.96%	10.27%
연간 변동성	28.13%	24.76%	18.45%
샤프지수	0.39	0.34	0.37
승률(1년)	61.20%	57.67%	-
승률(3년)	63.33%	67.57%	-
승률(5년)	70.17%	71.18%	-
승률(10년)	87.52%	77.78%	-

그렇다면 소형주 효과는 왜 생기는 것일까? 먼저 소형주가 가지고 있는 위험 때문이다. 작은 기업의 경우 차입비율이 높고, 경제 위기에 대처할 능력이 낮으며, 대출이 어렵다. 또한 이익 변동성이 크고, 수익성이 낮으며, 상장된 주식의 수와 거래를 하는 사람이 적어 자신이 원하는 시점에 주식을 사거나 팔기 힘들다. 이러한 이유로 시장에서 소외를 받아 필요 이상으로 주가가 하락하는 경우가 많다.

이뿐만이 아니다. 기업에 대한 정보가 즉각적으로 반영되지 않는, 즉 비효율성이 지속되는 경향도 있다. [그림 3-9]는 국내 상장 종목의 시가총액 순위에 따른 목표주가 추정기관 수를 나타낸 것이다. 시가총액이 큰 대형주의 경우, 굉장히 많은 기관(예 증권사 애널리스트)이 해당 기업을 분석한다. 지켜보는 사람이 많기 때문에 기업과 관련된 정보가 발생하면 주가에 매우 빠르게 반영된다. 반면 시가총액이 작은 소형주의 경우는 어떨까? 1~2개의 기관이 해당 기업을 분석하거나 아예 분석하지 않는다. 따라서 좋은 정보가 발생하더라도 주가에 반영되는 속도가 매우 느리다. 소형주 특유의 위험과 그로 인한 소외 그리고 비효율성은 수익의 기회가 많다는 것을 의미하며, 이러한 것들이 해결되는 과정에서 소형주 효과가 발생한다.

[그림 3-9] 국내 상장 종목의 시가총액 순위에 따른 목표주가 추정기관 수

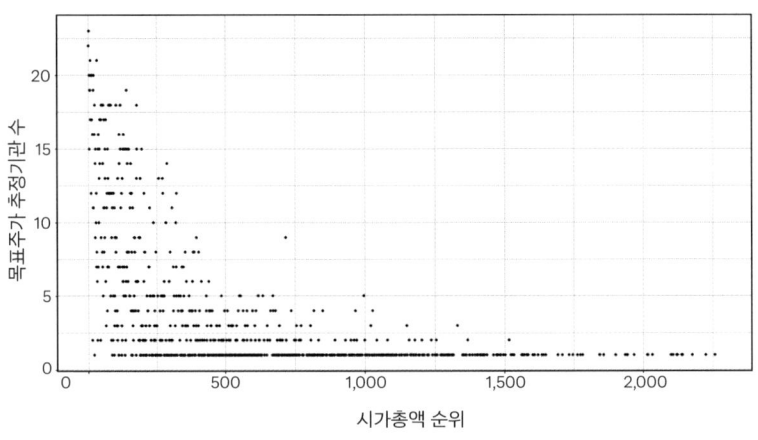

정리하면, 단순히 소형주에 투자하는 것보다는 팩터를 이용해 좋은 종목들을 추려낸 뒤 그중에서 시가총액이 작은 주식에 투자하는 것이 소형주 효과를 제대로 누릴 수 있는 베팅 방법이다.

모멘텀 효과

주식의 가격이 단순히 기업의 이익에 따라 결정되는 것이라면, 최근 수익률은 미래 수익률에 영향을 미치지 않아야 한다. 즉 이익이 좋게 나온 기업의 주가가 오르는 것은 당연하겠지만, 이익의 변화 없이 단순히 최근 주가가 올랐다고 해서 미래의 주가가 오르는 일은 없어야 한다. 그러나 주식시장은 이론대로만 움직이지도 않고, 합리적이지도 않다. 또한 심리에 쉽게 영향을 받는 사람들이 베팅을 하는 공간이다. 사람들은 최근 가격이 오르는 주식에 관심을 쏟기 마련이고, 유행에 소외될까 무서워 남들을 따라 투자를 한다. 그로 인해 주가는 계속해서 오른다. 반면 사람들은 최근 가격이 떨어지는 주식에는 관심을 두지 않는다. 그로 인해 나쁜 주식으로 찍혀 소외되고 주가는 계속해서 떨어진다. 이처럼 가격이 오르는 주식은 계속해서 오르고, 가격이 떨어지는 주식은 계속해서 떨어지는 현상을 '모멘텀'이라 한다. 모멘텀 효과를 이용한 전략은 월가에서 가장 오래된 전략 중 하나로, 그 역사는 1700년대 후반까지 거슬러 올라간다.

모멘텀 효과를 확인해보기 위해 1927년부터 최근까지 미국 주식의 모멘텀별 포트폴리오 수익률을 살펴보자. 매월 말 최근 12개월 수익률(최근 1개월 수익률은 제외)을 이용해 수익률이 높은 순부터 낮은 순까지 5개 포트폴리오를 구성한다. 즉 1분위 포트폴리오는 전체 종목 중 최근 12개월 수익률이 가장 높은 20%의 주식으로, 5분위 포트폴리오는 전체 종목 중 최근 12개월 수익률이 가장 낮은 20%의 주식으로 이루어져 있으며, 시가총액 가중 방식으로 포트폴리오를 구성한다.

[그림 3-10]과 [표 3-8]을 통해 알 수 있듯 최근 수익률이 높은 종목으로 구성된 포트폴리오가 최근 수익률이 낮은 종목으로 구성된 포트폴리오보다 수익률이 높은, 즉 모멘텀 효과가 존재한다는 것을 확인할 수 있다. 연간 수익률과 승률 역시 1분위와 5분위 사이에 상당한 차이가 발생하며, 그 효과는 기존에 살펴본 가치주 효과보다 훨씬 강하다. 즉 최근 12개월 수익률이 높은 모멘텀 주식에 올라타는 것이 확률과 수익의 양 모든 측면에서 훨씬 유리한 베팅이다.

[그림 3-10] 모멘텀별 포트폴리오의 누적 수익률

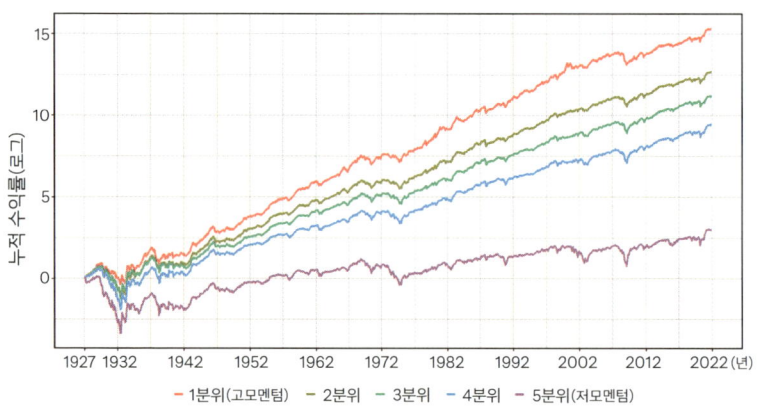

[표 3-8] 모멘텀별 포트폴리오의 통계값

	1분위 (고모멘텀)	2분위	3분위	4분위	5분위 (저모멘텀)	시장
연간 수익률(산술)	18.92%	15.73%	14.32%	13.03%	7.90%	11.47%
연간 수익률(기하)	17.48%	14.27%	12.49%	10.42%	3.16%	10.22%
연간 변동성	23.25%	21.86%	22.85%	25.59%	32.03%	18.49%
샤프지수	0.59	0.49	0.39	0.27	0	0.36
승률(1년)	75.62%	66.84%	59.40%	47.78%	34.13%	-
승률(3년)	85.60%	75.54%	63.86%	47.55%	22.74%	-
승률(5년)	87.69%	82.31%	70.65%	48.24%	19.17%	-
승률(10년)	95.78%	96.67%	85.59%	59.61%	10.59%	-

투자 기간별 수익률의 분포를 살펴보아도 모멘텀 효과의 강함이 그대로 나타난다. [그림 3-11]에서 10년의 투자 기간을 살펴보면 모멘텀이 높을수록, 즉 최근 수익률이 높을수록 봉우리가 오른쪽에 위치해 있다.

[그림 3-11] 모멘텀별 포트폴리오의 수익률 분포

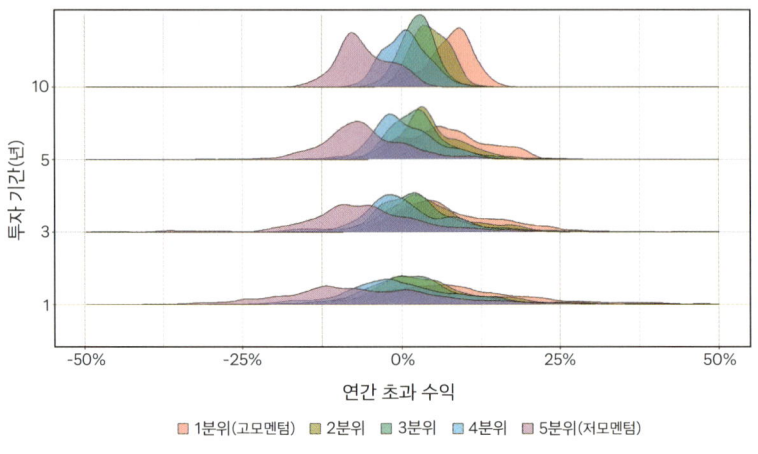

모멘텀 효과가 발생하는 이유는 기업의 가치 변화에 대한 사람들의 반응 때문이다. 기업의 이익이 증가하면 내재가치(펀더멘털 가치) 역시 증가하고, 이러한 가치는 [그림 3-12]에서 실선으로 표시된 바와 같이 즉각적으로 변한다. 반면 점선으로 표시된 주식의 가격은 늘 새로운 정보에 반응해 상승하기는 하지만, 초기에는 이익에 대한 과소 반응으로 인해 상승폭이 낮으며 그 이후 계속해서 상승한다. 주식의 가격이 가치에 수렴하기 위해 상승하다 보면 투자자들의 주목을 끌기 마련이며, 양떼 효과로 인해 따라서 투자하는 이들이 많아진다.

[그림 3-12] 내재가치 변화에 따른 시장가격의 반응

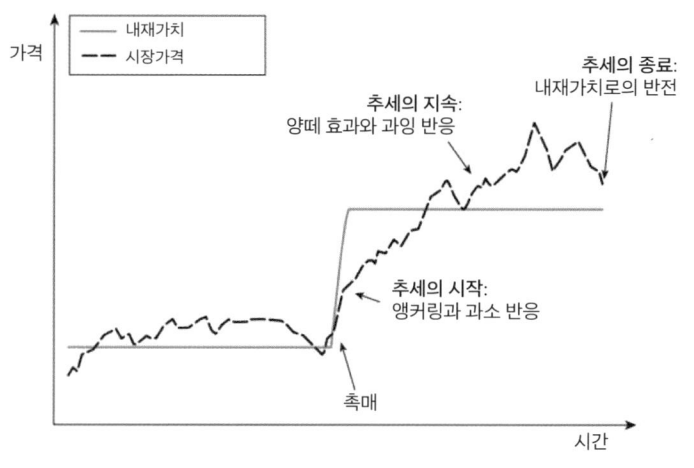

출처: Hurst, Ooi, and Pedersen(2013)

그 결과, 과잉 반응이 발생해 주가는 계속해서 상승하며 모멘텀 효과가 발생한다. 그러나 투자자들이 기업의 가치에 비해 주가가 너무 비싸졌다고 판단하는 순간 주가는 하락하기 시작하며 반전이 이루어진다. 이러한 일련의 과정을 자세히 설명하면 다음과 같다.[33]

- 추세의 시작 - 정보에 대한 과소 반응
    - 앵커링 효과와 불충분한 조정: 사람들은 자신의 관점을 과거 데이터에 고정시키고, 새로운 정보는 충분하게 조정하지 않는 경향이 있다.

- 처분 효과: 사람들은 수익을 거둔 주식은 일찍 팔고, 손해를 본 주식은 오래 보유하는 경향이 있다. 수익을 실현하는 것을 좋아하기 때문에 조금만 상승해도 재빨리 매도한다. 이러한 매도로 가격이 하락하고, 새로운 긍정적 정보를 반영한 가격의 상승은 느려진다. 반면, 사람들은 손실을 확정하는 것을 고통스러워하기 때문에 손실이 난 주식을 계속해서 보유한다. 그로 인해 기업의 가치가 손상되어도 매도자가 적어 가격이 빠르게 하향 조정되지 않을 수 있다.

■ 추세의 지속 – 지연된 과잉 반응
- 군중 효과와 추세 추종: 가격이 한동안 한 방향으로 움직이면 일부 투자자는 군집 행동 혹은 추세 추종으로 인해 시류에 편승한다. 또한 군중 효과로 인해 애널리스트들은 매수 추천을 하고 목표주가를 올리는데, 이는 기관투자자의 의사결정에 영향을 미친다.
- 확증 편향과 대표성: 사람들은 이미 믿고 있는 것을 확인하는 정보를 찾는 경향이 있으며, 최근의 가격 움직임을 미래를 대표하는 것으로 판단하곤 한다. 그로 인해 최근 수익을 거둔 주식에 투자를 하고 반대로 손실을 본 주식을 매도하는데, 그 결과 추세가 지속된다.
- 자금흐름과 위험 관리: 최근 실적에 따라 자금이 이동하는 경향이 있다. 투자자들은 최근 성과가 부진한 펀드매니저에게서 돈을 인출한다. 그로 인해 해당 매니저는 본인의 포지션을 줄여야 한다. 이와 반대로 성과가 좋은 펀드매니저에게는 자금이 들어온다. 그로 인해 해당 매니저는 포지션에 대한 매수 압력을 받는다.

- 추세의 종료 – 추세는 영원히 지속되지 않는다.

    가격은 펀더멘털 가치와 너무 멀어지게 되고, 사람들이 이를 깨닫는 순간 가격이 펀더멘털 가치를 향해 돌아가면서 추세는 사라진다.

모든 전략이 그렇듯 모멘텀 전략 역시 항상 좋은 것은 아니다. [그림 3-13]을 보자. A는 저모멘텀 대비 고모멘텀 포트폴리오의 수익률로, 상당히 오랜 기간 꾸준하게 고모멘텀의 상대 수익률이 좋다. 그러나 회색으로 표시한 부분처럼 고모멘텀 포트폴리오의 수익률이 급격하게 떨어지는 현상이 발생할 때가 있다.

B와 C는 시장이 크게 하락했던 1931년과 2008년 및 이듬해의 모멘텀 포트폴리오별 수익률을 나타낸 것이다. 시장에 큰 위기가 닥쳤을 때는 변동성이 낮거나 우량주와 같이 하락폭이 제한적인 주식의 성과가 상대적으로 좋으며, 고모멘텀 포트폴리오(1분위)는 이러한 종목들로 구성된다. 반면 변동성이 크고 우량성이 떨어지는 종목은 상대적으로 성과가 나빠 저모멘텀 포트폴리오(5분위)로 몰리게 된다. 이런 와중에 시장이 반등하게 되면 오히려 변동성이 큰 주식들로 구성된 저모멘텀 포트폴리오가 훨씬 높은 수익률을 기록한다. 이처럼 약세장을 지나 반등할 때 모멘텀 효과가 무너지는 현상을 '모멘텀 붕괴 현상Momentum Crashes'이라 한다.[34]

[그림 3-13] 시장 하락 후 반등 시 모멘텀 붕괴 현상

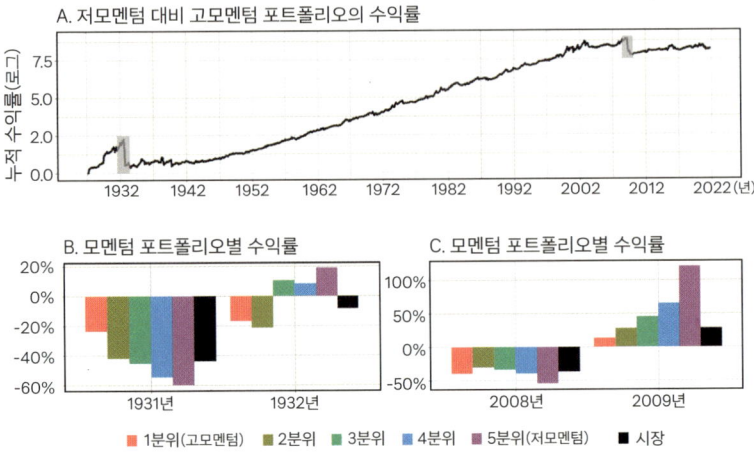

주식시장의 여러 효과 중에서도 모멘텀 효과는 가장 꾸준하면서도 강력하다. 모든 투자자가 로봇으로 대체되지 않는 한 인간의 심리적 편향은 사라지지 않을 것이고, 그로 인해 모멘텀 현상도 계속해서 존재할 것이다. 물론 종종 붕괴 현상이 발생하기도 할 테지만, 이는 어느 정도 예측 가능하므로 이러한 점만 잘 컨트롤할 수 있다면 가장 성공률이 높은 베팅 방법이 될 수도 있다.

우량주 효과

주식이 오르기 위해서는 먼저 해당 기업이 좋은 기업이어야 한다. 그렇다면 과연 '좋은 기업', 즉 우량한 기업은 어떻게 정의할 수 있을까? 이를 측정하는 방법은 여러 가지가 있지만 대표적으로 다음과 같은 지표들이 있다.[35]

- 수익성: 기업이 돈을 얼마나 잘 버는가(예 ROE, ROA, 매출총이익률 등).
- 수익의 안정성: 기업이 얼마나 안정적으로 돈을 버는가(예 ROE의 변동성 등).
- 재무 구조: 기업의 재무 구조가 얼마나 안전한가(예 차입비율 등).
- 이익의 성장: 기업의 이익 증가율이 얼마나 되는가(예 전년 대비 ROE 증가율 등).
- 재무 신뢰도: 재무제표를 얼마나 신뢰할 수 있는가(예 회계 처리 방법 등).
- 배당: 얼마나 주주 친화적인가(예 배당금, 신주발행, 자사주 매입 등).
- 투자: 얼마나 신사업에 투자를 하는가(예 총자산의 증가 등).

이 중 사람들이 가장 중요하게 여기는 것은 바로 수익성이다. 돈을 벌지 못하는 기업은 지속될 수 없기 때문이다. 기업의 규모가 크면 당연히 돈을 더 많이 벌기 때문에 단순히 수익의 양이 아닌, 기업의 규모에 비해 얼마를 버는지 표준화를 통해 비교해야 한다. [표 3-9]는 널리 사용되고 있는 수익성 지표들이다.

[표 3-9] 수익성 지표

지표	설명	분자	분모
ROE(Return on Equity)	자기자본이익률	당기순이익	자본
ROA(Return on Asset)	총자산이익률	당기순이익	자산
ROIC(Return on Invested Capital)	투하자본이익률	당기순이익	투하자본
GP(Gross Profitability)	매출총이익률	매출총이익	자산 혹은 자본

우량주 효과란, 우량성(수익성)이 높은 기업일수록 수익률이 높은 현상이다. 이를 확인해보기 위해 1963년부터 최근까지 미국 주식의 수익성별 포트폴리오 수익률을 살펴보자. 수익성은 영업이익을 자본으로 나눈 값을 사용한다. 매해 6월 말 수익성이 높은 순부터 낮은 순까지 5개 포트폴리오를 구성한다. 즉 1분위 포트폴리오는 수익성이 가장 높은 20%의 주식으로, 5분위 포트폴리오는 수익성이 가장 낮은 20%의 주식으로 이루어져 있으며, 시가총액 가중 방식으로 포트폴리오를 구성한다.

[그림 3-14]와 [표 3-10]을 통해 알 수 있듯 수익성이 높은 종목으로 구성된 포트폴리오가 수익성이 낮은 종목으로 구성된 포트폴리오보다 수익률이 높은, 즉 우량주 효과가 존재한다는 것을 확인할 수 있다. 연간 수익률과 승률 역시 1분위와 5분위 사이에 차이가 크며, 특히 수익성이 높은 주식의 경우 변동성 역시 낮아 매우 안정적인 포트폴리오임을 확인할 수 있다.

[그림 3-14] 수익성별 포트폴리오의 누적 수익률

[표 3-10] 수익성별 포트폴리오의 통계값

	1분위 (고수익성)	2분위	3분위	4분위	5분위 (저수익성)	시장
연간 수익률(산술)	12.68%	11.90%	11.75%	10.53%	9.68%	11.43%
연간 수익률(기하)	12.11%	11.28%	11.10%	9.64%	8.04%	10.73%
연간 변동성	15.41%	15.22%	15.30%	15.97%	19.41%	15.35%
샤프지수	0.47	0.43	0.41	0.31	0.17	0.39
승률(1년)	61.88%	53.04%	53.33%	41.16%	41.88%	-
승률(3년)	66.52%	59.76%	52.10%	39.49%	33.63%	-
승률(5년)	73.83%	60.75%	54.52%	32.87%	24.61%	-
승률(10년)	87.29%	76.12%	54.47%	23.88%	19.24%	-

이번에는 투자 기간별 수익률의 분포를 살펴보자. [그림 3-15]에

서 10년의 투자 기간을 살펴보면 수익성이 높을수록 봉우리가 오른쪽에 위치해 있어 주식이 크게 오를 확률이 높다. 한편 수익성이 낮은(5분위) 종목들의 경우, 시장보다 못한 수익률을 거둘 확률이 상당히 높다. 따라서 돈을 벌지 못하는 기업에 장기간 투자하는 것은 결코 현명한 베팅이 아니다.

[그림 3-15] 수익성별 포트폴리오의 수익률 분포

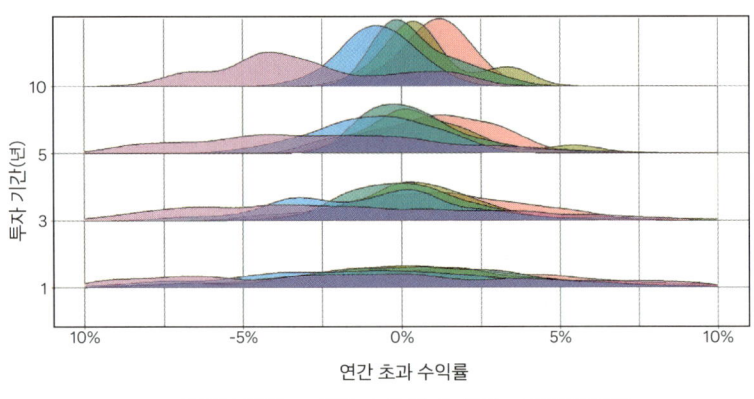

우량주 효과가 발생하는 이유 역시 사람들의 반응과 관계가 있다. 기업의 수익성이 높을 경우, 투자자들은 이익이 다시 원래 수준으로 빠르게 돌아갈 것이라 생각하지만, 실제로는 수익성이 높은 기업은 계속해서 높은 수익성을 보이는 경향이 있다. 반대로 기업의 수익성이 낮은 경우, 투자자들은 이익이 반등할 것이라 생각하지만 나쁜

기업은 계속해서 나쁜 경향이 있다.[36]

이러한 효과는 [표 3-11]에 자세히 나타나 있다. 이는 1956년부터 2012년까지 미국 주식의 수익성을 기준으로 10개 포트폴리오를 나눈 뒤 지속성을 살펴본 결과다. P1은 수익성이 높은 주식을, P10은 수익성이 낮은 주식을 의미하며, 각 숫자는 여러 수익성을 통합적으로 고려해 점수를 환산한 값이다. P1부터 P10까지의 순서는 무려 10년이 지나도 유지된다. 한 번 수익성이 높은 기업은 계속해서 높은, 낮은 기업은 계속해서 낮은 수익성의 모멘텀 효과가 존재한다는 것을 확인할 수 있다. 수익성뿐 아니라 성장성(이익의 증가율이 큰 기업과 작은 기업의 차이), 안전성(안전한 기업과 위험한 기업의 차이), 지불(배당을 많이 주는 기업과 적게 주는 기업의 차이)에서도 동일한 효과가 존재하며, 각각의 지표에서도 우량성 효과가 나타난다.[37]

[표 3-11] 수익성에 따른 포트폴리오별 수익성의 지속성

	P1	P2	P3	P4	P5	P6	P7	P8	P9	P10
수익성	1.76	1.11	0.76	0.49	0.25	0.03	-0.20	-0.46	-0.80	-1.44
수익성 (1년 후)	1.51	0.99	0.66	0.44	0.27	0.10	-0.05	-0.28	-0.49	-0.90
수익성 (3년 후)	1.40	0.82	0.56	0.37	0.23	0.11	-0.03	-0.24	-0.40	-0.65
수익성 (5년 후)	1.34	0.76	0.50	0.32	0.22	0.13	-0.03	-0.17	-0.36	-0.56
수익성 (10년 후)	1.14	0.65	0.37	0.30	0.19	0.11	0.02	-0.14	-0.22	-0.39

출처: Asness, Frazzini, Pedersen(2019)

그렇다면 우량주 전략의 장기 수익률은 어떨까? [그림 3-16]의 A를 살펴보면 1980년대 중반부터 저수익성 포트폴리오보다 고수익성 포트폴리오의 수익률이 지속적으로 좋다. 가치주의 성과가 부진해지기 시작한 2000년대 중반부터 현재까지도 마찬가지다. 이는 가치주와 우량주가 서로 상반되는 성격을 가지고 있기 때문이다.

그러나 우량주 전략이 작동하지 않는 시기도 존재한다. 1999년 IT버블 당시에는 기업의 수익성과 같은 펀더멘털이 아닌 꿈을 보고 투자한 사람이 많아 저우량성(적자 기업) 종목의 수익률이 월등히 좋았다. 그러나 2000년부터 2002년까지 이어진 하락으로 투자자들의 안전자산 선호 현상Flight to Quality이 일어났을 때는, 즉 시장의 변동성이 확대되고 위험이 커질 때는 시중의 자금이 저위험 자산으로 집중되는 현상으로 인해 우량성(수익성)이 높은 종목들의 수익률이 월등히 좋다. 그러나 다시 시장이 반등하기 시작할 때는 고위험 자산으로 손바뀜이 일어나고, 그로 인해 우량성이 낮은 종목들의 수익률이 좋다. 이러한 현상은 2008년 글로벌 금융위기 때의 하락과 2009년 반등 상황에서도 동일하게 나타났다. 정리하면, 우량주 효과는 시장 하락 시에는 큰 강점을 발휘하지만, 반등 시에는 아쉬운 모습을 보인다. 이러한 성격은 모멘텀 효과와 다소 비슷하다.

[그림 3-16] 수익성 포트폴리오의 수익률

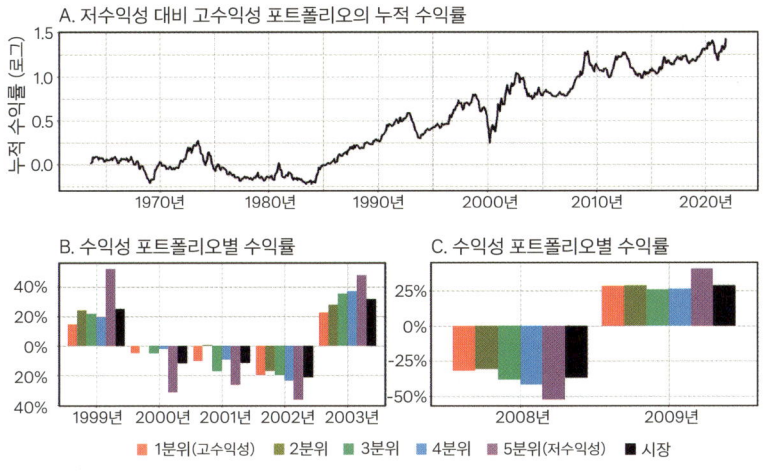

좋은 기업에 투자해야 성과가 좋다는 것은 투자 세계에서 공리와도 같으므로 우량주 효과는 우연이 아니며, 앞으로도 지속될 가능성이 크다. 또한 우량주 효과와 가치주 효과를 결합할 경우, '합리적인 가격의 우량주' 투자를 통해 단순히 우량주나 가치주에 투자하는 것보다 월등하게 뛰어난 수익을 거둘 수도 있다.

멀티팩터 포트폴리오

지금까지 100여 년간의 데이터를 통해 주식시장에는 다음과 같은 효과가 존재한다는 사실을 살펴보았다.

- 가치주 효과: 밸류에이션이 싼 주식이 비싼 주식보다 향후 수익률이 높음
- 소형주 효과: 소형주가 대형주보다 향후 수익률이 높음. 특히 다른 효과 내에 적용할 때 그 효과가 더욱 분명함
- 모멘텀 효과: 최근 수익률이 좋았던 주식이 나빴던 주식보다 향후 수익률이 높음
- 우량주 효과: 우량성이 높은 기업의 주식이 낮은 기업의 주식보다 향후 수익률이 높음

이러한 효과들을 만드는 주식시장의 구조 혹은 투자자들의 행동은 한 번에 하나의 효과에만 영향을 미치는 것이 아니라 동시에 여러 개의 효과에 영향을 미친다. [표 3-12]를 통해 팩터별 상관관계를 살펴보자.

[표 3-12] 팩터별 상관관계

	가치주	소형주	모멘텀	우량주
가치주	1	0.28	-0.49	-0.63
소형주	0.28	1	-0.10	-0.08
모멘텀	-0.49	-0.10	1	0.16
우량주	-0.63	-0.08	0.16	1

출처: 리서치 어필리에이트(Research Affiliates)

해당 결과 및 여러 연구 결과를 정리하면 다음과 같다.

1. 가치주와 소형주의 상관관계(0.28)는 다소 높다. 즉 가치주는 소형주일 가능성이 높다. 이는 가치주의 경우 시장의 소외를 받아 밸류에이션이 싸진 종목이라는 점과 소형주에 대한 관심이 적어 정보가 비효율적이라는 점에서 일맥상통한다.
2. 가치주와 모멘텀의 상관관계(-0.49)는 매우 낮다. 최근 하락한 주식이 가치주가 되는 경우가 많은데, 이는 모멘텀이 떨어지는 주식이다. 최근 주식이 상승할 경우 모멘텀은 좋지만 밸류에이션 역시 높아질 수 있다.
3. 가치주와 우량주의 상관관계(-0.63)는 매우 낮다. 우량주는 안전하다고 판단하여 많은 사람이 선호해 밸류에이션이 비싸진다. 반면 비우량주는 위험하다고 판단하여 많은 사람이 꺼려 가격이 하락하고 밸류에이션이 싸진다.
4. 소형주와 모멘텀의 상관관계(-0.10)는 다소 낮다. 소형주와 가치주는 상관관계가 높다는 점, 가치주와 모멘텀은 상관관계가 낮다는 점을 생각해보면 이해가 된다.
5. 소형주와 우량주의 상관관계(-0.08)는 다소 낮다. 소형주와 가치주는 상관관계가 높다는 점, 가치주와 우량주는 상관관계가 낮다는 점을 생각해보면 이해가 된다. 일반적으로 대형주는 우량성이 높은 경우가 많고, 그로 인해 밸류에이션이 비싸진다. 반면 소형주는 우량성이 떨어지는 경우가 많고, 그로 인해 밸류에이션이 싸진다.
6. 모멘텀과 우량주의 상관관계(0.16)는 다소 높다. 수익성을 포함한 각종 우량성에서 모멘텀이 존재했다는 점을 살펴봤는데, 그로 인해 가격 모멘텀 역시 발생한다.

주식과 채권의 낮은 상관관계로 인해 각 자산에 분산투자를 하는 것이 효율적인 베팅 방법이었듯, 팩터들 간의 낮은 상관관계를 이용하면 하나의 효과만 이용하는 것보다 훨씬 뛰어난 베팅 방법이 된다.

이 중에서도 가장 상관관계가 낮은 가치주 효과와 우량주 효과를 동시에 고려해 투자하는 방법의 우수성을 살펴보도록 하자. [표 3-13]과 같이 가치와 우량성을 기준으로 주식을 4가지로 나눌 수 있다.

[표 3-13] 가치와 우량성에 따른 구분

		가치	
		밸류에이션이 비쌈	밸류에이션이 쌈
우량성	낮음	2. 불량주	1. 가치주
	높음	3. 우량주	4. 우량 가치주

1. 밸류에이션이 싸면서 우량성(수익성)이 낮은 종목으로, 전형적인 가치주에 해당한다.
2. 밸류에이션이 비싸면서 우량성도 낮은 종목으로, 절대로 투자하면 안 되는 종목에 해당한다.
3. 밸류에이션은 비싸지만 우량성이 높은 종목으로, 전형적인 우량주에 해당한다.
4. 밸류에이션이 싸면서 우량성 역시 높은, 가장 이상적인 종목에 해당한다.

4에 해당하는 종목은 "우량한 기업은 적정한 가격에 사는 것이 중요하다"라고 말한 워런 버핏의 투자관에 가장 부합한다. 이를 '우량 가치주' 혹은 '합리적인 가격의 우량주QARP, Quality at a reasonable price 투자'라고 한다.

[그림 3-17]과 [표 3-14]는 [표 3-13]에 해당하는 4개 그룹 및 시장의 누적 수익률과 통계값을 정리한 것이다. 먼저 밸류에이션이 비싸면서 우량성도 낮은 불량주의 경우에는 시장보다 못한 수익률을 보인다. 전형적인 가치주와 우량주의 경우에는 시장보다 좋은 수익률을 보인다. 한편 밸류에이션이 싸면서도 우량성이 높은 우량 가치주는 가장 뛰어난 성과를 보인다. 수익률이나 승률 측면에서도 가치주나 우량주에 투자하는 것이 시장보다 우월한 선택이지만, 2개의 효과를 동시에 고려할 경우 더욱 우수한 성과를 기록할 수 있다.

[그림 3-17] 가치와 우량성에 따른 포트폴리오의 누적 수익률

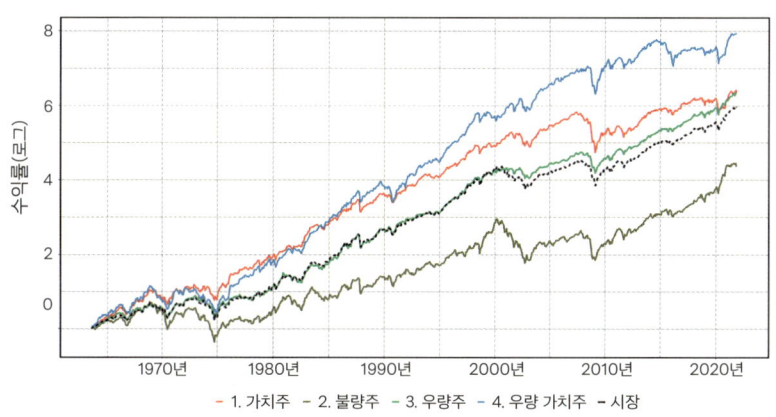

[표 3-14] 가치와 우량성에 따른 포트폴리오의 통계값

	가치주	불량주	우량주	우량 가치주	시장
연간 수익률(산술)	12.44%	9.63%	12.06%	15.78%	11.43%
연간 수익률(기하)	11.50%	7.75%	11.44%	14.52%	10.73%
연간 변동성	17.26%	20.60%	15.30%	20.65%	15.35%
샤프지수	0.39	0.15	0.43	0.47	0.39
승률(1년)	51.88%	37.68%	58.12%	64.78%	-
승률(3년)	53.60%	29.28%	61.11%	67.42%	-
승률(5년)	61.06%	19.78%	64.02%	75.70%	-
승률(10년)	62.37%	13.92%	73.88%	85.74%	-

이번에는 투자 기간별 수익률의 분포를 살펴보자. 각 포트폴리오에 10년을 투자할 경우 불량주는 시장보다 못한 수익률을 기록할 확률이 매우 높다. 우량주의 경우 분포가 가운데로 몰려 있고, 가치주의 경우 분포가 퍼져 있기는 하지만 시장보다 높은 수익을 기록할 확률이 더 높다. 마지막으로 우량 가치주의 경우 분포가 가장 오른쪽에 위치해 있다. 이는 시장보다 높은 수익률을 기록하는 폭도 크고, 그 확률 역시 높다는 것을 의미한다.

[그림 3-18] 가치와 우량성에 따른 포트폴리오의 수익률 분포

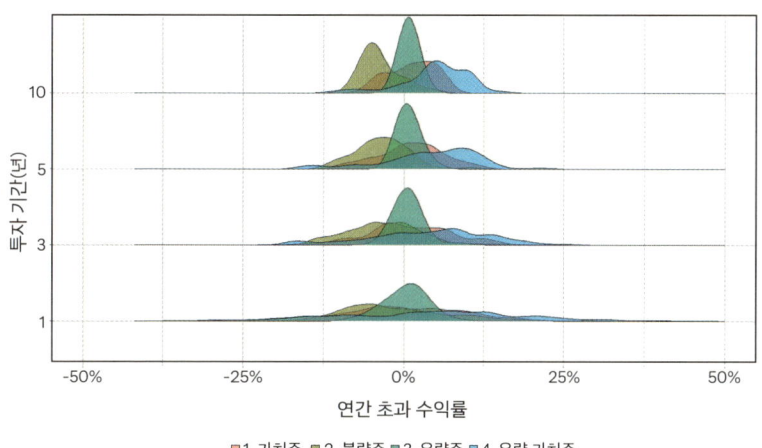

가치주와 우량주 외에도 모멘텀, 사이즈 효과까지 추가로 고려해 분산투자 및 장기투자를 한다면 시장을 이길 확률이 높고, 수익률 또한 높은 최고의 투자법이 될 수 있다. 물론 이러한 전략이 매번 작동하는 것은 아니다. 그러나 어떤 특성을 가진 주식들이 언제, 왜 오르는지 그 비밀을 파악하고, 언제 성과가 나쁜지 위험을 미리 알고 투자한다면 수익률이 좋지 않은 구간에서도 막연히 공포에 휩싸이기보다는 냉정하게 상황을 파악할 수 있다. 좋은 패를 가지고 승률이 높은 베팅을 계속하다 보면 결과적으로 이길 수밖에 없다.

워런 버핏을 부자로 만든
투자 전략

투자의 역사에 전설적인 인물은 수도 없이 많지만, 그중에서도 최고로 꼽히는 인물은 단연 워런 버핏이다. 1957년 한 이웃이 버핏에게 1만 달러를 맡겼는데, 2008년 그 돈은 4억 6,900만 달러가 되어 돌아왔다. 버핏이 세운 지주회사 버크셔 해서웨이는 1976년부터 2017년까지 40여 년 동안 연평균 18.6%의 초과 수익률(예금과 같은 무위험 수익률 대비 거둔 성과)을 기록했다. 이는 동일 기간 주식시장의 연평균 초과 수익률인 7.5%를 압도하는 결과다.

[그림 3-19] 버크셔 해서웨이와 S&P500의 수익률

 물론 짧은 기간 동안 버핏보다 우수한 수익률을 기록한 투자자와 펀드는 매우 많지만, 40여 년이라는 긴 시간 동안 그처럼 우수한 성과를 기록한 사례는 매우 드물다. [그림 3-20]은 최소 40년 동안 운용된 펀드와 주식 대비 버크셔 해서웨이의 성과(정보비율)를 나타낸 그래프다. 먼저 정보비율이란 초과수익률의 표준편차 대비 초과수익률을 나타낸 것으로 얼마나 작은 변동성으로 초과수익률을 달성했는지를 나타내는 값이다. 이를 통해 알 수 있듯 버핏의 버크셔 해서웨이는 상위 1%의 성과를 기록했다.

[그림 3-20] 펀드와 주식 대비 버크셔 해서웨이의 성과

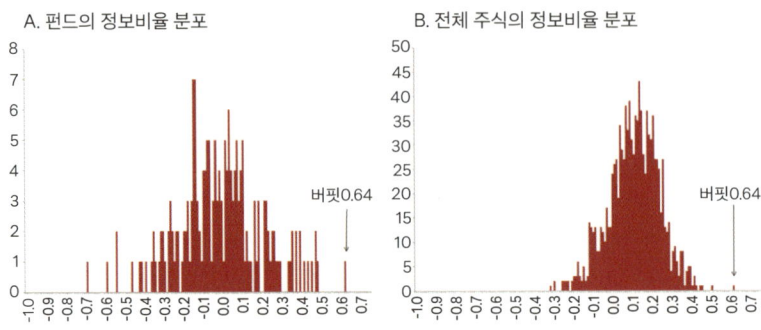

출처: Frazzini, Andrea, David Kabiller, and Pedersen(2018)

데이터로 분석해보는 워런 버핏의 투자 전략

그렇다면 워런 버핏은 어떻게 투자했기에 엄청난 성공을 거둔 것일까? 버핏의 투자 철학과 관련된 혹은 그가 작성한 주주서한을 모아둔 책은 많지만 정작 그가 직접 쓴 책은 없기에 완벽한 답을 알 수 없었다. 그러던 중 현란한 스토리로 포장한 것이 아닌 계량적 방법을 통해 버핏의 수익률을 분석한 논문 〈Buffett's Alpha〉[38]가 발표되어 큰 주목을 끌었다. 저자들은 버핏의 수익률을 팩터 투자 관점에서 분석했다. 먼저 1976년부터 2017년까지 버크셔 해서웨이의 수익률을 조사했으며, 버크셔 해서웨이에서 보유하고 있는 상장 주식과 비상장 기업의 수익률을 각각 나누어 분석했다. 즉 상장 주식의 수익률을 통해 버핏의 주식 선택 능력을, 비상장 기업의 수익률

을 통해 버핏의 경영 관리 능력을 살펴본 것이다.

먼저 버핏의 비결 중 하나는 레버리지를 동원하는 능력이다. 그는 1.7대 1의 레버리지, 즉 본인의 돈 100원과 빌린 돈 70원, 총 170원으로 투자를 했다. 버크셔 해서웨이의 본래 사업은 보험업이기에 보험료가 지속적으로 들어왔다. 이를 통해 미국의 단기 국채 이자율보다 저렴한 비용으로 레버리지와 같은 자금 조달이 가능했던 것이다. 그러나 이것만으로는 그의 마법 같은 수익률을 완전히 설명할 수 없다. 미국 주식시장에 동일한 레버리지를 적용할 경우 연평균 수익률은 12.8%로, 버핏의 수익률인 18.6%에는 한참 미치지 못하기 때문이다. 나머지 5.8%는 버핏의 주식 선택 능력이라고 볼 수 있다.

버핏의 알파는 신과 같은 능력의 산물일까, 아니면 충분히 설명 가능한 것일까? 저자들은 버핏의 수익률을 팩터로 분해해 그 답을 찾아냈다. [표 3-15]는 그 분석 결과다.

[표 3-15] 워런 버핏의 수익률 성과 분석

팩터	포트폴리오와 시장 비교(A)		포트폴리오와 팩터 비교(B)	
	값	t값(유의성)	값	t값(유의성)
초과 수익률(Alpha)	5.8%	3.09	0.3%	0.16
마켓 팩터(MKT)	0.77	22.06	0.95	23.52
소형주 팩터(SMB)			-0.05	-0.95
가치주 팩터(HML)			0.25	4.32
모멘텀 팩터(UMD)			-0.09	-2.58
안정성 팩터(BAB)			0.15	3.18
우량주 팩터(QMJ)			0.37	4.55

출처: Frazzini, Andrea, David Kabiller, and Pedersen(2018)

먼저 't값'은 해당 변수의 값(회귀계수)이 얼마나 유의한지를 나타내는 지표다. 절대값이 높을수록 유의성이 높으며, 일반적으로 절대값이 2 이상이어야 유의성이 있다고 말할 수 있다.

(A)는 버크셔 해서웨이에서 보유하고 있는 상장 주식 포트폴리오 수익률을 단순히 주식시장과 비교한 경우다. 알파가 5.8%로 매우 높게 나타나고, 통계적 유의성을 나타내는 t값도 3.09로 매우 높다. (B)는 포트폴리오 수익률을 각종 팩터와 비교한 경우로 값이 매우 달라진다.

1. 마켓 팩터(MKT)의 값은 0.95로, 시장 베타인 1과 거의 비슷하며, t값은 23.52로 나타나 가장 유의한 설명력을 가진다. 버핏은 공매도를 하지 않는 롱온리(long-only) 투자자이고, 그의 수익률은 주식시장의 영향을 가장 많이 받기 때문이다.
2. 소형주 팩터(SMB)에 대한 t값은 -0.95로, 유의하지 않다. 즉 버핏의 수익률은 소형주 효과와는 별 관련이 없다고 볼 수 있다.
3. 가치주 팩터(HML)에 대한 t값은 4.32로, 버핏의 수익률은 전형적인 가치주 효과와 관련이 있다.
4. 모멘텀 팩터(UMD)에 대한 t값은 -2.58로, 버핏은 모멘텀 투자와는 반대되는 투자를 한다. 이를 통해서도 그가 전형적인 가치주 투자자라는 사실을 알 수 있다.
5. 안전성 팩터(BAB)에 대한 t값은 3.18로, 버핏은 베타가 낮은, 즉 안전한 주식에 레버리지를 사용해 투자한다는 사실을 알 수 있다.

> 6. 우량성 팩터(QMJ)에 대한 t값은 4.55로, 버핏은 수익성이 좋거나 성장성이 좋은 우량한 기업에 투자한다는 사실을 알 수 있다.
> 7. 이러한 효과를 제외한 알파는 0.3%로 매우 작으며, t값 역시 0.16으로 알파를 낸다고 말하기 어렵다.

단순히 버핏이 투자한 종목들의 수익률과 주식시장을 비교하면 그의 종목 선택 능력은 매우 탁월한 것으로 보인다. 그러나 현대에 밝혀진 팩터들을 이용해 분석해보면 그의 수익률은 충분히 설명이 가능한, 즉 복제 가능한 것임을 알 수 있다. 그렇다고 버핏의 능력을 폄하하는 것은 절대 아니다. 그는 21세기가 되어서야 연구가 된 각종 팩터를 1970년대부터 투자에 적용했으며, 40년이 넘는 긴 시간 동안 확고한 투자 철학을 유지하고 있다. 투자 철학을 1년은커녕 몇 개월도 유지하지 못하는 일반 투자자들과 비교하면 실로 대단하다. 그의 진정한 능력은 철학에 대한 확고한 믿음과 일관성이다. 미래 사람들이 수십 년 전에 버핏을 찾아가 팩터 분석을 전수해주기라도 한 듯, 그는 시장의 본질을 꿰뚫어보는 선구안이 있었다.

그렇다면 일반 투자자들도 버핏의 투자 스타일을 복제해, 즉 레버리지를 사용해 가격이 싸고, 안전하고, 우량성이 좋은 주식에 수십 년씩 투자하면 버핏처럼 상당한 부를 이룰 수 있을까? 물론 논문의 결과만 봤을 때는 충분히 가능하다. 그러나 앞서 이야기했듯 40년이 넘는 기간 동안 우직하게 본인의 투자 철학을 유지하는 것은 불가능에 가깝다. 닷컴버블이 최고치에 달한 1998년 6월 30일부터 2000년 2월 29일까지 주식시장은 44%가 올랐지만 버크셔 해서웨이의 수익률은 32%나 하락했다. 2년 동안의 투자 결과를 남들과 비교했을 때 상대적인 수익률이 -76%라면 여러분은 흔들리지 않고 계속 베팅을 할 수 있겠는가?

[그림 3-21] 닷컴버블 당시 버크셔 해서웨이와 S&P500의 수익률

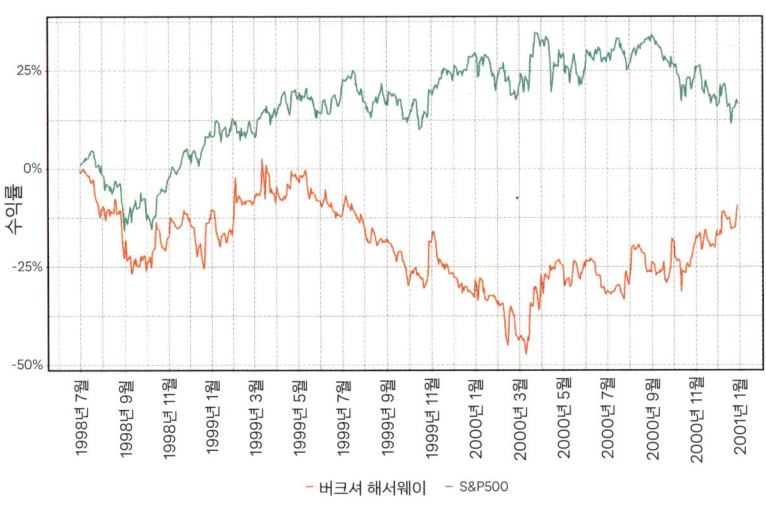

데이터를 활용해
워런 버핏처럼 투자하기

ALPHA FROM DATA

앞서 가치주와 우량주를 동시에 고려한 우량 가치주의 경우, 성과가 우수했다는 점을 확인했다. 또한 역대 최고의 투자자 워런 버핏의 성과를 분해해본 결과, 이러한 스타일의 투자를 40여 년간 유지해 부자가 될 수 있었다는 사실을 확인했다. 그렇다면 우리도 팩터를 이용해 버핏처럼 투자하려면 어떻게 해야 할까?

이에 대한 답은 조엘 그린블라트 Joel Greenblatt의 저서 《주식시장을 이기는 작은 책》에서 확인할 수 있다. 그린블라트는 고담 캐피털이라는 헤지펀드를 운용하며 1985년부터 2005년까지 20년 동안 연평균 40%라는 경이로운 수익률을 기록했다. 그렇다면 그는 어떻게 투자했기에 엄청난 성공을 거둔 것일까?

그 역시 가치투자를 기본으로 한다. 즉 우량한 기업의 주식이 일시적인 상황으로 인해 싸게 거래될 때 구매한 뒤 제 가치를 받고 파는 방법을 지속한 것이다. 《주식시장을 이기는 작은 책》에는 이러한 방법을 체계적으로 실행할 수 있는 마법 공식이 담겨 있다. 마법 공식에서는 가치에 대한 지표로 '이익 수익률 Earnings Yield'을, 우량성에 대한 지표로 '투하자본 수익률 Return On Capital'을 사용한다. 각 지표에 대한 설명은 다음과 같다.

- 이익 수익률: 세전영업이익을 기업가치(주식의 시가총액+순차입금)로 나누어 계산한 값이다. 즉 기업의 수익을 기업의 가치로 나누어 계산한 밸류에이션 지표로, PER과 비슷하다.
- 투하자본 수익률: 세전영입이익을 투하자본(순운전자본+순고정자산)으로 나누어 계산한 값이다. 즉 기업의 수익을 투하한 자본으로 나눈 수익성 지표로, ROE와 비슷하다.

마법 공식은 이 2개의 지표를 이용해 가치와 우량성, 양 측면에서 최상의 조합을 가진 주식을 찾는다. 이를 이용해 투자하는 방법은 의외로 간단하다.

1. 전체 종목의 이익 수익률과 투하자본 수익률의 데이터를 구한다.
2. 전체 종목 이익 수익률의 순위를 정한다. 이익 수익률이 가장 높은 기업이 1등이 된다.
3. 투하자본 수익률 역시 동일하게 순위를 정한다. 투하자본 수익률이 가장 높은 기업이 1등이 된다.

4. 2~3에서 결정한 두 등수를 합친다. 그리고 합친 값의 순위를 다시 정한다.

5. 4를 통해 나온 순위가 높은 30개 기업을 선택한다. 이는 가치와 우량성, 두 팩터가 잘 조합된 주식이다.

6. 동일한 비중으로 투자를 한다.

7. 1년간 본업을 열심히 한다.

8. 해가 바뀌어 새로운 재무제표가 나오면 다시 1~5를 거쳐 새로운 종목에 투자한다.

과연 이처럼 간단한 방법으로도 돈을 벌 수 있을까? [표 3-16]은 1988년부터 2009년까지 마법 공식을 이용해 투자한 경우와 주식시장(S&P500)에 투자한 경우의 수익률을 비교한 것이다. 대부분의 구간에서 마법 공식의 수익률이 시장 수익률보다 뛰어나다. 즉 1년에 한 번 베팅하더라도 뛰어난 전략이 있으면 시장을 이길 수 있다.

[표 3-16] 마법 공식과 S&P500의 수익률

(단위: %)

연도	마법 공식 수익률	S&P500 수익률	초과 수익률
1988년	27.1	16.6	10.5
1989년	44.6	31.7	12.9
1990년	1.7	-3.1	4.8
1991년	70.6	30.5	40.1
1992년	32.4	7.6	24.8
1993년	17.2	10.1	7.1
1994년	22.0	1.3	20.7

1995년	34.0	37.6	-3.6
1996년	17.3	23.0	-5.7
1997년	40.4	33.4	7.0
1998년	25.5	28.6	-3.1
1999년	53.0	21.0	32.0
2000년	7.9	-9.1	17.0
2001년	69.6	-11.9	81.5
2002년	-4.0	-22.1	18.1
2003년	79.9	28.7	51.2
2004년	19.3	10.9	8.4
2005년	11.1	4.9	6.2
2006년	28.5	15.8	12.7
2007년	-8.8	5.5	-14.3
2008년	-30.3	-37.0	6.7
2009년	42.9	26.5	16.4

출처: 《주식시장을 이기는 작은 책》

국내 기업의 종목에 마법 공식 적용하기

한국 주식시장에서 마법 공식을 이용해 실제로 투자하려면 어떻게 해야 할까? 방법은 의외로 간단하다. 먼저 한국거래소의 정보데이터시스템(http://data.krx.co.kr)에 접속한 뒤 좌측의 '주식 → 세부안내 → PER/PBR/배당 수익률(개별 종목)'을 클릭한다[그림 3-22]. 그리고 조회 일자를 최근 날짜로 선택한 뒤 우측의 다운로드 버튼을 클릭한다. 팝업창이 뜨면 'Excel'과 'CSV' 중 'Excel'을 선택해 엑셀 파일을 다운로드한다[그림 3-23].

[그림 3-22] 한국거래소의 정보 데이터 시스템

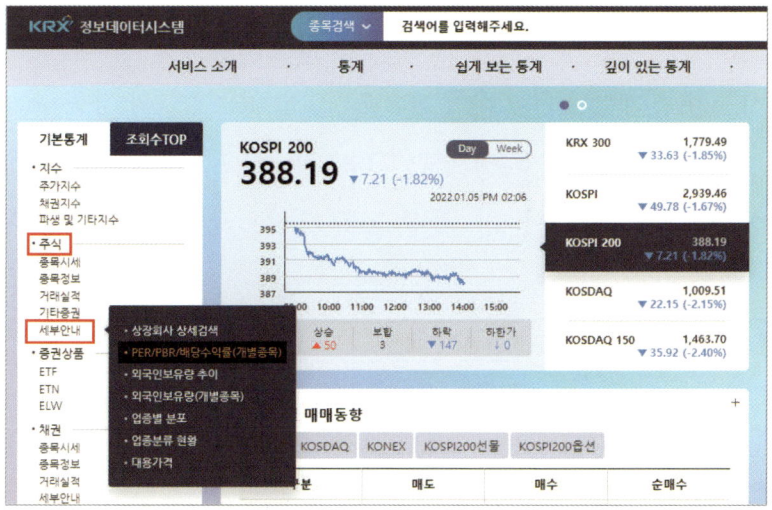

[그림 3-23] 개별 종목 데이터 다운로드

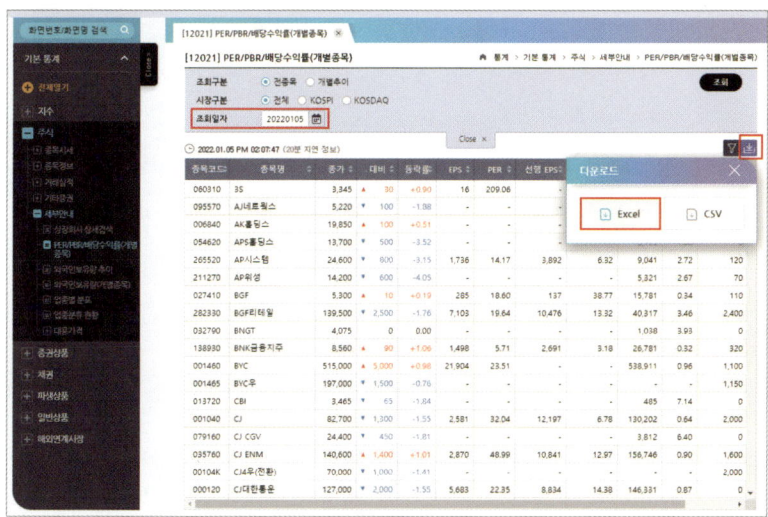

이제 다운받은 엑셀 파일을 열어본다. 이익 수익률 대신 PER을 사용하고, 투하자본 수익률 대신 ROE를 사용해 마법 공식을 계산한다[그림 3-24]. 현재 파일에는 ROE가 없지만, PBR을 PER로 나눠서 ROE를 계산할 수 있다.[39] PER과 PBR이 없는 종목의 경우 나눗셈을 할 시 오류가 발생하므로, 'IFERROR' 함수를 통해 오류 발생 시 빈칸으로 대체한다.

[그림 3-24] 마법 공식을 위한 ROE 계산

SUM | =IFERROR(L2/G2,"")

종목코드	종목명	종가	대비	등락률	EPS	PER	ROE	선행 EPS	선행 PER	BPS	PBR	주당배당금	배당수익률
060310	3S	3,350	35	1.06	16	209.38	=IFERROR(L2/G2,"")	-	-	792	4.23	0	0.00
095570	AJ네트웍스	5,240	-80	-1.50	-	-		-	-	6,089	0.86	210	4.01
006840	AK홀딩스	19,900	150	0.76	-	-		-	-	50,471	0.39	400	2.01
054620	APS홀딩스	13,700	-500	-3.52	-	-		-	-	8,135	1.68	0	0.00
265520	AP시스템	24,600	-800	-3.15	1,736	14.17	0.19	3,892	6.32	9,041	2.72	120	0.49
211270	AP위성	14,200	-600	-4.05	-	-		-	-	5,321	2.67	70	0.49
027410	BGF	5,300	10	0.19	285	18.60	0.02	137	38.77	15,781	0.34	110	2.08
282330	BGF리테일	139,500	-2,500	-1.76	7,103	19.64	0.18	10,476	13.32	40,317	3.46	2,400	1.72
032790	BNGT	4,075	0	0.00	-	-		-	-	1,038	3.93	0	0.00
138930	BNK금융지주	8,560	90	1.06	1,498	5.71	0.06	2,691	3.18	26,781	0.32	320	3.74
001460	BYC	515,000	5,000	0.98	21,904	23.51	0.04	-	-	538,911	0.96	1,100	0.21
001465	BYC우	197,000	-1,500	-0.76	-	-		-	-	-	-	1,150	0.58
013720	CBI	3,470	-60	-1.70	-	-		-	-	485	7.15	0	0.00
001040	CJ	82,600	-1,400	-1.67	2,581	32.00	0.02	12,197	6.77	130,202	0.63	2,000	2.42
079160	CJ CGV	24,350	-500	-2.01	-	-		-	-	3,812	6.39	0	0.00

이제 'RANK.AVG' 함수를 통해 가치 지표에 해당하는 PER과 우량성 지표에 해당하는 ROE의 랭크를 각각 구할 수 있다[그림 3-25]. PER의 경우 낮을수록 좋으므로 order를 1(오름차순), ROE의 경우 높을수록 좋으므로 order를 0(내림차순)으로 한다.

[그림 3-25] 마법 공식을 위한 순위 계산

A. PER 랭크 계산

=IFERROR(RANK.AVG(G2,G:G,1),“ ”)

C	D	E	F	G	H	N	O	P
종가	대비	등락률	EPS	PER	ROE	배당수익률	PER 랭크	ROE 랭크
3,350	35	1.06	16	209.38	0.02	0.00	=IFERROR(RANK.AVG(	
5,240	-80	-1.50	-	-		4.01		
19,900	150	0.76	-	-		2.01		
13,700	-500	-3.52	-	-		0.00		
24,600	-800	-3.15	1,736	14.17	0.19	0.49	487.5	174
14,200	-600	-4.05	-	-		0.49		
5,300	10	0.19	285	18.60	0.02	2.08	629	1256
139,500	-2,500	-1.76	7,103	19.64	0.18	1.72	664	213
4,075	0	0.00	-	-		0.00		
8,560	90	1.06	1,498	5.71	0.06	3.74	114	872
515,000	5,000	0.98	21,904	23.51	0.04	0.21	779	1021
197,000	-1,500	-0.76	-	-		0.58		
3,470	-60	-1.70	-	-		0.00		
82,600	-1,400	-1.67	2,581	32.00	0.02	2.42	944	1236
24,350	-500	-2.01	-	-		0.00		
140,400	1,200	0.86	2,870	48.92	0.02	1.14	1094	1255
70,500	-500	-0.70	-	-		2.84		
127,000	-2,000	-1.55	5,683	22.35	0.04	0.00	741	1045
3,836	-45	-1.16	58	66.12	0.03	0.00	1174	1108

B. ROE 랭크 계산

=IFERROR(RANK.AVG(H2,H:H,0),“ ”)

C	D	E	F	G	H	N	O	P
종가	대비	등락률	EPS	PER	ROE	배당수익률	PER 랭크	ROE 랭크
3,350	35	1.06	16	209.38	0.02	0.00	1327	=IFERROR(R
5,240	-80	-1.50	-	-		4.01		
19,900	150	0.76	-	-		2.01		
13,700	-500	-3.52	-	-		0.00		
24,600	-800	-3.15	1,736	14.17	0.19	0.49	487.5	174
14,200	-600	-4.05	-	-		0.49		
5,300	10	0.19	285	18.60	0.02	2.08	629	1256
139,500	-2,500	-1.76	7,103	19.64	0.18	1.72	664	213
4,075	0	0.00	-	-		0.00		
8,560	90	1.06	1,498	5.71	0.06	3.74	114	872
515,000	5,000	0.98	21,904	23.51	0.04	0.21	779	1021
197,000	-1,500	-0.76	-	-		0.58		
3,470	-60	-1.70	-	-		0.00		
82,600	-1,400	-1.67	2,581	32.00	0.02	2.42	944	1236
24,350	-500	-2.01	-	-		0.00		
140,400	1,200	0.86	2,870	48.92	0.02	1.14	1094	1255
70,500	-500	-0.70	-	-		2.84		
127,000	-2,000	-1.55	5,683	22.35	0.04	0.00	741	1045
3,836	-45	-1.16	58	66.12	0.03	0.00	1174	1108

‘랭크 합계’ 열에는 PER 랭크와 ROE 랭크 열의 합을 구해준다. 그 후 ‘마법 공식’ 열에는 ‘랭크 합계’ 값의 순위를 다시 구해 최종적으로 마법 공식 순위를 계산한다[그림 3-26]. 해당 값이 낮을수록 좋으므로 order를 1로 한다.

[그림 3-26] 마법 공식의 최종 순위 계산

=IFERROR(RANK.AVG(Q2,Q:Q,1),"")

C	D	E	F	G	H	N	O	P	Q	R	S	T	U
종가	대비	등락률	EPS	PER	ROE	배당수익률	PER 랭크	ROE 랭크	랭크 합계	마법공식			
3,350	35	1.06	16	209.38	0.02	0.00	1327	1227	2554	=IFERROR(RANK.AVG(Q2,Q:Q,1),"")			
5,240	-80	-1.50	-	-		4.01							
19,900	150	0.76	-	-		2.01							
13,700	-500	-3.52	-	-		0.00							
24,600	-800	-3.15	1,736	14.17	0.19	0.49	487.5	174	661.5	225			
14,200	-600	-4.05	-	-		0.49							
5,300	10	0.19	285	18.60	0.02	2.08	629	1256	1885	1002			
139,500	-2,500	-1.76	7,103	19.64	0.18	1.72	664	213	877	381			
4,075	0	0.00	-	-		0.00							

마지막으로 마법 공식 순위가 30 이하인 종목을 선택한다. 엑셀의 필터 기능을 사용하면 매우 손쉽게 해당하는 내용만 선택할 수 있다[그림 3-27].

[그림 3-27] 마법 공식에 해당하는 종목 선택

A	B	C	D	E	F	G	H	N	O	P	Q	R
종목코드	종목명	종가	대비	등락	EPS	PER	ROE	배당수익	PER 랭	ROE 랭	랭크 합	마법공
023460	CNH	2,490	-10	-0.40	824	3.02	0.24	2.01				
016250	SGC이테크건설	62,500	0	0.00	43,859	1.43	0.80	2.40				
137940	넥스트아이	1,275	-15	-1.16	570	2.24	0.37	1.33				
016100	리더스코스메틱	3,370	-80	-2.32	1,313	2.57	0.35	0.00				
038290	마크로젠	29,200	-500	-1.68	9,002	3.24	0.48	1.03				
058110	멕아이씨에스	10,150	-200	-1.93	1,858	5.46	0.70	1.42				
007540	샘표	42,300	-450	-1.05	15,906	2.66	0.26	0.47				
035890	서희건설	1,730	15	0.87	632	2.74	0.28	2.31				
037350	성도이엔지	5,560	-60	-1.07	6,074	0.92	0.41	3.60				
036830	솔브레인홀딩스	33,900	-1,000	-2.87	106,557	0.32	2.16	0.00				
134790	시디즈	60,700	-900	-1.46	10,331	5.88	0.42	0.49				
035510	신세계I&C	186,500	-5,000	-2.61	52,485	3.55	0.43	1.34				
001720	신영증권	61,200	-200	-0.33	22,418	2.73	0.27	6.54				
002870	신풍제지	2,360	145	6.55	1,189	1.98	0.41	2.12				
352700	씨앤투스성진	7,600	-70	-0.91	1,684	4.51	0.53	0.00				
096530	씨젠	58,500	-2,500	-4.10	9,712	6.02	0.79	2.56				
032940	원익	4,395	-45	-1.01	4,368	1.01	0.43	0.00				
084800	유성티엔에스	3,255	50	1.56	2,123	1.53	0.24	0.46				
000700	유수홀딩스	6,180	-60	-0.96	3,202	1.93	0.27	8.09				
033810	이지바이오	4,690	-55	-1.16	2,476	1.89	2.49	1.60				
225220	제놀루션	15,250	-200	-1.29	4,124	3.70	0.64	4.59	52	12	64	13
229000	젠큐릭스	17,000	-450	-2.58	5,605	3.03	0.67	0.00	29	11	40	9

실제로 국내 전 종목과 마법 공식으로 선택된 종목의 가치 및 우량성 지표를 비교해보면, ROE가 높고 PER이 낮은 종목으로 선택된 것을 확인할 수 있다. 이제 우리에게 남은 일은 단 하나다. 해당 종목들에 투자한 뒤 새로운 재무제표가 발표되면 그에 맞는 마법 공식 종목을 다시 계산해 종목을 바꿔주기만 하면 된다.

[그림 3-28] 국내 전 종목과 마법 공식 종목의 지표 비교

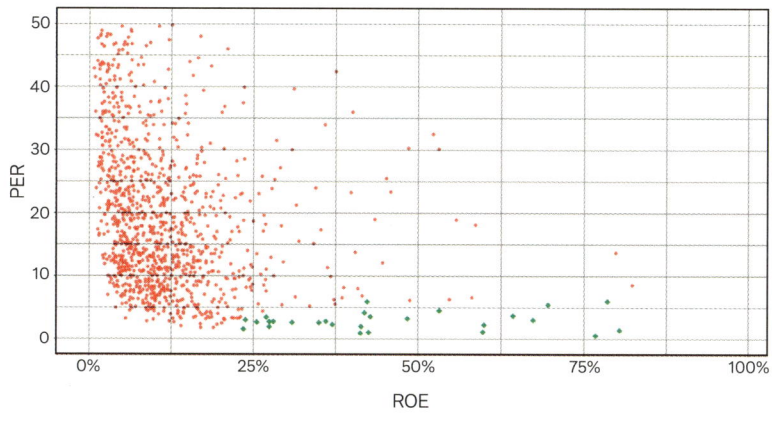

4부

투자의 대세를 이끌어갈 '퀀트 투자'

DATA-DRIVEN INVESTMENT

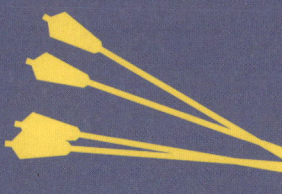

미래에 대한 최선의 예언자는 과거다.
— 조지 고든 바이런(George Gordon Byron)

도대체
퀀트 투자가 뭔데?

퀀트의 진짜 의미

퀀트는 앞서 살펴본 여러 가지 팩터처럼 투자에서 승률이 높은 베팅 전략을 찾는 사람을 말한다. 그리고 이를 이용해 투자하는 것을 퀀트 투자라 한다. 전문적인 퀀트들은 데이터를 통해 전략을 만들어내므로 그들에게 데이터는 가장 기본이 되면서도 중요한 밑천이다. 실제로 해외 대형 운용사에서 퀀트로 커리어를 시작하면 수년간 데이터를 다루고 정리하는 일을 해야 퀀트로서의 업무를 시작할 수 있다. 그만큼 데이터를 이해하지 못하면 제대로 된 퀀트가 될 수 없다.

이는 마치 요리사에게 재료가 얼마나 중요한 역할을 하느냐와 같다. 만일 재료가 부실하다면 제대로 된 요리를 만들 수 없을 뿐만 아니라 먹고 탈이 날 수도 있다. 반면 재료가 싱싱하고 최상급이라면 좋은 요리를 만들어낼 수 있다. 또한 재료가 한정적이라면 할 수 있는 요리의 수도 한정적이지만, 재료가 다채롭다면 요리사의 실력에 따라 얼마든지 다양한 요리를 만들 수 있다. 마지막으로 어떻게 요리를 해야 할지 잘 모르겠다면 다른 사람의 레시피를 따라만 해도 적당한 요리를 만들 수 있고, 이마저도 힘들다면 돈을 내고 다른 사람의 요리를 사 먹으면 된다.

퀀트 투자의 영역 또한 마찬가지다. 만일 데이터가 부실하거나 틀린 내용이라면 잘못된 전략을 만들어 손실을 보게 될 것이다. 또한 데이터가 한정적이라면 만들 수 있는 전략의 수도 한정적이지만, 데이터가 다채롭다면, 예를 들어 전 세계 모든 국가의 주식뿐 아니라 모든 자산군의 데이터가 있다면 이를 다루는 퀀트의 실력에 따라 얼마든지 다양한 전략을 만들 수 있다.

어떻게 퀀트 투자를 해야 할지 잘 모르겠다면 다른 사람이 만들어놓은 전략을 따라만 해도 적당한 수익을 볼 수 있고, 이마저도 힘들다면 수수료를 내고 투자 자문 상품에 가입하면 된다.

좋은 데이터가 필요한 이유

퀀트들은 데이터를 어디서 구할까? ClariFi, 캐피탈 IQ, 팩셋, 톰슨 로이터, 블룸버그 등 해외의 여러 데이터 공급업체를 통해 양질의 데이터를 구할 수 있다. 하지만 그 비용이 1년에 최소 수천에서 수십억에 이르므로 개인 투자자가 이러한 서비스를 이용하는 것은 사실상 불가능하다. 국내의 데이터 공급업체를 이용할 경우에는 그보다 저렴한 금액으로도 데이터를 구할 수 있지만, 데이터의 양이 매우 한정적이고 품질도 해외 업체와 차이가 많이 난다. 웹스크래핑 혹은 크롤링과 같은 기술을 통해 웹페이지의 데이터를 무료로 추출하는 방법도 있다. 하지만 이는 데이터의 양과 질이 매우 떨어지고 시계열도 짧아 백테스트에 사용하기는 한계가 있다.

[그림 4-1] 레피니티브에서 제공하는 데이터의 종류

출처: 레피니티브

데이터는 왜 중요한 것일까? 퀀트 투자 전략을 만들기 위한 백테스트의 신뢰도에 직접적인 영향을 미치기 때문이다. 백테스트란, 해당 전략이 역사적으로 어떠한 성과를 보였는지 시뮬레이션하는 것이다. 우수한 품질의 데이터와 이를 제대로 다룰 줄 아는 사람의 백테스트를 통해 나온 결과는 믿을 수 있지만, 그렇지 않은 백테스트 결과는 신뢰하기 어렵다. 그렇기에 많은 퀀트가 1년에 많게는 수백억까지 비용을 지불해가며 양질의 데이터, 남들이 구하기 힘든 데이터를 구하려고 하는 것이다.

백테스트의 작동 원리

지금부터 백테스트를 하는 방법을 알아보자. 먼저 어떠한 규칙으로 투자를 할지 결정한 뒤 이를 과거 데이터에 적용해본다. 저PBR 종목에 투자하는 것이 정말 효과가 있는지를 테스트한다고 가정하자. 과거(예 1990년 1월 31일) 주식들 중 PBR이 낮은 30개의 종목을 찾아 투자한 뒤 한 달 동안의 수익률을 관찰한다. 그리고 한 달 뒤에(예 1990년 2월 28일) 다시 PBR이 낮은 30개의 종목을 찾아 투자한다. 이러한 과정을 종료 시점(예 2020년 12월 31일)까지 반복한다. 이를 통해 계산된 수익률과 전체 주식시장의 수익률을 비교하면 저PBR 종목에 투자하는 것이 효과적인지를 알 수 있다. 3부에서 살펴본 팩터들의 수익률도 이러한 방법으로 계산된 것이다.

트레이딩 전략도 얼마든지 백테스트가 가능하다. 예를 들어 골든크로스를 이용해 트레이딩을 하는 것이 얼마나 효과가 있는지를 테스트한다고 가정하자. 과거 데이터를 이용해 20일 이동평균선이 60일 이동평균선을 돌파할 때부터 하회할 때까지의 수익률을 관찰한 뒤 이를 전체 주식시장과 비교해 트레이딩 전략의 유효성을 확인할 수 있다.

물론 전문적인 백테스트를 하기 위해서는 프로그래밍이 필수다. 퀀트를 뽑을 때 금융학에 대한 지식이 많은지의 여부보다 프로그래밍 능력을 확인하는 것은 바로 이런 이유 때문이다. 물론 매우 간단한 투자 전략은 엑셀로도 백테스트를 할 수 있지만, 전략이 조금만 복잡해져도 엑셀로는 힘들다. 전 세계 주식 혹은 다양한 자산군을 대상으로 백테스트를 할 경우 작게는 기가바이트, 많게는 테라바이트급의 데이터가 필요하므로 프로그래밍이 아니고서는 이를 다루는 것이 사실상 불가능하다. 물론 최근에는 데이터 공급업체들이 백테스트 소프트웨어를 제공하기도 하는데, 이를 이용하면 간단한 백테스트가 가능하다.

분석 결과를 왜곡하는 실수들

이번에는 많은 사람이 백테스트를 할 때 흔히 저지르는 실수들과 그 영향에 대해 알아보자. 실수로 인해 백테스트 결과가 왜곡될 수도 있고, 잘못된 투자 전략을 선택할 수도 있기 때문에 백테스트를 할 때는 얼마나 현실과 가깝게 시뮬레이션하고 있는지를 항상 염두에 두어야 한다.

생존 편향

백테스트 시 흔히 저지르는 실수 중 하나는 현재 상장된 기업의 데이터만 이용하는 것이다. 즉 상장폐지되어 사라진 주식은 고려하지 않는 것이다. 이는 상장폐지 데이터를 핸들링하기가 어려워서일 수도 있고, 애초에 데이터를 갖고 있지 않기 때문일 수도 있다. 문제는 상장폐지 종목이 적지 않을 뿐만 아니라 실제 내가 들고 있는 종목이 상장폐지가 되면 -100%라는 엄청난 손실을 본다는 점이다.

그렇다면 이러한 생존 편향의 영향은 얼마나 클까? [그림 4-2]는 로버트 머튼Robert Merton의 '부도 위험 모형'을 이용해 각 종목의 부도 확률을 계산한 뒤 부도 확률이 높은(Q1) 그룹과 부도 확률이 낮은(Q5) 그룹의 누적 수익률을 나타낸 것이다.

[그림 4-2] 생존 편향으로 인한 백테스트의 성과 차이(러셀 3000 구성 종목 대상)

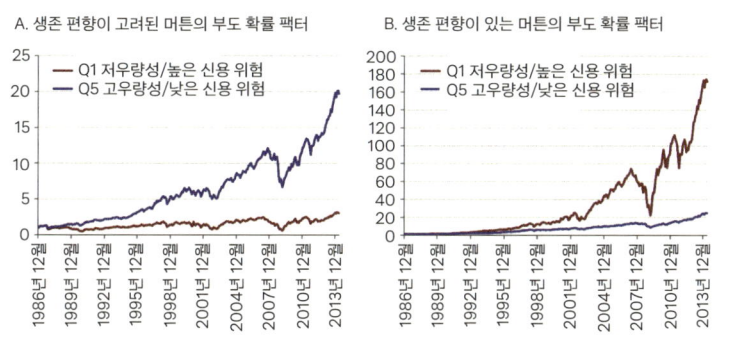

출처: Luo, Alvarez, Wang, Jussa, Wang, Rohal(2014)

A는 과거에 상장폐지된 종목들도 모두 고려된 올바른 백테스트다. 일반적인 생각과 동일하게 부도 확률이 낮은(Q5), 즉 우량성이 높은 종목들의 수익률이 좋다. 반면 부도 확률이 높은(Q1), 즉 우량성이 낮은 종목들의 수익률은 그다지 좋지 않다. 이를 바탕으로 우

량성이 높은 종목에 투자하는 전략을 세울 수 있다.

B는 현재 상장된 종목만을 대상으로 한, 즉 생존 편향이 있는 백테스트다. 놀라운 점은 결과가 A와 정반대라는 것이다. 오히려 부도 확률이 높은(Q1) 저우량성의 주식들이 압도적으로 높은 수익률을 보인다. 백테스트 결과만 본다면 우량성이 낮은 종목에 투자하는 것이 더 좋은 베팅 전략이라는 생각이 들 수도 있다.

그렇다면 무엇이 이렇게 큰 차이를 만든 것일까? 부도 확률이 높은 주식의 경우 그 위기를 극복한다면 높은 수익률로 보상받을 수 있지만 많은 경우 실제로 부도가 나며, 이는 -100%의 수익률로 이어지기에 전체 포트폴리오의 수익률에도 상당한 손실을 끼친다.

그러나 현재 상장된 종목만을 대상으로 백테스트를 할 경우 상장폐지로 인한 -100%의 수익률은 무시해버리고, 위기에서 살아남아 크게 보상받은 부분에 대해서만 계산해버린다. 이는 마치 카지노에서 베팅을 해 성공하면 큰 보상을 받지만 실패하면 아무런 칩을 지불하지 않아도 된다고 가정하는 것과 마찬가지다.

미래참조 편향

현재의 우리는 과거에 발생한 모든 사건과 데이터에 대해 알고 있다. 이로 인해 흔히 발생하는 실수가 바로 미래참조 편향이다. 이는 백테스트를 수행하는 시점에 알려지지 않았거나 사용할 수 없는 정보 또는 데이터를 마치 알고 있는 것처럼 사용하는 것이다.

GDP에 따라 주식 비중을 조절하는 전략을 쓴다고 가정하자. 2021년의 우리는 2020년의 GDP를 이미 알고 있기 때문에 2021년 첫 거래일에 주식 비중을 늘리거나 혹은 줄이는 백테스트를 할 수 있다. 그러나 실제로 2020년 GDP는 2021년 1월 말이 되어서야 발표되었다. 즉 실제 세계에서는 기준일이 끝난 뒤 집계를 하고 발표하기까지 한 달이라는 시간이 걸린다. 이를 고려하지 않고 그 전에 값을 적용한다면 한 달 뒤에 벌어질 일을 미리 알 수 있다고 가정하는 것과 같다.

이러한 실수는 재무제표 데이터를 사용하는 백테스트에서도 흔히 발생한다. 분기 재무제표의 경우 보통 기준일 이후 35~37일 후에야 나온다. 연간 재무제표는 이보다 더 오랜 시간이 걸리며, 많은 기업이 제출 마감일인 3월 31일에 제출한다. 만일 이러한 '지연'을 고려하지 않는다면 미래에 발표될 재무제표가 좋을지 혹은 나쁠지 이미 알고 투자를 하는 것과 같아 백테스트 성과 역시 좋게 나온다.

주가에서도 미래참조 편향이 발생할 수 있다. 액면분할과 같은 이벤트가 발생하면 주가에 단절이 발생한다. 예를 들어 삼성전자는 2018년 5월 기존의 1주를 50주로 나누는 액면분할을 실시했고, 265만 원이던 주가는 다음 날 50분의 1인 5만 3,000원에 거래되었다. 이러한 이벤트를 고려하지 않고 주가만 살펴본다면 마치 -98% 수익률을 기록한 것 같지만, 투자자 입장에서는 1주이던 주식이 50주로 늘어났기 때문에 자산에는 아무런 변화가 없다. 이러한 이벤트를 고려하는 방법은 액면분할 전 모든 주가를 50으로 나누어 연속성을 갖게 만드는 것이며, 이를 '수정주가'라고 한다. 백테스트를 할 때 단순주가가 아닌 수정주가를 사용하는 것이 당연시되고 있다. 그러나 이러한 수정주가로 인해 백테스트 성과가 왜곡될 수도 있다.

투자 전략 중에 '동전주 전략'이라는 것이 있다. 주가가 몇백 원밖에 하지 않는 동전과 같은 주식을 사면 수익률이 굉장히 좋다는 것이다. 그러나 기업들은 주식의 가격이 너무 비싸져 거래가 이루어지기 힘들 것 같다고 판단하면 액면분할을 선택한다. 만일 주가가 오랜 기간 계속해서 상승하면 액면분할을 하는 횟수도 많아질 것이고, 이를 수정주가로 치환하면 과거의 주가는 몇십 원 혹은 몇백 원 정도로 저렴해질 것이다. 만일 20년 전 시점을 기준으로 이러한 수정주가를 이용해 동전주 전략을 선택한다면, 향후 20년 동안 주식이 상승해 액면분할을 할 주식을 선택할 수도 있다. 이는 분명 20년 전 시점에서는 알지 못하는 사실이기에 미래참조 편향이 발생한다.

[그림 4-3]을 보자. 푸른색은 수정주가를 사용해 동전주 25개를 선택한 포트폴리오의 백테스트 수익률로, S&P500 대비 성과가 매우 우수하다. 붉은색은 수정주가가 아닌 실제 주가를 사용해 동전주 25개를 선택한 포트폴리오의 백테스트 수익률로, S&P500과 성과는 비슷하지만 오히려 변동성은 높아졌다. 물론 일반적인 백테스트에서는 수정주가를 사용하는 것이 맞는 방법이지만, 가격과 관련된 전략을 구현한 백테스트에서는 오히려 이것이 잘못된 결과를 만들 수도 있다는 점을 주의해야 한다.

[그림 4-3] 미래참조 편향으로 인한 백테스트 성과 차이

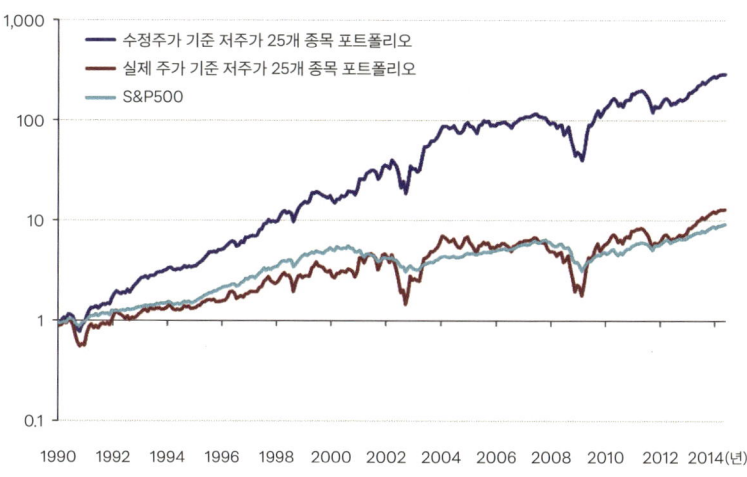

출처: Luo, Alvarez, Wang, Jussa, Wang, Rohal(2014)

소급 편향

소급 편향은 미래참조 편향과 다소 연관되어 있다. 한 기업이 2010년 재무제표를 2011년 3월에 발표한 뒤 2013년에 수정했다고 가정하자. 투자자들은 2011년 3월에 발표된 재무제표를 참고해 투자를 결정할 것이다. 그러나 2020년에 백테스트를 할 때는 2013년에 수정된 2010년 재무제표 데이터를 2011년 시점에 적용할 가능성이 크다.

[그림 4-4] 재무제표 발표 및 수정 예시

　[그림 4-5]는 대우조선해양의 사업보고서 내역이다. 대우조선해양은 2011년부터 발생한 2조 원대의 손실을 숨겨오다 2015년 7월에 발각되어 빅배스Big Bath(경영진 교체 후 새로 부임한 CEO가 전임자 재임 기간에 누적됐던 손실이나 잠재적 부실 요소 등을 회계 장부에 한꺼번에 반영하는 것)를 단행했다. 전자공시시스템DART에서 대우조선해양의 2008~2017년 사업보고서를 검색해보면, 2017년 5월과 10월에 2008년부터 2016년까지의 사업보고서 내용이 기재정정(기존의 공시 내용에서 중요한 사항이 변경되었거나 보완해야 할 사항이 있을 시 수정해 다시 발표하는 것)된 것을 확인할 수 있다.

[그림 4-5] 대우조선해양의 사업보고서 내역

번호	공시대상회사	보고서명	제출인	접수일자	비고
1	대우조선해양	사업보고서 (2020.12)	대우조선해양	2021.03.17	연
2	대우조선해양	사업보고서 (2019.12)	대우조선해양	2020.03.30	연
3	대우조선해양	사업보고서 (2018.12)	대우조선해양	2019.03.29	연
4	대우조선해양	[기재정정]사업보고서 (2017.12)	대우조선해양	2018.05.23	연
5	대우조선해양	[기재정정]사업보고서 (2017.12)	대우조선해양	2018.04.03	정 연
6	대우조선해양	사업보고서 (2017.12)	대우조선해양	2018.03.30	정 연
7	대우조선해양	[기재정정]사업보고서 (2016.12)	대우조선해양	2017.10.19	연
8	대우조선해양	[기재정정]사업보고서 (2015.12)	대우조선해양	2017.10.19	연
9	대우조선해양	[기재정정]사업보고서 (2015.12)	대우조선해양	2017.05.11	정 연
10	대우조선해양	[기재정정]사업보고서 (2014.12)	대우조선해양	2017.05.11	연
11	대우조선해양	[기재정정]사업보고서 (2013.12)	대우조선해양	2017.05.11	연
12	대우조선해양	[기재정정]사업보고서 (2012.12)	대우조선해양	2017.05.11	연
13	대우조선해양	[기재정정]사업보고서 (2011.12)	대우조선해양	2017.05.11	연
14	대우조선해양	[기재정정]사업보고서 (2010.12)	대우조선해양	2017.05.11	연
15	대우조선해양	[기재정정]사업보고서 (2009.12)	대우조선해양	2017.05.11	연

출처: 전자공시시스템

[그림 4-6]은 대우조선해양이 2009년에 발표한 2008년 사업보고서와 2017년에 기재정정된 2008년 사업보고서다. 119,720이던 당기순이익이 -83,201로 바뀌었다. 이외에도 2008~2016년의 모든 당기순이익이 정정되었는데, 그 내용은 [표 4-1]을 참고하기 바란다.

[그림 4-6] 대우조선해양의 2008년 사업보고서 수정 내역

구 분	제 9기	제 8기	제 7기	제 6기
[유동자산]	10,326,255	6,518,829	3,550,264	3,226,217
· 당좌자산	8,369,544	5,340,492	2,815,513	2,647,962
· 재고자산	1,956,711	1,178,337	734,751	578,255
[비유동자산]	7,090,693	3,030,470	2,977,209	2,442,277
· 투자자산	308,545	308,644	229,889	174,549
· 유형자산	3,376,921	2,535,838	2,282,266	1,975,066
· 무형자산	102,746	110,631	34,220	37,587
· 기타비유동자산	3,302,481	75,357	430,834	255,075
자산총계	17,416,948	9,549,299	6,527,473	5,668,494
[유동부채]	10,576,807	6,860,837	4,319,944	3,660,502
[비유동부채]	5,057,930	949,400	593,289	550,840
부채총계	15,634,737	7,810,237	4,913,233	4,211,342
[자본금]	961,954	961,954	961,954	961,954
[연결자본잉여금]	17,714	17,617	17,414	17,314
[연결자본조정]	(30,464)	(30,000)	(30,014)	(30,000)
[연결기타포괄손익누계액]	40,946	24,563	138,678	6,824
[연결이익잉여금]	924,938	776,073	512,318	482,385
[소수주주지분]	(132,877)	(11,145)	13,890	18,675
자본총계	1,782,211	1,739,062	1,614,240	1,457,152
매출액	12,220,727	7,844,145	5,710,854	4,984,420
영업이익	975,341	262,381	(214,585)	(119,237)
당기순이익	**119,720**	279,476	51,451	(6,492)
지배회사지분순이익	260,612	302,197	58,708	4,767
연결에 포함된 회사수	7	6	5	5

구 분	제 9기	제 8기	제 7기	제 6기
[유동자산]	10,220,923	6,518,829	3,550,264	3,226,217
· 당좌자산	8,264,213	5,340,492	2,815,513	2,647,962
· 재고자산	1,956,711	1,178,337	734,751	578,255
[비유동자산]	7,090,693	3,030,470	2,977,209	2,442,277
· 투자자산	308,545	308,644	229,889	174,549
· 유형자산	3,376,921	2,535,838	2,282,266	1,975,066
· 무형자산	102,746	110,631	34,220	37,587
· 기타비유동자산	3,302,481	75,357	430,834	255,075
자산총계	17,311,616	9,549,299	6,527,473	5,668,494
[유동부채]	10,674,396	6,860,837	4,319,944	3,660,502
[비유동부채]	5,057,930	949,400	593,289	550,840
부채총계	15,732,326	7,810,237	4,913,233	4,211,342
[자본금]	961,954	961,954	961,954	961,954
[연결자본잉여금]	17,714	17,617	17,414	17,314
[연결자본조정]	(30,464)	(30,000)	(30,014)	(30,000)
[연결기타포괄손익누계액]	40,946	24,563	138,678	6,824
[연결이익잉여금]	722,017	776,073	512,318	482,385
[소수주주지분]	(132,877)	(11,145)	13,890	18,675
자본총계	1,579,290	1,739,062	1,614,240	1,457,152
매출액	12,090,552	7,844,145	5,710,854	4,984,420
영업이익	772,420	262,381	(214,585)	(119,237)
당기순이익	**(83,201)**	279,476	51,451	(6,492)
지배회사지분순이익	57,691	302,197	58,708	4,767
연결에 포함된 회사수	7	6	5	5

출처: 전자공시시스템

[표 4-1] 대우조선해양의 당기순이익 기재정정 내역

(단위: 백만 원)

기준년도	정정 전	정정 후
2008년	119,720	-83,201
2009년	546,872	236,076
2010년	757,771	1,092,496
2011년	648,255	559,293
2012년	175,853	-278,825
2013년	241,893	-683,401(2016년 정정) -920,419(2017년 정정)
2014년	32,951	-863,070(2016년 정정) -852,747(2017년 정정)
2015년	-3,306,676	-2,209,244

출처: 전자공시시스템

흑자로 기록됐던 재무제표가 대부분 적자로 변경되었다. 그렇다면 국내 데이터 공급업체에서 받은 데이터는 이를 모두 반영하고 있을까? [그림 4-7]을 보면 안타깝게도 '정정 후'에 해당하는 데이터가 찍혀 있다. 즉 최초로 보고했던 재무제표 데이터는 확인할 수 없다. 이처럼 미래의 데이터를 과거에 덮어버리는 현상을 '소급 편향'이라 한다.

[그림 4-7] 데이터 공급업체의 대우조선해양 재무제표

일자	계정	계정명	대우조선해양
2000	6000908001	당기순이익(천원)	55,610,921
2001	6000908001	당기순이익(천원)	161,439,098
2002	6000908001	당기순이익(천원)	260,563,490
2003	6000908001	당기순이익(천원)	257,670,541
2004	6000908001	당기순이익(천원)	244,870,215
2005	6000908001	당기순이익(천원)	-6,491,630
2006	6000908001	당기순이익(천원)	51,450,579
2007	6000908001	당기순이익(천원)	279,475,804
2008	6000908001	당기순이익(천원)	-83,201,129
2009	6000908001	당기순이익(천원)	236,075,779
2010	6000908001	당기순이익(천원)	1,110,760,516
2011	6000908001	당기순이익(천원)	559,293,211
2012	6000908001	당기순이익(천원)	-278,825,136
2013	6000908001	당기순이익(천원)	-920,418,515
2014	6000908001	당기순이익(천원)	-852,747,122
2015	6000908001	당기순이익(천원)	-2,209,243,775
2016	6000908001	당기순이익(천원)	-2,789,487,511
2017	6000908001	당기순이익(천원)	645,758,363
2018	6000908001	당기순이익(천원)	320,051,707
2019	6000908001	당기순이익(천원)	-46,485,191
2020	6000908001	당기순이익(천원)	86,572,614

출처: 데이터가이드

반면 해외 데이터 공급업체들은 추가 비용을 지불할 시 데이터가 변경될 때마다 이를 추적하는 데이터베이스^{PIT, Point In Time}를 제공한다. [그림 4-8]은 글로벌 금융정보회사 레피니티브가 제공한 데이터스트림의 PIT 데이터다. 'PointDate'는 재무제표 발표 및 변경 날짜를, 'FiscalPrd'는 회계연도를 의미한다. 모든 데이터의 발표일에는 꼬리표에 해당하는 PointDate가 달려 있기 때문에 PIT 데이터를 사용해야 훨씬 더 실제에 가까운 백테스트가 가능하다.

[그림 4-8] 대우조선해양 재무제표의 PIT 데이터

	PointDate	FiscalPrd	Value_	Name_
1	2009-03-30 00:00:00.000	2008	260611.835	Net Income Available To Common
2	2010-05-03 00:00:00.000	2009	616945.123	Net Income Available To Common
3	2011-05-13 00:00:00.000	2010	762890.058	Net Income Available To Common
4	2012-03-29 00:00:00.000	2010	766912	Net Income Available To Common
5	2012-03-29 00:00:00.000	2011	686441.432	Net Income Available To Common
6	2014-02-21 00:00:00.000	2011	686441.432354	Net Income Available To Common
7	2015-03-04 00:00:00.000	2011	686441.432354	Net Income Available To Common
8	2016-04-14 00:00:00.000	2011	686441.432354	Net Income Available To Common
9	2016-12-27 00:00:00.000	2011	686441.432354	Net Income Available To Common
10	2017-07-10 00:00:00.000	2011	686441.432354	Net Income Available To Common
11	2013-03-26 00:00:00.000	2012	221892	Net Income Available To Common
12	2014-04-04 00:00:00.000	2012	221891.875094	Net Income Available To Common
13	2015-10-27 00:00:00.000	2012	221891.875094	Net Income Available To Common
14	2016-10-19 00:00:00.000	2012	221891.875094	Net Income Available To Common
15	2017-05-17 00:00:00.000	2012	221891.875094	Net Income Available To Common
16	2017-09-07 00:00:00.000	2012	221891.875094	Net Income Available To Common
17	2020-08-17 00:00:00.000	2012	221891.875094	Net Income Available To Common
18	2014-03-31 00:00:00.000	2013	269038.604372	Net Income Available To Common
19	2015-03-23 00:00:00.000	2014	112087.821598	Net Income Available To Common
20	2016-04-11 00:00:00.000	2014	-783933.146041	Net Income Available To Common
21	2016-04-11 00:00:00.000	2015	-3194945.495668	Net Income Available To Common
22	2017-03-31 00:00:00.000	2015	-2097513.011629	Net Income Available To Common

출처: 레피니티브 데이터스트림

PIT 데이터가 아닌 경우 재무제표가 언제 발표되었는지 정확하게 알기 어려우므로, 미래참조를 피하기 위해 대부분의 백테스트에는 회계연도 마감일 기준 2개월 혹은 3개월 후부터 데이터를 사용할 수 있다고 가정하는 경우가 많다. 예를 들어 2020년 재무제표는 2021년 2월 28일 혹은 2021년 3월 31일부터 사용이 가능하다는 식의 지연을 설정한다(물론 아직까지 많은 백테스트에서 2021년 1월 1일부터 데이터 사용이 가능하다는 심각한 실수를 한다). 과연 PIT 데이터와 시간 지연을 설정하는 것 사이에는 얼마만큼의 차이가 있을까?

[표 4-2]는 1999년부터 2014년까지 우량성과 가치 기준 상위 10% 주식을 사는 전략의 월간 및 누적 수익률을 정리한 것이다.[40] PIT 데이터를 쓰는지, 단순히 시간 지연을 설정한 데이터를 쓰는지에 따라 성과가 좋아지기도 하고 나빠지기도 한다. 재무제표의 수정이 빈번한 신흥국 그리고 소형주일수록 그 차이는 더 커진다. 한국이 속해 있는 신흥국의 경우 PIT 데이터를 사용하면 일반적인 백테스트에 비해 수익률이 훨씬 감소한다. 이를 통해 잘못된 데이터를 통한 백테스트 수익률이 얼마나 신뢰할 수 없는지를 알 수 있다. 이러한 소급 편향 문제를 해결하는 방법은 간단하다. 비싼 돈을 지불하고 PIT 데이터를 사용하든, 최대한 보수적으로 시간 지연을 설정해야 한다.

[표 4-2] PIT 및 지연에 따른 백테스트 수익률 차이

(단위: %)

유니버스	월간 수익률			누적 수익률		
	PIT	2개월 지연	3개월 지연	PIT	2개월 지연	3개월 지연
미국 상위 1,000	1.47	1.44	1.44	905	851	828
미국 하위 2,000	1.62	1.65	1.47	1,138	1,195	844
유럽 상위 1,000	1.21	1.36	1.27	553	766	638
유럽 하위 2,000	1.65	1.96	1.77	1,334	2,426	1,690
일본 상위 1,000	0.88	0.78	0.81	260	199	215
일본 하위 2,000	1.42	1.47	1.36	726	809	649
신흥국 상위 1,000	1.73	1.93	1.76	1,505	2,166	1,573
신흥국 하위 2,000	2.26	2.58	2.37	3,808	6,856	4,717

출처: Ernest Breitschwerdt(2015)

데이터 마이닝(데이터 스누핑) 편향

데이터 마이닝 혹은 데이터 스누핑이란, 백테스트 내에서 높은 수익률이 나올 때까지 모델을 가공하거나 변수를 조정하는 작업을 말한다. 컴퓨터의 발전으로 백테스트를 위한 계산이 빨라지고 머신러닝과 딥러닝이 점점 더 많이 사용되면서 데이터를 통해 뛰어난 수익을 내는 전략을 찾는 일이 매우 쉬워졌다.

한 가지 예를 살펴보자. 코스피200지수 선물을 짝수 날에는 시초가에 매수를, 홀수 날에는 시초가에 매도를 한 뒤 종가에 포지션을 정리하는 트레이딩 규칙을 백테스트해보자. 2006년 8월부터 2007

년 11월까지 해당 전략을 사용하면 약 1년 반 만에 50% 가까운 수익률을 얻을 수 있다. 그렇다면 과연 이는 훌륭한 전략일까?

[그림 4-9] 날짜에 따른 코스피지수 선물 매수/매도 전략

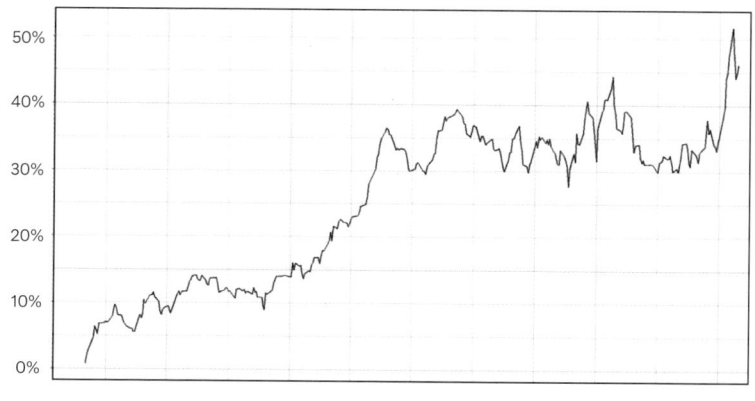

기간: 2006년 6월~2007년 11월

똑같은 전략을 2000년부터 2020년까지 적용하면 -30%가량의 손실을 본다. 앞서 백테스트한 기간은 해당 전략이 우연히 작동했던 구간이다. 장기간의 시계열을 돋보기로 확대해보면 이처럼 행운에 해당하는 기간을 찾을 수 있기에 그럴듯해 보이는 전략을 얼마든지 만들 수 있다. 이는 아침에 주사위를 던져 매매하거나, 태양 흑점의 갯수를 보고 매매하는 것과 별반 차이가 없는 전략이지만, 데이터 마이닝을 통해 얼마든지 그럴듯해 보이는 전략으로 포장할 수 있다.

[그림 4-10] 날짜에 따른 코스피지수 선물 매수/매도 전략

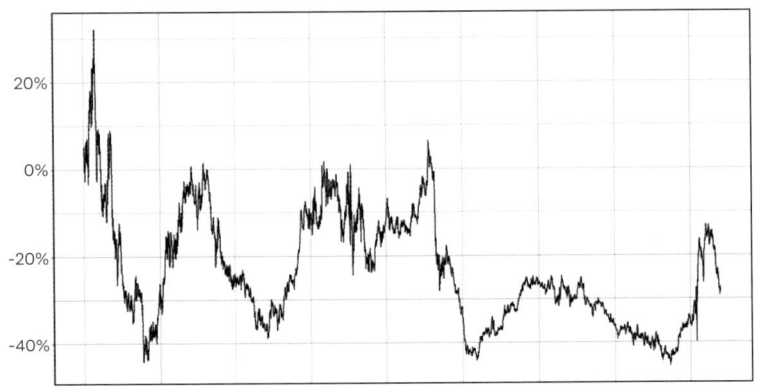

기간: 2000~2020년

데이터 마이닝을 통해 동일한 전략을 전혀 다르게 해석할 수도 있다. [그림 4-11]을 보자. A는 미국 기술 섹터에서 PER을 이용한 밸류 팩터 전략(저밸류를 매수하고 고밸류를 공매도하는 전략)을 바탕으로 한 누적 수익률이다. 1997년 말부터 2000년 중반까지 밸류 전략은 -70%의 손실을 기록했다. 이를 통해 낡은 사업 모델들은 IT, 인터넷과 같은 새로운 경제로 대체될 것이며, 가치는 무의미하다고 주장할 수 있다. 그러나 B를 보면 닷컴버블이 붕괴한 이후 2000년 중반부터 2002년 후반까지 2년 반 동안 가치(밸류) 전략은 엄청난 수익률을 기록했다. 이를 통해 기술 섹터에서도 가치 전략은 매우 잘 작동한다고 주장할 수 있다. 이번에는 C를 보자. 1995년부터 2013년

까지의 역사를 살펴보면, 기술 섹터 내에서 가치 전략은 전혀 작동하지 않는 것처럼 보인다.

이처럼 동일한 가치 전략도 '기간'이라는 데이터만 변경하면 매우 나쁜 전략이 될 수도, 매우 좋은 전략이 될 수도, 전혀 효과가 없는 전략이 될 수도 있다. 인간은 본인의 믿음을 뒷받침하는 정보를 찾고 그렇지 않은 정보는 무시하는 '확증 편향'을 가지고 있으므로 데이터 스누핑을 통해 본인의 생각에 맞는 데이터를 만든 뒤 스토리를 만들어나가는 경향이 있다.

[그림 4-11] 기간에 따른 기술 섹터 내 가치 전략의 수익률

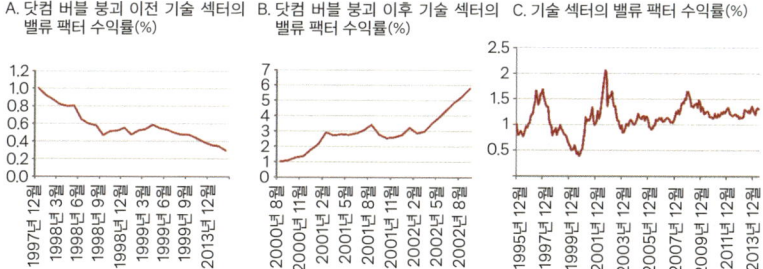

출처: Luo, Alvarez, Wang, Jussa, Wang, Rohal(2014)

아무리 뛰어난 퀀트라도 과거에 잘 작동했던 전략을 찾고 그것에 매력을 느끼는 것은 당연하기에, 데이터 스누핑 편향은 가장 다루기 어렵고 극복하기 어려운 문제다. 그러나 이를 조금이나마 피할 수

있는 방법은 분명 존재한다.

첫째, 경제학적이든 행동재무적이든 설명이 가능한지를 찾는 것이다. 아무리 수익률이 뛰어난 전략도 이론적으로 설명이 불가능하다면, 단순히 최적화된 결과일 가능성이 매우 크다. 수많은 팩터 논문이 수익률보다 작동하는 원인에 초점을 맞추는 것도 이러한 이유 때문이다.

둘째, 데이터를 두 구간으로 나눈 뒤 표본 내 데이터를 통해 전략을 만들고 표본 외 데이터를 통해 검증을 해보는 것이다. 표본 외 데이터에서도 잘 작동한다면 제대로 된 전략이라고 생각할 수 있지만, 그렇지 않다면 단순히 최적화된 것이라 생각할 수 있다.

셋째, 하나의 국가가 아닌 여러 국가나 지역에도 전략을 적용해보는 것이다. 이는 특정 전략이 해당 국가의 데이터에만 최적화된 것일 수도 있기 때문이다.

마지막으로 가장 중요한 것은 실제 매매를 통한 성과와 백테스트 수익률 간의 차이를 비교해보는 것이다.

회전율과 매매수수료

백테스트를 할 때 회전율과 그에 따른 매매수수료의 영향을 고려하는 사람은 매우 드물다. 만일 투자비용이 들지 않는다면 단기 트레이딩을 통해 엄청난 성과를 보이는 전략도 얼마든지 만들 수 있지만, 앞서 살펴봤듯 비용의 중요성과 크기는 일반적으로 생각하는 것 이상이다.

이번에는 실제로 수수료가 성과를 얼마나 감소시키는지 살펴보자. 주식시장에는 최근 한 달 성과가 좋았던 주식이 다음 달에 하락할 가능성이 높은 단기 반전 현상이 나타난다. [그림 4-12]를 보자.

[그림 4-12] 매매수수료에 따른 단기 반전 전략과 밸류 전략의 수익률 차이

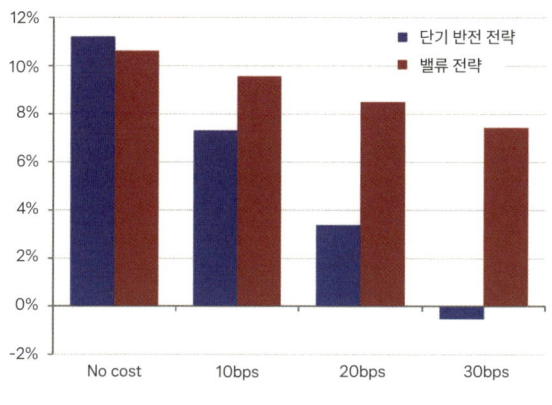

출처: Luo, Alvarez, Wang, Jussa, Wang, Rohal(2014)

푸른색은 단기 반전 전략, 즉 전월 수익률이 가장 낮은 20%의 주식을 매수하고 전월 수익률이 가장 높은 20%의 주식을 공매도하는 전략이다. 붉은색은 전형적인 밸류 전략, 즉 PBR이 낮은 20%의 주식을 매수하고 PBR이 높은 20%의 주식을 공매도하는 전략이다.

수수료를 고려하지 않고 백테스트하면 단기 반전 전략은 밸류 전략보다 성과가 높은, 매우 뛰어난 전략처럼 보인다. 그러나 거래비용을 늘려나갈수록 성과가 급속하게 줄어들며, 30bps로 늘리면 오히려 손실을 기록한다. 반면 밸류 전략은 수수료가 증가해도 성과가 완만하게 감소한다. 이는 주가를 이용한 모멘텀 전략들은 회전율이 상당히 높아 수수료의 영향을 많이 받는 반면, 재무제표를 이용한 밸류 전략들은 상대적으로 회전율이 낮아 그 영향이 작기 때문이다.

단순히 모델에 나오는 대로 퀀트 전략을 구현할 경우 상당한 회전율이 발생하며, 백테스트를 통해 기대했던 것보다 실제 수익률은 훨씬 낮아질 수 있다. 따라서 실제 투자를 위해서는 수익률이 높은 전략을 찾는 것은 물론, 회전율을 줄이는 방법도 같이 연구해 수익률과 거래비용의 균형점을 택할 필요가 있다.

[표 4-3] 각종 팩터의 연간 회전율

(단위: %)

팩터	연간 회전율
밸류	316
사이즈	465
모멘텀	742
로우볼	261
퀄리티	191

출처: 팩터 리서치(FactorResearch)

지금부터 실천할 수 있는
실전 퀀트 투자

앞서 살펴보았듯 백테스트는 결코 쉬운 일이 아니다. 우선 양질의 데이터를 구하기 위해서는 상당한 비용을 지불해야 하므로 개인 투자자는 시작 단계부터 커다란 난관에 부딪히고 만다. 데이터를 구한다고 문제가 해결되는 것도 아니다. 용량이 어마어마한 데이터가 아무 문제없는지 일일이 확인하고 수많은 테이블을 연결해야만 프로그래밍을 통해 백테스트를 할 수 있다. 현실과 최대한 가깝게 백테스트를 하기 위해서는 고려해야 할 요소가 무척이나 많다.

희소식이 있다면 이 힘들고 귀찮은 작업을 처음부터 끝까지 해주는 서비스들이 있다는 것이다. 그 덕분에 우리는 간단한 마우스 조작만으로도 백테스트를 할 수 있다. 최근 이러한 백테스트 툴이 점차 늘어나고 있다. 이 책에서는 그중 수준이 가장 높다고 생각하는 '포트폴리오 비주얼라이저'와 '올라떼'의 사용법에 대해 알아보도록 하겠다.

- 포트폴리오 비주얼라이저: https://portfoliovisualizer.com
- 올라떼: https://allatte.com

포트폴리오 비주얼라이저

먼저 자산배분의 경우 포트폴리오 비주얼라이저를 이용하면 매우 쉽게 백테스트를 할 수 있다. 앞서 2부에서 살펴본 주식과 채권에 60대 40으로 배분하는 예제를 살펴보자. 우선 홈페이지에 접속한 뒤 왼쪽의 'Backtest Portfolio'에서 'Backtest Asset Allocation'을 선택한다[그림 4-13].

[그림 4-13] 포트폴리오 비주얼라이저의 백테스트

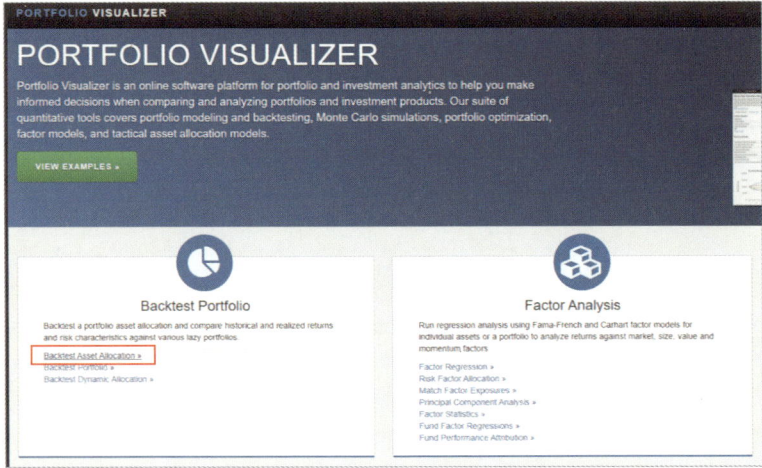

해당 페이지에서 입력해야 하는 값은 크게 5가지다. 나머지 값들도 상황에 맞게 선택하면 이를 반영한 백테스트가 실행된다.

[그림 4-14] 포트폴리오 비주얼라이저의 백테스트 입력값

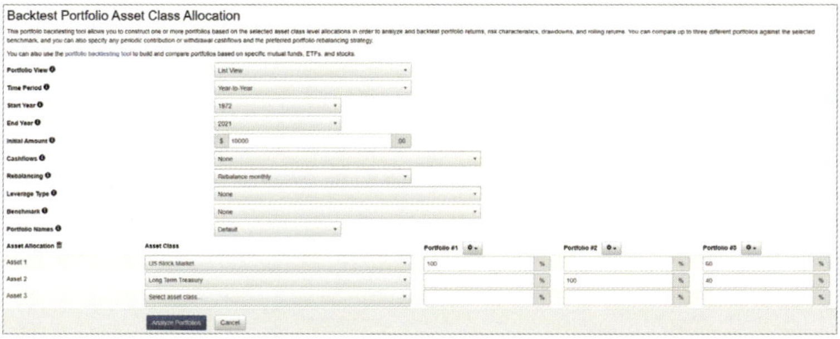

1. Start Year/End Year: 백테스팅의 시작과 종료 시점을 입력한다.
2. Cashflows: 매월 적립식으로 추가 투자를 하거나 일정 금액을 인출하는 등 현금흐름이 있는 경우, 해당 금액만큼 입력한다. 단순히 백테스트만을 원할 때는 'None'을 선택한다.
3. Rebalancing: 리밸런싱 주기를 입력한다.
4. Benchmark: 기준이 되는 벤치마크를 입력한다.
5. Asset Allocation: 자산군 및 비율을 입력한다.

본인이 백테스트하고자 하는 값을 입력한다. 1972년부터 2021년까지 매월 리밸런싱(Rebalance monthly)하며 'Asset 1'에는 미국 주식

US Stock Market, 'Asset 2'에는 미국 장기채Long Term Treasury를 입력한다. 'Portfolio 1'에는 주식 100%, 'Portfolio 2'에는 채권 100%, 'Portfolio 3'에는 주식과 채권에 각각 60%와 40%를 입력한다.

값을 모두 입력한 뒤 하단의 'Analyze Portfolio'를 클릭하면 [그림 4-15]와 같이 백테스트 결과가 나타나는데, 2부에서 살펴본 것과 매우 유사하다(2부에서는 펀드 데이터를 사용했기에 결과가 약간 다르다). 수익률 측면에서는 주식에 100% 투자하는 것(Portfolio 1)이 가장 좋지만 자산배분을 한 것(Portfolio 3)과 크게 차이가 나지 않는다. 반면 자산배분을 하면 변동성 및 손실이 획기적으로 감소해 샤프지수가 훨씬 높다.

[그림 4-15] 포트폴리오 비주얼라이저의 백테스트 결과

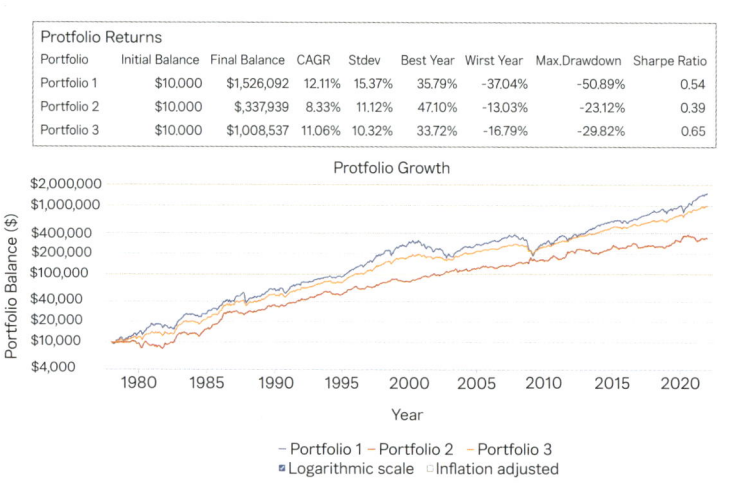

수익률뿐 아니라 여러 지표 역시 손쉽게 확인할 수 있다[그림 4-16]. 'Rolling Returns' 부분을 선택해 투자 시점과 상관없이 장기간 투자했을 경우 수익률의 결과를 살펴보자. 무작위로 10년을 투자할 경우, 주식에만 투자하면(Portfolio 1) 평균 수익률은 10.94%로 가장 높지만 -2.57%의 손실을 보는 경우도 존재한다. 반면 자산배분을 할 경우(Portfolio 3) 평균 수익률은 10.80%로 주식과 비슷하지만 최악의 경우에도 2.32%의 수익을 본다. 즉 자산배분을 할 경우, 단순히 주식에만 투자하는 것과 수익률은 비슷하지만 원금 손실이 발생할 확률은 훨씬 낮아진다.

[그림 4-16] 포트폴리오 비주얼라이저의 백테스트 결과 - 롤링 리턴

Portfolio Analysis Results (Jan 1978 - Dec 2021) Link PDF Excel

Note: The time period was constrained by the available data for Long Term Treasury (Jan 1978 - Dec 2021).

Portfolio Return Metrics Annual Returns Drawdowns Assets Rolling Returns

	Portfolio 1			Portfolio 2			Portfolio 3		
Roll Period	Average	High	Low	Average	High	Low	Average	High	Low
1 year	13.33%	66.73%	-43.16%	9.22%	67.15%	-17.96%	11.72%	56.83%	-22.93%
3 years	11.89%	36.70%	-16.27%	9.08%	30.06%	-7.05%	11.20%	28.92%	-5.21%
5 years	11.61%	27.26%	-6.23%	9.26%	28.14%	1.78%	11.16%	28.28%	-0.25%
7 years	11.31%	21.23%	-3.02%	9.34%	20.13%	2.18%	11.06%	20.64%	2.23%
10 years	10.94%	18.89%	-2.57%	9.19%	17.84%	4.01%	10.80%	17.12%	2.32%
15 years	10.50%	16.21%	4.25%	8.99%	14.59%	5.22%	10.48%	16.57%	6.44%

이번에는 마켓 타이밍을 백테스트해보자. 마켓 타이밍이란, 특정 지표를 기준으로 위험자산에 투자를 할지 말지를 결정하는 전략이다. 대표적으로 10개월 이동평균과 같은 지표가 사용된다. 즉 주가지수가 10개월 이동평균보다 위라면 위험자산에 투자하고, 아래라면 모두 매도한 뒤 현금을 보유하는 식이다. 메인 페이지에서

우측 하단의 'Timing Models' 중 이동평균에 해당하는 'Moving Averages'를 클릭한다[그림 4-17].

[그림 4-17] 포트폴리오 비주얼라이저의 마켓 타이밍 백테스트

디폴트값으로 10개월 이동평균을 이용한 마켓 타이밍 모델에 해당하는 값이 입력된다. 복잡한 시그널이나 손절매 등을 포함한 더 복잡한 모델을 원하는 경우, 해당 값을 선택하면 된다. 하단의 'Portfolio Assets'에서 ETF, 주식, 자산 등을 선택할 수 있다. 미국 S&P500을 추종하는 ETF인 'SPY'를 입력하고 비중에 '100%'를 입력한 뒤, 하단의 'Run Test'를 클릭하면 백테스트가 실행된다[그림 4-18].

[그림 4-18] 포트폴리오 비주얼라이저의 마켓 타이밍 백테스트 입력값

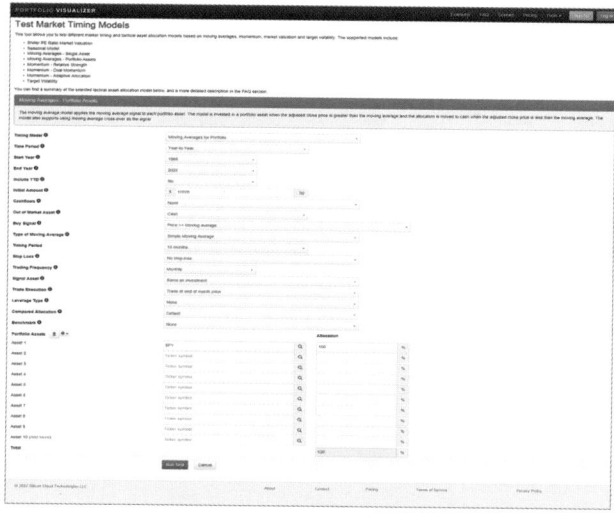

[그림 4-19]는 백테스트 결과 화면이다. 주가 하락 시기의 수익률을 방어한 박스 안의 내용을 쉽게 알아보기 위해 연도별 수익률로 나타낸 [그림 4-20]을 보자. 푸른색 'Moving Average Model'은 마켓 타이밍을 이용해 투자한 경우이고, 붉은색 'Buy & Hold Portfolio'는 단순히 SPY ETF에 투자한 경우다. 마켓 타이밍 전략을 이용할 경우 2000년 IT버블, 2008년 글로벌 금융위기, 2020년 코로나19 사태 등 대규모 하락의 초입에서 주식을 미리 팔아 대규모 하락을 피할 수 있다. 결과적으로 수익률 자체는 비슷해도 변동성과 최대 손실률이 훨씬 낮아 주가 하락에 대한 스트레스를 덜 받는 투자법이 될 수 있다.

[그림 4-19] 포트폴리오 비주얼라이저의 마켓 타이밍 백테스트 결과

[그림 4-20] 포트폴리오 비주얼라이저의 마켓 타이밍 백테스트 - 연도별 수익률

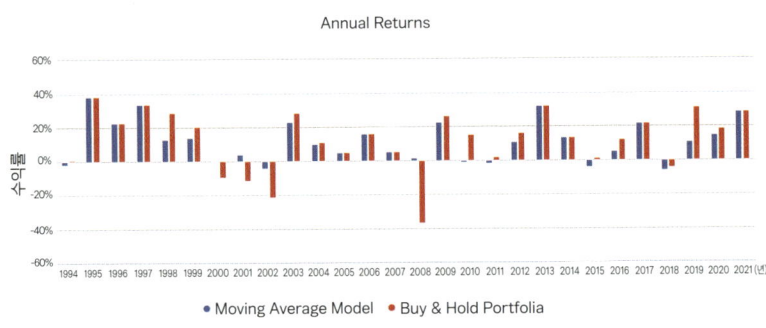

해당 사이트에서는 이외에도 다양한 종류의 백테스트가 가능하므로, 복잡한 데이터 수집이나 가공 없이 무료로 자신의 전략을 백테스트해볼 수 있다.

올라떼

자산배분이 아닌 개별 주식의 경우 올라떼 서비스를 이용하면 손쉽게 백테스트를 할 수 있다. 올라떼는 전 세계 127개국 15만 개 기업의 40년 이상치 주가 및 재무제표 데이터를 기반으로 서비스를 제공하고 있다. 또한 상장폐지 기업 데이터를 포함하고 있으며, PIT 데이터를 기반으로 하기에 다른 서비스들과 달리 정밀한 백테스트가 가능하다. 현재는 투자자들이 가장 많이 사용하는 종목찾기 및 백테스트 툴을 제공하고 있으며, 점차 항목을 늘려나갈 계획이다.

올라떼 홈페이지에 접속하면 좌측에 '종목찾기'와 '백테스트' 메뉴가 있다. '종목찾기'에 원하는 조건을 입력하면 그에 해당하는 종목이 나오고, '백테스트'는 이러한 조건들을 토대로 백테스트를 실행한다.

[그림 4-21] 올라떼 홈페이지

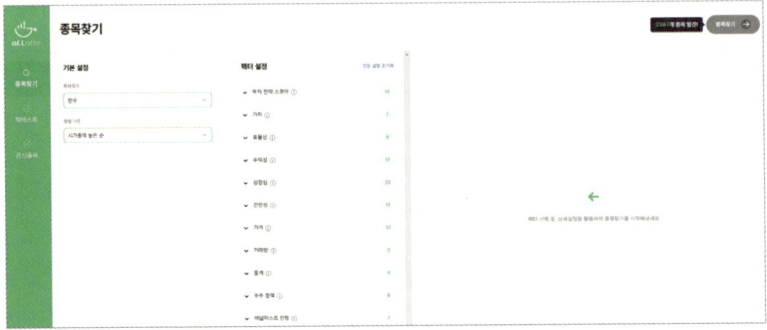

먼저 '종목찾기' 기능부터 살펴보자. '기본 설정'으로는 '투자 국가'와 '정렬 기준'이 있다. '투자 국가'에서는 현재 국내 투자자들이 가장 많이 투자하는 국가인 중국, 홍콩, 인도, 일본, 한국, 미국을 선택할 수 있으며, 추후 늘려나갈 예정이다. '정렬 기준'은 종목의 조건이 동일할 경우(예 PBR이 같을 경우) 어떤 종목을 먼저 보여주는지 선택하는 부분이다.

'팩터 설정'은 원하는 조건들을 선택하는 부분이다. 가장 상단의 '투자 전략 스코어'에 투자 대가들의 종목 선택 기준을 예시로 만들어두었다. 예를 들어 '워런 버핏 가치 스코어'에서는 [표 4-4]와 같이 총 7개 지표 중 조건에 해당하는 것이 있으면 1점씩 부여하고, 종목당 0점부터 7점까지 점수를 매긴다. 점수가 높을수록 좋은 종목임을 의미한다.

[표 4-4] 워런 버핏 가치 스코어

지표	내용
성장	최근 3년 이익 성장률 ≥ 20%
가치	PBR ≤ 1.5
가치	PER ≤ 15
안전성	운전자본 ≥ 장기부채
안전성	부채비율 ≤ 150%
안전성	유동비율 ≥ 100%
수익성	3년간 적자 아닐 것

'종목찾기' 사용법을 알아보자. 먼저 '팩터 설정'에서 원하는 팩터(예 워런 버핏 가치 스코어)의 체크박스를 선택하면 우측에서 해당 지표의 값을 조정하고 본인이 원하는 범위를 선택할 수 있다. 그 후 상단의 '종목찾기'를 클릭하면 그에 해당하는 종목 리스트를 확인할 수 있다[그림 4-22]. 이외에도 가치, 효율성, 수익성, 성장성 등 본인만의 다양한 지표를 입력해 종목을 발굴할 수 있다(선택 가능한 지표 역시 추후 계속해서 업데이트할 예정이다).

[그림 4-22] 원하는 팩터 기준 종목찾기

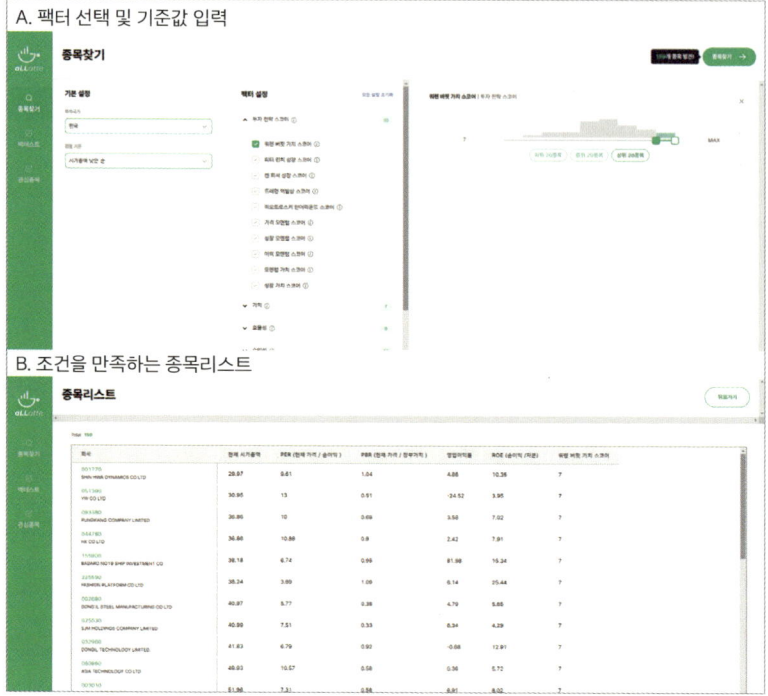

'백테스트' 기능은 '종목찾기'와 크게 다르지 않다. 백테스트 기간, 거래비용, 포트폴리오 내 종목수, 리밸런싱 주기 등만 추가적으로 입력하면 된다. 이번에는 본인이 원하는 지표를 직접 선택해 백테스트해보자. 가치 지표와 수익성 지표를 선택하면 그 기준은 [표 4-5]와 같다. (지표의 경우 0이나 15와 같이 본인이 원하는 값의 가장 가까운 값을 선택하면 된다.)

[표 4-5] 백테스트 입력값

입력값	내용
투자 국가	한국
시작 시점	2005-02-01
종료 시점	2022-01-09
거래비용(%)	0.6
최대 종목수	30
리밸런싱 주기	1년에 한 번
정렬 기준	시가총액 높은 순
PBR	0 이상 1.5 이하
PER	0 이상 15 이하
ROE	10% 이상

원하는 값을 입력한 뒤 우측 상단의 '백테스팅'을 클릭하면 해당 조건을 기준으로 백테스팅이 실행된다. 가치 지표와 수익성 지표 기준 30종목으로 구성된 포트폴리오의 백테스트 결과를 살펴보면 벤치마크, 즉 단순히 주식시장에 투자한 것 대비 연율화 수익률이 높은 것을 알 수 있다[그림 4-23].

[그림 4-23] 원하는 팩터 기준 백테스트

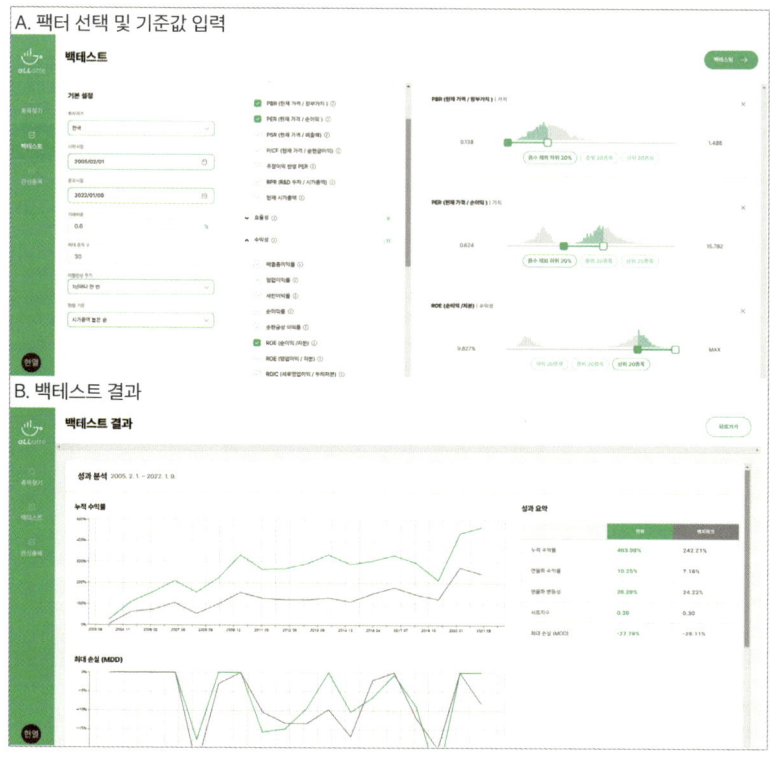

백테스트 결과에서 '뒤로가기'를 클릭한 뒤 조건을 수정해 다시 백테스트를 할 수 있다. 이번에는 모멘텀 지표에 해당하는 '가격' 중에서 12개월 수익률 조건이 0%보다 큰 조건을 추가로 입력한다. 다시 백테스트를 실행해보면 연율화 수익률이 10.25%에서 13.52%로 증가했다[그림 4-24]. 추가적으로 투자 국가를 변경해보며 본인이 생각하는 전략이 세계 각국에서 작동했는지 확인해볼 수 있다.

[그림 4-24] 원하는 팩터 기준 백테스트(모멘텀 팩터 추가)

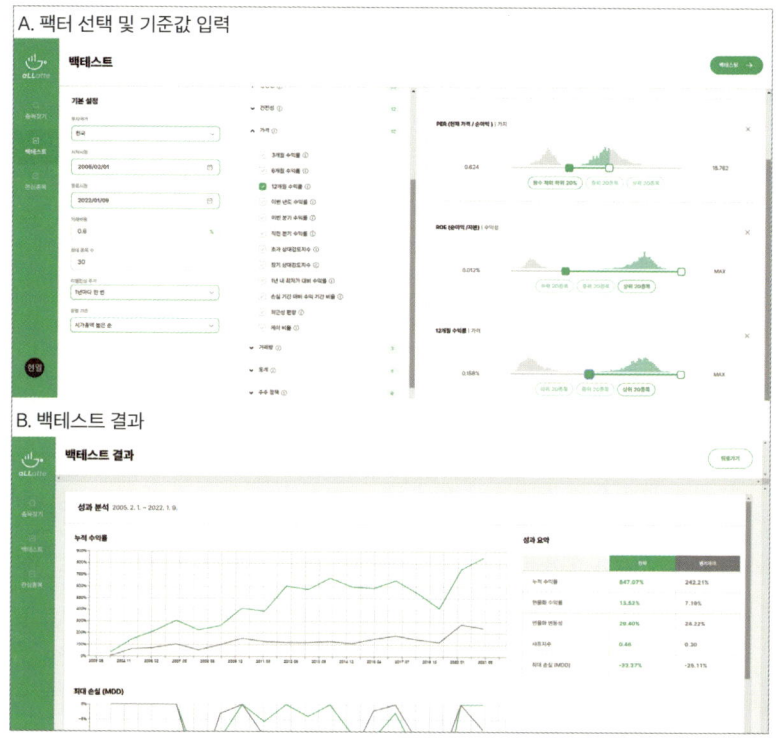

모두가 좋은 전략을 따라 하면 수익률이 감소할까

퀀트 전략과 관련해 가장 많이 받는 질문이자 걱정은 '전략이 공개되어 모두가 따라 하면 수익률이 감소하지 않을까?'다. 만약 투자 전략이 논문이나 책 등에 발표됨에 따라 알파, 즉 초과 수익률이 모두 사라진다면 이미 모두가 알고 있는 전략을 사용하는 것으로는 더 이상 돈을 버는 것이 불가능하기 때문이다.

1993년에 가격 모멘텀 현상을 발표[41]했던 나라심한 제가디시Narasimhan Jegadeesh와 셰리던 티트만Sheridan Titman은 이러한 질문에 답하기 위해 2001년에 다시 한 번 모멘텀 현상을 조사[42]했다.

[표 4-6]을 보자. 첫 번째 열은 기존 논문에 해당하는 1965년부터 1989년까지 과거 12개월 수익률을 기준으로 10분위로 나눈 포트폴리오들의 수익률로, 모멘텀이 강할수록 향후 수익률 역시 높다. 모멘텀 상위 종목을 매수하고 하위 종목을 공매도하는(P1-P10) 전략

역시 월간 1.11% 수익률을 기록하며, t값 역시 4.61로 통계적으로 유의하다. 두 번째 열(1990~1997년)은 기존 논문에서 조사한 기간 이후의 수익률로, 논문을 통해 모멘텀 현상을 발표했음에도 불구하고 여전히 모멘텀 효과가 존재한다는 사실을 보여준다. 롱숏 전략 역시 기존과 비슷한 월간 1.01% 수익률을 보이며, t값 역시 4.1로 여전히 유의하다.

[표 4-6] 모멘텀 현상 발표 후 수익률

(단위: %)

	1965~1989년	1990~1997년	1965~1997년
P1(Past Winners)	1.70	1.55	1.67
P2	1.50	1.25	1.44
P3	1.40	1.18	1.35
P4	1.32	1.17	1.29
P5	1.31	1.13	1.27
P6	1.25	1.11	1.22
P7	1.22	1.19	1.21
P8	1.16	1.11	1.15
P9	1.07	1.13	1.08
P10(Past Losers)	0.59	0.54	0.58
P1-P10	1.11	1.01	1.09
t값	4.61	4.10	5.65

출처: Jegadeesh, Titman(2001)

투자 전략 발표 전후의 수익률

그러나 이는 모멘텀 전략에만 한정된 결과일 수 있으며, 다양한 전략의 효과가 발표된 이후에도 모두 유효한지에 대한 의문은 여전히 존재한다. 이러한 질문에 대한 답을 찾기 위해 데이빗 맥클린^{David Mclean}과 제프리 폰티프^{Jeffrey Pontiff}는 논문이나 책을 통해 발표된 97개 전략이 발표 이후에도 효과가 있는지 확인해보기 위해 기간을 다음과 같이 3구간으로 나누었다.[43]

- 인샘플 기간: 원 논문에서 테스트를 위해 사용한 기간
- 아웃오브샘플 기간: 원 논문의 인샘플 기간 이후 발표 이전까지의 기간(일반적으로 논문이나 책을 작성한 뒤 몇 달 혹은 몇 년의 준비 기간을 거쳐 발표가 되므로 이에 해당하는 기간)
- 발표 이후: 원 논문이 발표되고 난 후부터 현재까지의 기간

[그림 4-25] 인샘플, 아웃오브샘플, 발표 이후 기간 구분 예시

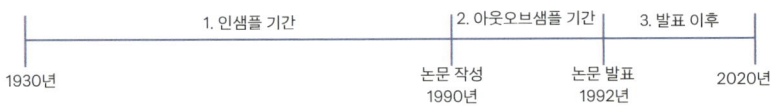

예를 들어 어떠한 사람이 1930년부터 1990년까지의 기간을 통해 효과가 있는 전략을 발견했다고 1992년에 발표했다면 1930~1990

년은 인샘플 기간, 1990~1992년은 아웃오브샘플 기간이 된다. 원 논문 발표 이후 여전히 효과가 있는지 확인해보는 기간인 1992~2020년은 발표 이후에 해당한다.

그렇다면 두 학자의 연구 결과는 어땠을까? 먼저 97개 전략 중 12개는 애초에 인샘플 기간에도 통계적으로 유효하지 않은 전략, 즉 애초에 작동하지 않는 전략으로 나타났다. 나머지 85개 전략은 인샘플 기간 대비 아웃오브샘플 기간 동안 수익률이 26% 감소하는 것으로 나타났다.

전략이 발표되기 전부터 수익률이 감소하는 현상은 왜 나타나는 것일까? 학자들은 논문을 발표하기 이전에도 본인이 연구 중인 주제를 '워킹 페이퍼' 형태로 발표하고, 재빠른 투자자들은 이를 조사해 각종 전략을 좀 더 빨리 알아내고 활용하여 수익률을 가져가기 때문이다. 가장 중요한 전략이 발표된 이후 수익률은 무려 58% 감소하는 것으로 나타났다. 즉 어떠한 전략이 효과가 있다고 공개함으로써 수익률이 절반 가까이 줄어들게 되는 것이다.

연구 결과를 좀 더 자세히 살펴보면, 원 논문에서 말하는 전략의 수익률이 높을수록 향후 수익률 감소 효과가 컸다. 그 이유는 전략이 매력적으로 보일수록 따라 하는 사람이 많기 때문이다. 또한 주가나 거래 데이터 같이 구하기 쉬운 데이터를 이용하는 전략의 경우도 따라 하기가 쉬워 수익률 감소 효과가 크게 나타났다.

이러한 결과만 본다면 발표된 전략을 통해서는 돈을 벌 수 없다고 생각할 수 있다. 그러나 우리가 알아야 할 사실은 위 연구가 세계 금융시장에서 가장 치열한 미국 시장을 대상으로 진행되었다는 것이다. 과연 미국이 아닌 다른 나라에서도 전략이 발표된 이후 수익률이 줄어들었을까?

미국이 아닌 다른 나라의 결과는 달랐다

이에 대한 답을 찾기 위해 헤이코 제이콥스Heiko Jacobs와 세바스찬 밀러Sebastian Müller는 미국을 포함한 전 세계 39개국을 대상으로 전략 발표 전후 수익률 차이를 살펴보았으며, 전략의 종류도 97개에서 241개로 늘렸다.44) 과연 다른 나라에서도 전략이 공개됨에 따라 수익률이 감소하는 효과가 나타났을까? 놀랍게도 매우 의외의 결과가 나타났다.

[표 4-7]은 미국, 전 세계, 선진국 등 주식시장별로 전략 발표 전후 수익률을 비교한 것이다. 우선 미국을 살펴보자. 동일가중 포트폴리오의 월간 수익률이 인샘플 기간에는 0.742%인 반면, 포스트 샘플(논문에 사용된 기간 후부터 발표 전까지) 기간에는 0.466%로 38%가 감소했으며, 발표 이후에는 0.292%로 인샘플 기간에 비해 무려 62%가 감소했다. 시가총액 가중 포트폴리오 역시 비슷한 결과를 보인다. 이는 논문 발표로 인해 전략의 수익률이 급감한다는 기존의 연구 결과와 동일하다.

하지만 미국이 아닌 다른 지역을 살펴보면 전혀 다른 결과를 확인할 수 있다. 대부분의 지역에서 전략 발표 이후 수익률이 인샘플 기간과 비슷하거나 증가하는 모습을 보인다. 예를 들어 전 세계 모든 국가를 대상으로 전략을 적용했을 경우 인샘플 기간에는 수익률이 0.413%였던 반면, 발표 이후에는 0.523%로 오히려 상승하는 모습을 보인다.

[표 4-7] 전략 발표 전후 수익률 비교

(단위: %)

	미국	전 세계	선진국	대형 시장	G7+호주
A. 동일가중 수익률					
인샘플	0.742(12.52)	0.413(9.16)	0.453(9.05)	0.465(8.76)	0.476(6.94)
포스트 샘플	0.466(5.23)	0.498(8.65)	0.532(7.45)	0.597(8.40)	0.562(6.60)
발표 이후	0.292(3.69)	0.523(9.08)	0.514(7.98)	0.555(8.89)	0.498(6.29)
B. 시가총액 가중 수익률					
인샘플	0.489(8.27)	0.347(8.24)	0.365(7.62)	0.372(7.70)	0.382(6.55)
포스트 샘플	0.310(3.45)	0.383(6.62)	0.391(5.29)	0.431(5.86)	0.425(5.20)
발표 이후	0.163(2.07)	0.371(6.02)	0.336(5.19)	0.370(5.92)	0.333(4.59)

출처: Jacobs, Müller(2020)

이러한 결과는 국가별 수익률 차이를 살펴봐도 크게 다르지 않다 [표 4-8]. 미국의 동일가중 포트폴리오의 경우, 포스트 샘플과 발표 이후 성과 감소가 각각 -0.276, -0.450이다. 홍콩 등 일부 국가에서도 전략 발표 이후 수익률 감소 현상이 나타났지만 통계적으로 유의하다고 볼 수 없을 정도다. 반면 독일과 말레이시아, 싱가포르 같은 국가는 전략 발표 이후 수익률이 오히려 증가했다. 한국 역시 소폭 증가했지만 통계적으로 유의하지는 않은 정도다.

[표 4-8] 전략 발표 전후 수익률 비교(국가별)

(단위: %)

	동일가중 롱/숏 수익률				시가총액 가중 롱/숏 수익률			
	포스트 샘플		발표 이후		포스트 샘플		발표 이후	
	수익률	t값	수익률	t값	수익률	t값	수익률	t값
호주	0.069	(0.69)	0.051	(0.36)	-0.086	(-0.82)	0.050	(0.32)
오스트리아	0.135	(1.25)	-0.003	(-0.02)	0.103	(0.85)	-0.083	(-0.53)
벨기에	0.028	(0.33)	-0.068	(-0.53)	0.106	(0.78)	-0.097	(-0.57)
브라질	0.166	(0.89)	0.551**	(2.24)	0.038	(0.13)	0.205	(0.72)
캐나다	0.041	(0.35)	0.045	(0.30)	0.082	(0.62)	-0.083	(-0.49)
칠레	-0.053	(-0.54)	0.047	(0.31)	-0.125	(-1.17)	-0.004	(-0.03)
중국	0.081	(0.73)	-0.162	(-1.09)	0.037	(0.31)	-0.275*	(-1.74)
덴마크	0.081	(0.87)	0.157	(1.27)	-0.093	(-0.81)	0.137	(0.91)
핀란드	0.097	(0.81)	0.060	(0.33)	-0.142	(-0.76)	-0.242	(-0.93)
프랑스	0.006	(0.06)	0.000	(0.00)	-0.071	(-0.65)	-0.142	(-1.44)
독일	0.256***	(2.89)	0.253***	(2.98)	0.232*	(1.95)	0.038	(0.38)
그리스	0.494***	(3.29)	0.350	(1.56)	0.589***	(3.18)	0.765**	(2.32)
홍콩	-0.227*	(-1.71)	-0.217	(-1.08)	-0.238*	(-1.75)	-0.193	(-1.06)
인도	-0.120	(-0.98)	0.168	(0.96)	-0.210	(-1.35)	-0.012	(-0.05)
인도네시아	0.102	(0.48)	0.073	(0.29)	-0.008	(-0.03)	0.009	(0.03)
아일랜드	0.204	(0.83)	0.637**	(2.02)	0.037	(0.10)	0.181	(0.47)
이스라엘	-0.071	(-0.62)	0.056	(0.33)	-0.002	(-0.01)	0.191	(0.81)
이탈리아	0.208**	(2.32)	0.081	(0.68)	0.171	(1.57)	0.070	(0.58)
일본	0.066	(0.92)	0.037	(0.37)	0.060	(0.75)	-0.006	(-0.05)
한국	0.356**	(2.58)	0.222	(1.22)	0.340**	(2.54)	0.170	(1.03)
말레이시아	0.276***	(2.65)	0.467***	(2.86)	0.172	(1.61)	0.231	(1.43)

멕시코	-0.228	(-1.60)	0.066	(0.35)	-0.327**	(-2.28)	-0.060	(-0.34)
네덜란드	0.118	(1.12)	0.091	(0.67)	-0.050	(-0.36)	-0.110	(-0.79)
뉴질랜드	0.114	(1.04)	0.086	(0.56)	0.169	(1.35)	0.004	(0.03)
노르웨이	0.103	(0.80)	0.238	(1.43)	0.091	(0.67)	-0.025	(-0.14)
파키스탄	-0.129	(-0.80)	0.194	(0.83)	0.016	(0.09)	0.361	(1.55)
필리핀	0.041	(0.20)	0.231	(0.78)	-0.095	(-0.46)	0.160	(0.51)
폴란드	-0.092	(-0.64)	0.063	(0.35)	-0.019	(-0.10)	0.046	(0.22)
포르투갈	0.204	(1.44)	0.280	(1.45)	-0.060	(-0.40)	0.252	(1.26)
싱가포르	0.348***	(2.84)	0.437**	(2.52)	0.256*	(1.95)	0.291*	(1.72)
남아프리카공화국	0.176*	(1.69)	-0.005	(-0.05)	0.052	(0.44)	-0.153	(-1.14)
스페인	-0.112	(-0.87)	-0.086	(-0.43)	0.040	(0.26)	0.131	(0.64)
스웨덴	0.114	(0.96)	0.159	(1.01)	-0.033	(-0.22)	-0.075	(-0.44)
스위스	0.134	(1.37)	0.040	(0.39)	-0.048	(-0.35)	-0.075	(-0.69)
대만	0.284**	(2.38)	0.331**	(2.36)	0.297**	(2.31)	0.330**	(2.12)
태국	0.237*	(1.70)	0.241	(1.01)	0.208	(1.16)	0.025	(0.11)
터키	0.024	(0.16)	0.195	(1.16)	0.173	(0.84)	0.115	(0.48)
영국	0.118	(1.59)	0.114	(1.15)	-0.008	(-0.10)	0.037	(0.29)
미국	-0.276***	(-3.43)	-0.450***	(-4.75)	-0.173**	(-2.02)	-0.305***	(-2.96)

수익률 옆의 *은 괄호 안의 t값으로 본 유의성의 강도를 나타낸 것으로, 수익률의 감소가 통계적으로 유의하다는 뜻이다.
출처: Jacobs, Müller(2020)

요약하면, 돈을 벌 수 있는 전략을 논문이나 책의 형태로 발표할 경우 미국에서는 수익률이 감소하지만, 미국을 제외한 나라에서는 그 영향이 없거나 오히려 수익률이 증가하는 놀라운 모습을 보인다. 그렇다면 왜 이런 차이가 발생하는 것일까?

먼저 생각해볼 수 있는 첫 번째 이유는 제도적 마찰이다. 발표되는 퀀트 전략들의 경우, 소위 '좋은 주식을 매수하고 나쁜 주식을 공매도함으로써 수익률을 얻는다'라는 것이 전제이지만, 여러 국가에서는 현실적으로 공매도를 자유롭게 할 수 없다. 미국은 이러한 마찰이 적은, 즉 자유롭게 매매를 할 수 있는 환경이 조성되어 있기에 새로운 전략이 발표되면 이를 자유롭게 적용할 수 있고, 그 결과 알파가 감소한다. 하지만 다른 나라의 경우, 좋은 전략이 있다 해도 현실적으로 실행이 불가능하다.

두 번째 이유는 금융에 대한 지식 수준 차이다. 미국에는 수많은 헤지펀드가 존재하며, 새로운 전략을 통해 더 높은 수익률을 얻기 위한 조사와 연구가 끊임없이 이루어지고 있다. 따라서 알파가 급격하게 줄어들 수밖에 없다. 하지만 다른 나라의 경우, 미국처럼 헤지펀드의 수가 많지 않을 뿐만 아니라 그 수준 역시 미국에 비해 낮다. 따라서 새로운 전략이 나와도 실제 투자에 적용하는 일이 적어 알파에 영향이 없다.

이러한 결과는 어쩌면 우리에겐 다행일 수 있다. 어찌 됐든 발표된 전략을 통해 돈을 벌 수 있는 여지가 충분하다는 의미이니 말이다. 다시 '전략이 공개되어 모두가 따라 하면 수익률이 감소하지 않을까?'라는 질문으로 돌아가자. 미국의 경우 모두 따라 한다면 수익률이 감소하지만, 그 외 국가들은 결과를 통해 알 수 있듯 현실적으로 모두가 따라 할 수 없는 환경이다. 수익률이 감소할 걱정은 미루어두어도 좋다. 기관투자자에게 많은 제약이 있는 국내 금융 환경이 퀀트 전략을 이용하는 개인 투자자에게는 오히려 기회를 제공한다고 볼 수도 있다.

퀀트 전략만 있으면
누구나 돈을 벌 수 있을까

훌륭한 베팅 전략인 퀀트 투자를 장기간 지속한다면 높은 승률로 돈을 벌 수 있다는 사실을 확인했다. 그렇다면 논문 혹은 백테스트를 통해 퀀트 전략을 발견하기만 하면 누구나 돈을 벌 수 있을까? 이와 관련된 재미있는 실험이 있다.

조엘 그린블라트는 《주식시장을 이기는 작은 책》을 출간한 뒤 많은 투자자가 본인이 말하는 '마법 공식'에 해당하는 종목을 찾는 데 어려움을 겪는다는 사실을 알게 되었다. 그는 이런 문제를 해결하고자 마법 공식에 해당하는 종목을 알려주는 웹사이트를 개설해 무료로 배포했으며, 이는 지금도 운영 중이다.

[그림 4-26] 마법 공식 스크리너 웹사이트

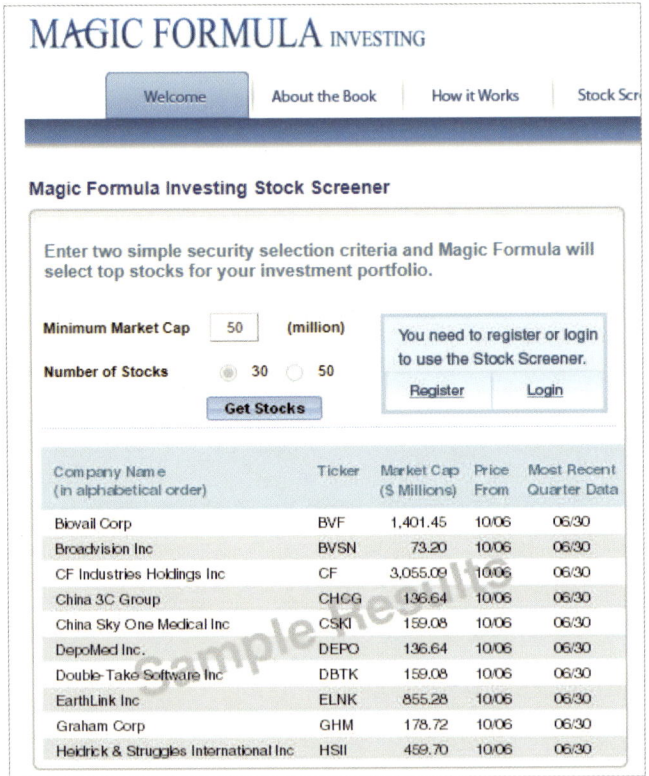

출처: https://magicformulainvesting.com

하지만 사람들은 자동으로 투자까지 연결되는 좀 더 간편한 서비스를 원했다. 그린블라트는 이를 토대로 하나의 실험을 진행했다. 마법 공식에서 나오는 종목을 별도운영계정SMA, Separately Managed Account(투자자가 운용사와 일임계약을 맺고 자금을 위탁하는 것으로 투자자가 원하는 가이드라인에 따라 맞춤 운용 가능)에 추천해주며 2가지 옵션을 제공했다.

첫 번째는 종목을 추천해주면 투자자가 매매 여부를 선택하는 계좌Self Managed Account, 두 번째는 추천해주는 종목이 자동으로 매매되는 계좌Professionally Managed Account였다. 둘 다 추천하는 종목은 동일하지만 퀀트 전략에 따라 자동으로 투자를 하는지, 투자자의 손을 한 번 거쳐 투자를 하는지가 달랐다.

그렇다면 결과는 어땠을까? 동일한 포트폴리오를 대상으로 하니 수익률이 비슷하지 않았을까? 놀랍게도 결과는 정반대였다. 2009년 5월부터 2011년 4월까지 S&P500지수는 62.7% 상승했다. 마법 공식대로 자동으로 투자를 한 계좌는 이보다 약 20%p 높은 84.1%의 수익률을 기록했다. 반면 투자자가 투자 여부를 선택하도록 한 계좌는 지수보다 못한 59.4%의 수익률을 기록했다. 동일한 퀀트 전략임에도 불구하고 계좌 간에 무려 25%p의 수익률 차이가 발생한 것이다.

[표 4-9] 마법 공식 전략의 계좌별 수익률

(단위: %)

기준	수익률
S&P500	62.7
Professionally Managed Account	84.1
Self Managed Account	59.4

기간: 2009년 5월~2011년 4월

투자자의 판단이 개입되자 떨어진 수익률

그렇다면 무엇이 25%p라는 큰 차이를 만든 것일까? 투자자가 매매 여부를 선택해야 한다면 고민에 빠질 수밖에 없다. 많은 투자자가 신문이나 뉴스에 나온 내용을 토대로 문제가 있는 기업이라고 판단할 경우 손실을 보고 싶지 않은 마음에 투자를 하지 않았다. 하지만 이러한 문제들로 인해 그 주식들은 시장에서 헐값에 거래되었다. 결론적으로 이러한 종목들은 턴어라운드를 하며 엄청난 수익을 기록하는 경우가 많았지만 투자자들은 그 수익을 누리지 못했다.

또한 투자자들은 마법 공식 전략이 주식시장에 비해 성과가 좋지 않거나 손실을 볼 경우, 전략을 포기하고 다른 주식을 사거나 현금을 들고 있거나 포트폴리오를 방치하기도 했다. 매번 돈을 벌거나 시장을 이기는 전략은 없음에도 불구하고, 투자자들은 성과가 조금만 좋지 않아도 전략을 의심하거나 포기하고 금방 다른 무언가로 갈아탔다.

투자자들은 마법 공식에서 추천한 종목이 한참 오르고 난 후에야 매수하는 모습을 보이기도 했다. 마젤란펀드의 전설적인 수익률에 비해 펀드 가입자들의 수익률이 형편없던 것과 마찬가지로, 수익률이 한참 올라간 후에야 투자하고 단기적으로 나쁜 구간임에도 불구하고 포기를 해버림으로써 장기적인 수익을 모두 놓치는 결과를 만든 것이다.

그렇다. 좋은 퀀트 전략이 있다고 해서 누구나 돈을 벌 수 있는 것은 아니다. 결과적으로 그것을 실행하는 우리는 인간이며, 인간은 언제나 비합리성에 사로잡히는 존재이기 때문이다. 수십 년간의 데이터를 바탕으로 각종 퀀트 전략을 백테스트해본 뒤 금방 부자가 될 수 있을 듯한 희열에 사로잡혔던 사람들이 손실을 조금 보았다고 절망하며 퀀트 투자를 의심하고 욕하고 포기하는 모습을 매우 흔하게 볼 수 있다. 반면 수익률이 올라가든 내려가든 별로 신경 쓰지 않고 몇 년에 걸쳐 정해진 규칙대로만 투자한 사람들은 꾸준하게 부를 쌓아나간다.

블랙잭 게임에서 카드 카운팅이라는 최고의 비법을 가지고도 한순간의 흥분을 주체하지 못해 베팅을 망쳐버렸던 수많은 갬블러처럼 돈을 벌 수 있는 퀀트 전략을 가지고도 비합리성에 사로잡힌다면 결국 투자를 망쳐버릴 수 있다. 퀀트 전략의 마침표는 이를 수행하는 투자자 본인이라는 사실을 절대로 잊어서는 안 된다.

5부

데이터 기반
투자 기술의
현재와
미래

DATA-DRIVEN INVESTMENT

인공지능은 인류가 만들어야 할 마지막 발명품이다.
― 닉 보스트롬(Nick Bostrom)

대체 데이터 —
새로운 알파를 찾아서

 최근까지 대부분의 투자자는 주가와 재무제표 같은 정형 데이터, 즉 깔끔하게 정리된 데이터만을 이용해 투자했다. 물론 이러한 데이터만 잘 활용해도 큰돈을 벌 수 있다. 그러나 주가는 기업의 특성을 온전히 담아낼 수 없으며, 재무제표는 이미 지나간 시간에 대한 정보를 담고 있다는 아쉬움이 있다. 따라서 투자자들은 좀 더 새롭고, 좀 더 즉시성이 있는 데이터를 투자에 이용하고자 했으며, 비로소 그 답을 찾았다. 바로 '대체 데이터'에서 말이다.
 대체 데이터 혹은 비정형 데이터란 이미지, 음성, 글자와 같이 행과 열의 테이블 형태로 쉽게 정리할 수 없는 데이터를 의미한다. 앞서 4부에서 살펴보았듯 퀀트 혹은 투자에 있어 데이터는 요리의 재료와도 같다. 모든 투자자가 똑같은 재료인 주가와 재무제표를 이용한다면 비슷한 맛의 요리가 나올 수밖에 없고, 돈을 벌 수 있는 기회

도 줄어든다. 반면 지금껏 그 누구도 사용하지 않았던 재료인 비정형 데이터를 제대로 사용할 수만 있다면 그동안 맛보지 못했던 새로운 요리를 만들 수 있다. 과거 후추의 맛에 매료된 유럽인들이 이를 구하기 위해 금보다 비싼 가격을 지불했던 것처럼 최근 투자자들은 대체 데이터를 수집하고 투자에 적용하기 위해 비싼 비용을 지불하고 있다.

대체 데이터의 활용은 컴퓨터 계산 능력의 급속한 발전과 머신러닝, 딥러닝과 같은 인공지능 기술의 발달이 있기에 가능하다. 많은 사람이 실시간으로 수집되는 수십, 수백만 장의 사진이나 글자와 같은 빅데이터에 투자 기회가 있을 것이라고 생각하지만, 이를 사람이 일일이 분석하는 것은 불가능하다. 그러나 컴퓨터에게 일을 맡기면 단 몇 분만에 분석이 가능하다. 심지어 컴퓨터는 24시간 쉬지 않고 일을 해주기도 한다.

위성사진을 활용한 빠른 정보 수집

A식당의 주식을 전망한다고 가정하자. 그동안은 기존의 주가나 재무제표 데이터를 이용해 모멘텀을 측정하거나, 밸류에이션을 계산하거나, 우량성을 계산해 좋은 주식인지 나쁜 주식인지를 판별했다. 그러나 이보다 주가에 큰 영향을 미치는 데이터는 최근 고객이 얼마나 늘었는지의 여부다. 고객이 늘어 매출이 증가한 사실을 재무

제표가 발표되기 이전에 알 수만 있다면 미리 주식을 사서 높은 수익을 거둘 수 있기 때문이다.

이러한 정보를 매우 빠르게 알 수 있는 방법이 있다. 바로 위성사진을 이용하면 된다. 지구 주변을 떠돌고 있는 수많은 인공위성이 촬영하는 사진을 이용하면 식당 주차장에 몇 대의 차가 있는지를 파악할 수 있다. 물론 이러한 작업을 사람이 일일이 눈으로 하는 것은 사실상 불가능하고 비효율적이다. 신경망 훈련을 통한 머신러닝을 이용한다면 위성사진 내에서 자동차에 해당하는 이미지만 추출해 대수를 셀 수 있으며, 이를 통해 최근 고객이 얼마나 늘었는지 손쉽게 계산할 수 있다.

위성사진 분석업체 오르비탈 인사이트 Orbital Insight는 시어스 SEARS 등

[그림 5-1] 딥러닝을 이용한 위성사진 내 자동차 대수 파악

출처: GeoAI

미국 대형 유통업체의 전국 지점 주차 공간 26만 곳을 담은 위성사진을 통해 주차장에 주차된 자동차 대수를 근거로 기업의 경영 상황을 분석했다. 그들은 2018년 시어스의 주차장에 빈 자리가 늘고 있다는 사실을 바탕으로 매출 하락을 예측했고, 그해 10월 시어스는 실제로 파산 보호를 신청했다.

위성사진을 통해 세계 경제에 지대한 영향을 미치는 유가를 예측할 수도 있다. 원유 저장고는 저장량에 따라 지붕이 위아래로 움직인다. [그림 5-2]는 인공위성이 촬영한 원유 저장고 사진이다. 지붕 높이에 따라 그림자의 크기도 다르다. 인공위성은 같은 지역을 늘 같은 시간대에 지나며 촬영하므로, 그림자의 크기가 바뀌었다는 것은 저장량에 변화가 있다는 것을 의미한다. 따라서 저장고의 그림자 크기 변화를 계산하면 원유 저장량의 변화를 계산할 수 있고, 그와 관련된 유가도 예측할 수 있다.

[그림 5-2] 원유 저장량에 따른 저장고의 그림자 차이

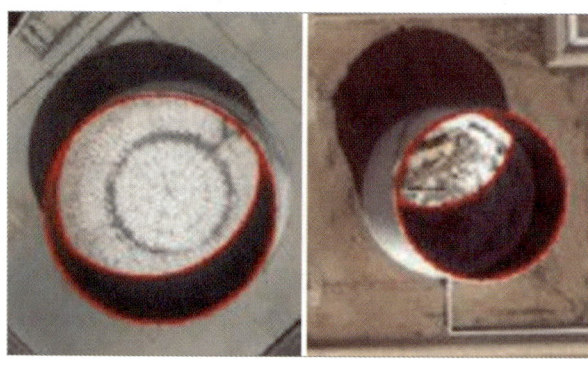

출처: Sky Perfect Communication

실제로 미국의 헤지펀드와 투자은행들은 위성사진을 투자에 이용하고 있다. 위성사진 분석업체 스페이스노우SpaceKnow는 2016년부터 광둥성을 비롯한 중국 전역의 위성사진을 분석해 중국 인공위성 제조업지수SMI를 발표하고 있으며, 많은 투자자가 이를 참고한다. 이 지수는 중국 전역의 공장 6,000여 곳의 사진 22억 장을 통해 콘크리트 도로 설치 등 중국 경제 활동을 파악할 수 있는 정보를 수치로 환산한다. 놀라운 것은 그 정확도다. 중국이 발표하는 구매관리자지수PMI와 거의 같이 움직인다. 즉 PMI가 발표되기 이전에 위성사진을 통해 제조업지수를 실시간으로 파악할 수 있다.

[그림 5-3] 스페이스노우의 중국 인공위성 제조업지수와 중국의 구매관리자지수

출처: 블룸버그

전용기 운행 정보로 예측한 기업의 인수합병

또 다른 데이터 활용 사례를 살펴보자. 2017년 6월 16일, 미국의 아마존은 미국 최대 유기농 식료품 체인 홀푸드Whole Foods를 약 137억 달러, 우리나라 돈으로 약 14조 원에 인수했다. 아마존은 홀푸드의 주식을 주당 42달러에 전액 현금으로 인수하겠다고 발표했고, 그로 인해 주가는 30% 이상 상승했다. 이러한 인수합병 소식은 주가에 엄청난 영향을 미치므로 밖으로 새어나가서는 안 되고, 이러한 내부 정보를 이용해 투자할 경우 미국에서는 엄청난 처벌을 받는다. 그러나 불법을 저지르지 않고도 아마존의 홀푸드 인수합병을 미리 알 수 있는 방법이 있었다. 대체 데이터 제공업체 제트트랙Jettrack의 데이터를 통해서 말이다. 그들은 기업 전용기 항공 노선을 일 단위로 수집하여 CEO와 임원들의 이동 경로를 파악해 인수합병과 같은 이벤트에 관한 시그널을 제공한다.

[그림 5-4]는 아마존과 홀푸드의 전용기 운행 정보다. 먼저 아마존의 전용기 운행 정보를 살펴보자. 아마존의 전용기는 2017년 1월 9일 홀푸드 본사가 있는 텍사스 오스틴에 도착해 1시간 정도 머물렀으며, 3일 뒤인 1월 12일에 다시 방문했다. 9일에는 홀푸드와의 협상을 위해 사람들을 내려주었고, 12일에는 그들을 데리러 온 것으로 추측할 수 있다. 아마존이 식료품 시장 진출에 상당한 관심을 보인 시기였기에 이러한 데이터를 살펴본 사람이라면 누구와 협상이 진행 중인지 파악할 수 있었을 것이다.

이번에는 홀푸드의 전용기 운행 정보를 살펴보자. 홀푸드의 전용기는 2017년 4월 30일 아마존 본사가 있는 시애틀로 향했다. 이러한 데이터를 주의 깊게 살펴본 사람이라면 곧 아마존과 홀푸드의 인수합병이 진행될 것이라는 사실을, 베팅할 때가 되었다는 사실을 파악했을 것이다.

[그림 5-4] 아마존과 홀푸드의 전용기 운행 정보

아마존

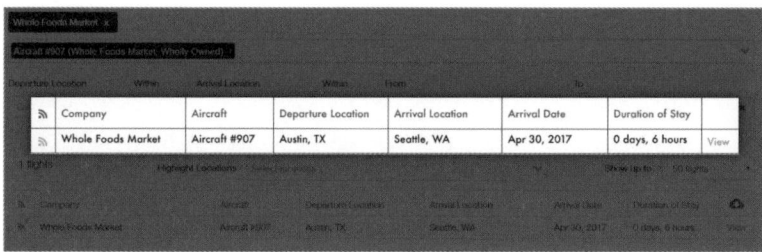

홀푸드

출처: 제트트랙

휴대폰으로 예측한 테슬라의 주가 상승

휴대폰에서 발생하는 데이터를 통해서도 돈을 벌 수 있는 기회를 잡을 수 있다.[45] 대체 데이터 공급업체 타노스 그룹^{Thanos Group}은 휴대폰에 설치된 애플리케이션을 통해 사용자의 위치 정보를 수집한다. 예를 들어 날씨 애플리케이션을 설치하면 대부분 기상 정보를 '현재 위치'로 설정하기 때문에 사용자가 어디에 있는지 실시간으로 추적할 수 있다.

[그림 5-5]를 보자. 타노스는 테슬라 공장이 위치한 지역의 휴대폰 지리 좌표 데이터를 분석했고, 그 결과 A와 같이 2018년 6월부터 10월 사이 테슬라 공장의 철야 작업이 30% 늘어났을 것이라 추측했다. 또한 이러한 철야 작업은 테슬라의 모델3 생산 증가와 관련이 있어 테슬라의 주가가 오를 것이라고도 예측했다. B를 보면 해당 기간 동안 모델3의 생산량은 2배 가까이 늘었으며, 발표 다음 날 주가는 9.1% 상승했다.

[그림 5-5] 타노스가 예측한 테슬라의 근무 시간과 모델3 생산량

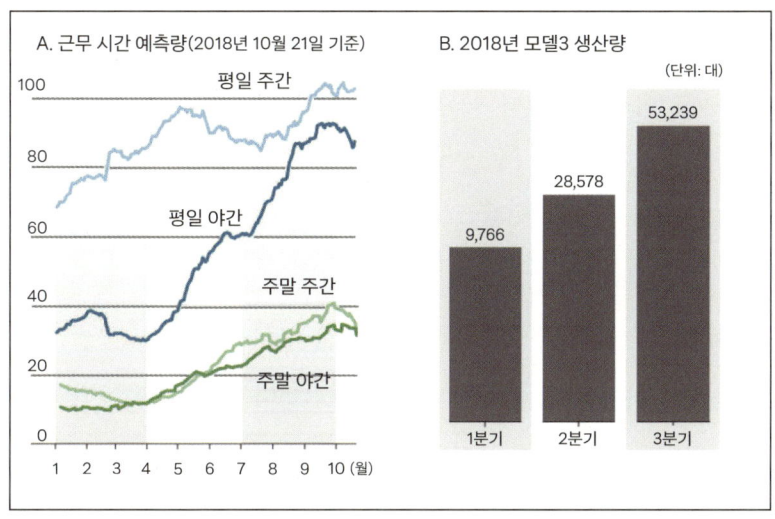

출처: 타노스, 테슬라

투자에 적극 활용되고 있는 대체 데이터

이글 알파Eagle Alpha는 대체 데이터를 분석해 다양한 컨설팅을 제시하는 기업이다. 그들은 2015년 10월, 고프로의 3분기 매출이 하락할 것이라는 분석을 발표했다. 미국의 전자기기 웹사이트에서 대량의 데이터를 수집한 결과, 액션 카메라 제품의 수요가 줄어들고 있고, 저사양 저가 제품의 수요가 증가하고 있다는 것이 그 근거였다. 그들은 웹스크래핑 데이터를 통해 히어로4 모델의 가격을 399달러에서 299달러로 낮추었다는 사실도 금방 알아차렸다.

실제로 2015년 3분기 고프로의 매출은 애널리스트들의 추정치인 4억 3,000만 달러보다 3,000만 달러 낮은 4억 달러를 기록했다. 제품 가격을 낮춘 이유는 고가 제품의 수요 감소와 저가 제품과의 경쟁력 때문이라고 밝혔다. 이글 알파가 예측한 내용과 정확히 일치한다. 3분기 실적 발표 이후 고프로의 주가는 당연히 떨어졌다.

최근에는 펀드매니저들도 대체 데이터를 투자에 적극 활용하고 있다. 인터넷 사이트 접속량을 살펴보던 골드만삭스 자산운용은 건축 자재 및 인테리어 디자인 도구를 판매하는 홈디포 http://homedepot.com를 방문하는 사람이 급증한 것을 발견했다. 이는 사람들이 집을 수리하는 데 많은 관심을 보인다는 것을 의미한다. 그들은 그와 관련된 주식을 매수했다. 역시나 관련 기업들의 매출은 급증했으며, 주가는 급등했다. 재무제표가 발표되기 이전에, 그들은 재무제표를 예측할 수 있었던 것이다.

이외에도 대체 데이터는 결제 정보를 이용해 스타벅스의 매장 매출을 주간 단위로 추적하는 등 기존 정형 데이터로는 불가능한 정보의 양과 속도를 제공한다. 투자에서 사용되는 대표적인 대체 데이터의 종류와 수집 내용, 활용 예시를 [표 5-1]에 정리해두었으니 참고하기 바란다.

[표 5-1] 대체 데이터의 종류 및 활용 예시

데이터 종류	수집 내용	활용 예시
인공위성 데이터	인공위성으로부터 사진 데이터 수집	마트 주차장에 주차된 자동차 대수를 계산하거나 농작물의 풍작 여부 계산
웹/애플리케이션/소셜미디어	소셜미디어의 텍스트 데이터를 수집하거나 웹/애플리케이션의 트래픽 수집	사람들이 어떤 주제에 대해 말하는지 유행 파악
유동 인구	체크인 또는 비디오 분석을 통해 유동량 수집	경기 또는 실적 예측
신용카드 결제 정보	카드를 통해 결제된 거래 데이터	소비자들의 구매 행태나 유행 상품 등 파악
현지 가격	소매점으로부터 가격 수집	인플레이션 측정

시대가 발전함에 따라 데이터의 양과 종류도 기하급수적으로 증가하고 있으며, 이를 투자에 활용하려는 사람 역시 급증하고 있다. 예전에는 기술이 부족해 이러한 데이터가 있어도 분석이 불가능했지만, 지금은 사람보다 수천 배는 빨리 연산하는 인공지능이 24시간 쉬지 않고 데이터를 분석해준다. 그 덕분에 양적으로나 질적으로나 뛰어난 데이터를 이용한 다양한 아이디어 창출이 가능하다. 앞으로는 대체 데이터를 제대로 활용하는 사람이 더 빨리, 더 많은 수익을 거둘 것이다.

다이렉트 인덱싱 —
나만의 투자 전략 만들기

2021년 7월, 월가에서 놀라운 뉴스가 전해졌다. 세계 2위 자산운용사인 미국의 뱅가드가 46년 역사상 처음으로 인수합병을 한 것이다.[46] 사실 기업이 인수합병을 하는 것은 흔한 일이지만 놀라운 점은 그 상대가 저스트인베스트 Just Invest 라는, 생긴 지 5년밖에 되지 않은 핀테크 업체라는 것이다.

그렇다면 8조 달러를 운용하는 세계 최대 자산운용사 뱅가드는 왜 운용 자산이 겨우 10억 달러밖에 되지 않는 신생 회사를 인수한 걸까? 바로 그들이 가진 '다이렉트 인덱싱'이라는 기술 때문이다. 국내 투자자들에게는 잘 알려져 있지 않지만 골드만삭스, 모건스탠리, 블랙록, JP모건, 프랭클린템플턴 등 월가 대형 금융회사들의 다이렉트 인덱싱 업체 인수 전쟁은 2020년부터 지금까지 계속되고 있다.

[그림 5-6] 다이렉트 인덱싱 관련 인수합병 현황

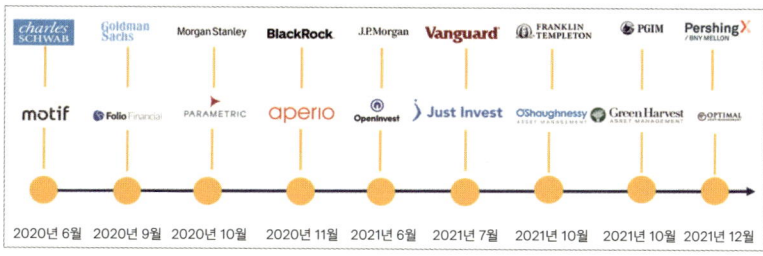

출처: 제블린 전략 연구소(Javelin Strategy & Research)

　세계 최고의 인재들을 보유한 월가의 금융사들이 기술을 직접 개발할 수 있음에도 불구하고 막대한 비용을 지불하면서까지 기존의 다이렉트 인덱싱 업체를 인수해 빠르게 시장에 진출하려고 하는 이유는 무엇일까? 이 분야가 폭발적으로 성장하고 있기 때문이다. 한마디로 돈 냄새를 맡은 것이다.

　그렇다면 우선 그들이 앞다퉈 선점하려고 하는 다이렉트 인덱싱이 무엇인지 알아보자. 첫째, 앞서 여러 데이터를 통해 장기투자와 분산투자가 승률이 높은 투자법임을 알아보았다. 이러한 투자법 중 가장 대표적인 것은 주식시장 전체에 투자하는 인덱스 투자 혹은 패시브 투자로, 인덱스 펀드나 ETF를 이용해 손쉽게 투자할 수 있다. 기존 인덱스에 시장을 이기는 전략인 팩터를 적용하면 훨씬 더 우수한 투자가 될 수 있다.

　둘째, 투자자들은 특정 섹터에 투자하고 싶지 않을 수도 있고,

ESG 기업에 더 많은 투자를 하고 싶을 수도 있다. 이처럼 투자자들은 본인의 성향을 포트폴리오에 최대한 반영하고자 하는 욕구를 가지고 있다.

마지막으로 기존 펀드나 ETF를 운용하는 펀드매니저들은 손익통산을 통한 절세 전략을 신경 쓰지 않지만, 이러한 전략을 통해서도 세금 절약, 즉 추가적인 수익을 얻을 수 있다.

이처럼 투자자들의 요구 조건은 모두 다르기 마련이다. 다양한 요구 조건을 개별로 맞춤화해 인덱스를 만든 뒤 계좌 내에서 자동으로 리밸런싱까지 가능하게 만드는 기술이 바로 다이렉트 인덱싱이다. 즉 투자에 대한 설정을 완료하면 운용사가 자동으로 운용을 해주는 투자의 자율주행이라 할 수 있다.

[그림 5-7] 다이렉트 인덱싱의 활용

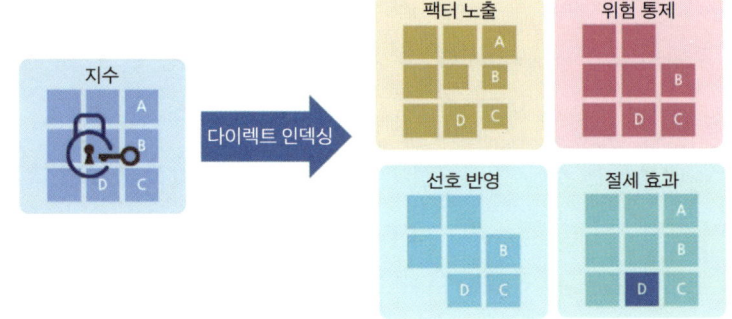

다이렉트 인덱싱 기술의 활용

자, 그럼 지금부터 다이렉트 인덱싱 기술을 활용하는 4가지 방법을 알아보자.

첫 번째는 팩터 노출이다. 가치주나 모멘텀 효과 등을 이용하면 단순히 시장에 투자하는 것보다 더 높은 수익률을 낼 수 있다. 예를 들어 가치주 효과를 이용하려면 PBR이 낮은 종목이 더 많은 비중이 실린 지수에 투자하는 것이 유리하다. 물론 이와 유사한 콘셉트는 '스마트베타 ETF'라는 상품으로도 나와 있다. 그러나 펀드 혹은 ETF는 개개인이 원하는 맞춤 팩터로 구성이 불가능하고, 내가 아무리 좋은 전략을 발견해도 투자가 가능한 상품으로 만들어줄 리가 없다. 반면 다이렉트 인덱싱은 스스로 본인의 상품을 만드는 개념이기에 원하는 팩터를 이용한 전략을 얼마든지 만들 수 있으며, 백테스팅 역시 가능하다.

두 번째는 위험 통제다. 만약 IT 회사에서 일하고 있는 투자자가 스톡옵션 혹은 우리사주가 많을 경우, IT 섹터에 대한 자산의 노출도가 매우 크다. 또한 국내 주식시장의 경우, IT 섹터가 차지하는 비중은 40%가량일 정도로 매우 크다. 만일 이러한 투자자가 국내 인덱스에 그대로 투자한다면 IT 섹터에 이중으로 투자하는 효과가 나타나므로, 본인 회사의 주식 혹은 IT 섹터를 배제하거나 투자 비중을 낮춘 인덱스에 투자하는 것이 포트폴리오의 안정성 측면에서 합리적인 선택이다.

세 번째는 선호 반영이다. 2010년 이후 지속 가능 투자를 의미하는 ESG^{Environmental, Social, Governance}의 중요성이 높아지고 있으며, 2020년 코로나19 사태로 인해 이에 대한 관심이 급부상하고 있다. [그림 5-8]을 통해 알 수 있듯, 젊은 세대일수록 투자를 할 때 ESG를 중요하게 생각한다. 이러한 사람들에게는 ESG 측면에서 무기나 담배 같은 부정적인 것을 만드는 기업에는 투자하지 않고, ESG 점수가 높은 기업에는 더욱 많이 투자하는 지수가 필요하다.

[그림 5-8] 투자 시 ESG 중요성에 대한 세대별 인식

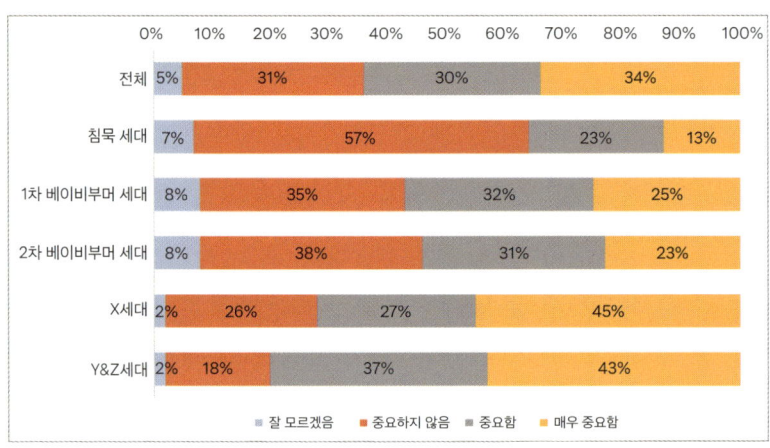

출처: 제블린 전략 연구소(Javelin Strategy & Research)

[그림 5-9]는 뱅가드가 인수한 저스트인베스트의 투자 성향 체크리스트다. 'Screens' 부분에서는 화석연료, 환경, 동물복지, 인권, 도

박, 담배 등 ESG를 고려해 투자하고 싶은 항목을 선택할 수 있다. 'Tilts' 부분에서는 성별 다양성, 저탄소 배출, 팩터 등 비중을 높이고자 하는 항목을 선택할 수 있으며, 최종적으로 고객의 선호를 반영한 포트폴리오가 제시된다.

[그림 5-9] 저스트인베스트의 투자 성향 체크리스트

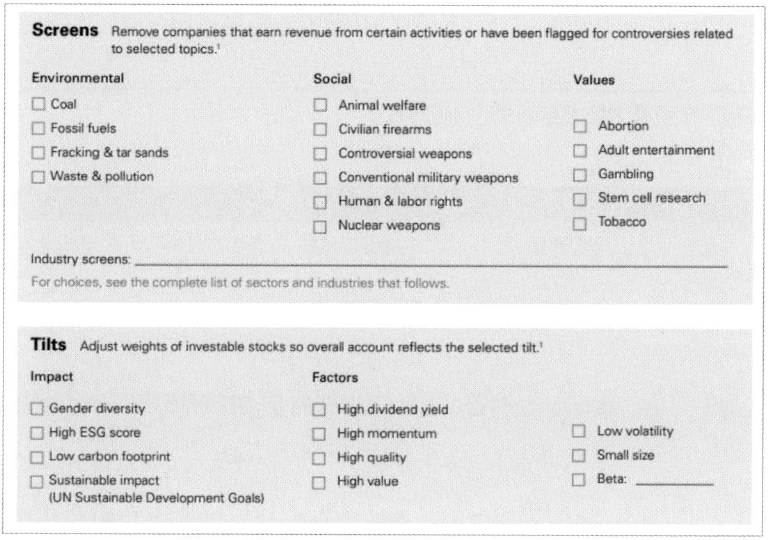

Screens Remove companies that earn revenue from certain activities or have been flagged for controversies related to selected topics.[1]

Environmental	Social	Values
☐ Coal	☐ Animal welfare	☐ Abortion
☐ Fossil fuels	☐ Civilian firearms	☐ Adult entertainment
☐ Fracking & tar sands	☐ Controversial weapons	☐ Gambling
☐ Waste & pollution	☐ Conventional military weapons	☐ Stem cell research
	☐ Human & labor rights	☐ Tobacco
	☐ Nuclear weapons	

Industry screens: _____
For choices, see the complete list of sectors and industries that follows.

Tilts Adjust weights of investable stocks so overall account reflects the selected tilt.[1]

Impact	Factors	
☐ Gender diversity	☐ High dividend yield	☐ Low volatility
☐ High ESG score	☐ High momentum	☐ Small size
☐ Low carbon footprint	☐ High quality	☐ Beta: _____
☐ Sustainable impact (UN Sustainable Development Goals)	☐ High value	

출처: 저스트인베스트

마지막 네 번째는 절세 효과다. 미국의 경우, 주식으로 번 돈에 대한 세금을 매길 때 수익과 손실을 합산해 세금을 적용하는 손익통산 방식을 적용하고 있다. 예를 들어 A주식을 팔아 500만 원의 수익을 보았더라도 B주식을 팔아 500만 원의 손해를 보았다면 그 합이

0이 되어 세금을 내지 않아도 된다. 이 제도를 적절히 활용한다면 절세 효과를 얻을 수 있다.

[표 5-2]는 절세 전략 유무에 따라 납부해야 하는 세금의 차이를 정리한 것이다. 만일 한 해 동안 500만 원의 수익을 거두었을 경우 세금이 20%라면 100만 원의 세금을 내야 한다. 그러나 현재 손실을 보고 있는 종목을 매도해 200만 원의 손실을 확정시킬 경우 합산손익은 300만 원이 되어 60만 원의 세금만 내면 된다.

[표 5-2] 절세 전략 유무에 따른 세금 차이

구분	수익	손실	손익	세금
절세 전략 X	500만 원		500만 원	500만 원 X 20% = 100만 원
절세 전략 O	500만 원	200만 원	300만 원	300만 원 X 20% = 60만 원

물론 미국에서는 절세를 위한 자전매매를 방지하고자 워시 세일 룰wash sale rule을 적용하고 있다. 이는 주식을 매도하고 30일 이내에 다시 살 경우 절세를 인정하지 않는 규정이다. 그러나 다이렉트 인덱싱 기술은 코카콜라로 손실을 확정했다면 이와 가장 비슷한 수익률을 보이는 펩시를 대신 사는 등 워시 세일 룰에 저촉되지 않는 주식을 찾아내 자동으로 매수하는 기능까지 제공하고 있다.

이러한 절세 전략을 사용할 경우 얼마나 효과를 볼 수 있을까? [그림 5-10]을 보자. 이는 로보어드바이저 업체인 웰스프론트Wealthfront에서 다이렉트 인덱싱을 통해 절세 전략을 사용했을 경우 단순 지수에 투자하는 것 대비 절세 효과를 백테스트한 것이다. 대부분의 구간에서 절세 전략을 사용하는 것이 효과가 있으며, 특히 시장이 크게 하락할 때 효과가 더욱 크다. 연구에 따르면 이러한 절세 효과를 통해 연간 1~2%의 추가 수익을 올릴 수 있다.

[그림 5-10] 다이렉트 인덱싱의 절세 전략을 통한 추가 수익

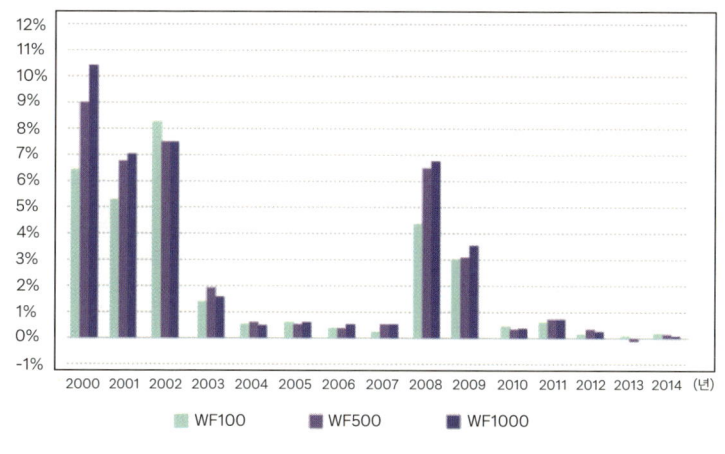

출처: 웰스프론트

한국에서의 전망

그렇다면 우리나라에서도 이러한 다이렉트 인덱싱 기술이 가능할까? 물론이다. 저자들의 회사 두물머리는 방대한 데이터 및 최고 속도를 자랑하는 백테스트 기술을 바탕으로 다이렉트 인덱싱에 필요한 모든 제반 기술을 보유하고 있다. [그림 5-11]은 두물머리의 다이렉트 인덱싱 플랫폼이다. S&P500에서 애플 주식의 비중을 늘리고 테슬라 주식에는 투자하지 않는 등의 조건을 입력하면 그에 해당하는 포트폴리오 및 백테스트 결과가 몇 초 만에 생성된다. 다이렉트 인덱싱 기술에 매력을 느끼고 고객 계좌에 접목하고자 하는 국내 많은 증권사 및 운용사가 해당 기술에 큰 관심을 보이고 있다.

[그림 5-11] 두물머리의 다이렉트 인덱싱 플랫폼

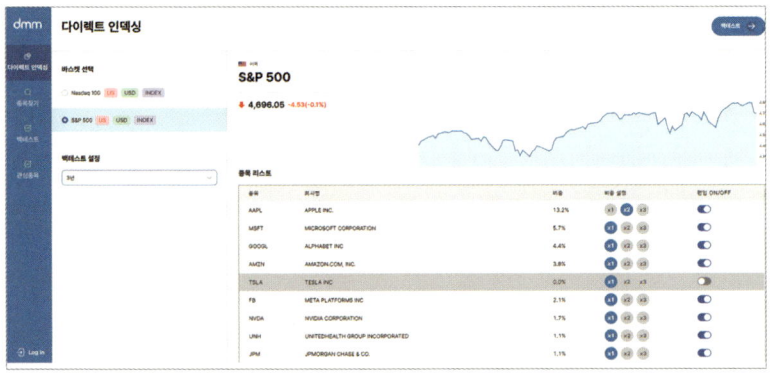

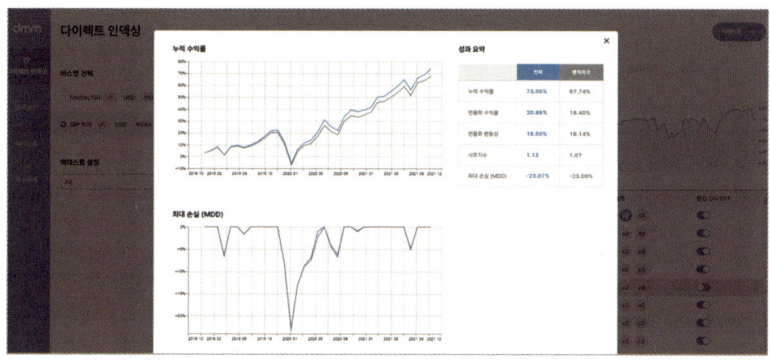

출처: 두물머리

여러 제도적 환경도 우호적이다. 기존에는 다이렉트 인덱싱 기술이 우수하다는 사실은 알고 있었지만 고객의 계좌에서 직접 매매하기에는 필요한 금액이 너무나 컸기에 돈이 많은 사람들만 이용할 수 있었다. 예를 들어 테슬라의 경우, 한 주당 100만 원이 넘는 상황에서 모든 포트폴리오를 구성하기 위해서는 적어도 수백에서 많게는 수천만 원까지 필요했다. 그러나 최근 소수점 거래 서비스가 도입됨에 따라 테슬라 주식을 0.1주만 사는 것이 가능해졌고, 덕분에 다이렉트 인덱싱 기술을 구현하기 위한 필요금액도 매우 낮아졌다. 해외 주식에 대한 소수점 거래 서비스는 이미 시행되고 있으며, 2022년 하반기에는 국내 주식에 대한 거래도 시작될 예정이다. 거래수수료의 경우도 로빈후드Robin Hood와 같이 거래수수료를 받지 않는 업체들이 등장하고 있으며, 국내의 경우 예전부터 거래수수료가 0원에 가까워 개별 주식 포트폴리오를 구성하는 데 발생하는 거래비용을 최소화할 수 있다.

　세금 역시 현재는 손익통산이 적용되지 않지만, 2023년부터는 주식, 펀드, 채권, 파생상품 등 금융투자소득에 대한 통합과세가 시행됨에 따라 절세 전략을 활용할 수 있는 여건이 마련되었다. 기술이 완성되었고, 제도들도 다이렉트 인덱싱을 구현하기에 우호적으로 변화하고 있다. 이제 국내 투자자들도 투자의 자율주행을 누릴 날이 머지않았다.

로보어드바이저 —
자동화된 프라이빗 투자 멘토

강남 압구정 한복판에 황금빛으로 꾸며진 7층짜리 건물이 있다. 지하에는 각종 미술품이 있고, 2층에는 휴식을 취할 수 있는 카페가 있으며, 3~7층에는 예술 및 책과 관련된 콘텐츠가 준비되어 있다. 놀랍게도 이곳은 전시관이 아닌 은행이다. 투자 전문가뿐 아니라 세무·부동산·법률 전문가가 상주하며 금융과 관련된 모든 것을 코칭해준다. 그러나 누구나 이곳을 자유롭게 이용할 수 있는 것은 아니다. 30억 원 이상을 가지고 있는 자산가만이 이용할 수 있는 프라이빗 뱅킹 PB, Private Banking 센터이기 때문이다.

PB 서비스는 극소수의 고액 자산가만을 위한 프리미엄 서비스다. 수십억 원을 가지고 있는 사람들은 본인의 자산을 관리하고 불리는 데 드는 돈이 그리 아깝지 않을 것이다. 금융은 정보를 구하기도 어렵고 구조도 너무 복잡한 영역이기 때문에 차라리 자문료를 지불하고 맡기는 것이 속이 편하다.

　이는 고액 자산가뿐 아니라 우리 모두의 고민이다. 한 조사 결과에 따르면, 30대 중 80% 이상이 '돈과 관련된 문제는 자문을 구하고 싶다'라고 답했다. 우리는 연금저축에 가입해야 하는지, 어떤 펀드에 투자해야 하는지, 자산배분은 어떻게 해야 하는지, 늘 돈에 대한 걱정을 한다.

　문제는 일반인들의 경우 조언을 구할 곳이 없다는 것이다. 50억 원을 가진 사람에게 2%의 수수료를 받으면 1억 원이 남으니 최고의 전문가들이 앞다퉈 자문을 하려 하지만, 500만 원을 가진 사람에게 2%의 수수료를 받으면 겨우 10만 원이 남으니 일대일로 붙어 자문을 해주려 하는 전문가는 별로 없다. 따라서 금융의 빈익빈 부익부는 심해질 수밖에 없다.

　이러한 문제를 해결하고자 2010년에 서비스 하나가 탄생했는데, 그것은 바로 '로보어드바이저'다. 이로 인해 휴대폰에 애플리케이션만 설치하면 고액 자산가만이 이용하던 PB 서비스를 저렴한 비용으로 이용할 수 있게 되었다.

　[그림 5-12]는 미국의 로보어드바이저 업체 중 하나인 베터먼트Betterment의 회원가입 및 포트폴리오 추천 화면이다. 본인의 현재 자산 상태와 투자 목적을 입력하면 그에 딱 맞는 포트폴리오를 추천해준다. 물론 자동으로 매매도 가능하고, 때가 되면 리밸런싱도 알아서 해준다. 핀테크라는 혁명 덕분에 0.2~0.3% 정도의 저렴한 수수료만 내도 로봇이 알아서 투자해주는 PB 서비스를 받을 수 있는 것이다.

[그림 5-12] 베터먼트의 회원가입 및 포트폴리오 추천 화면

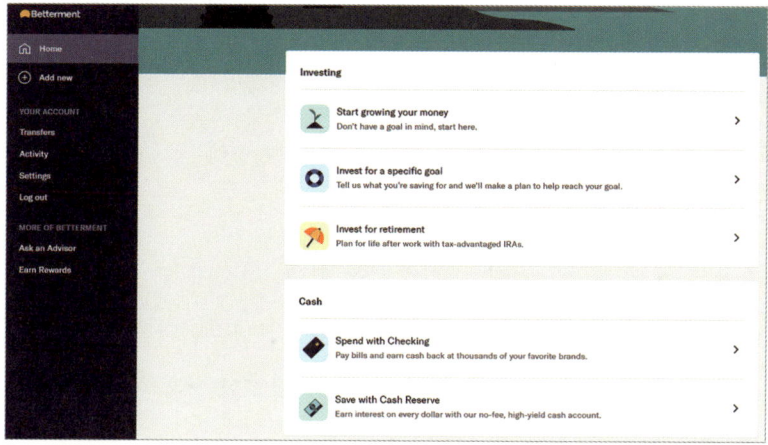

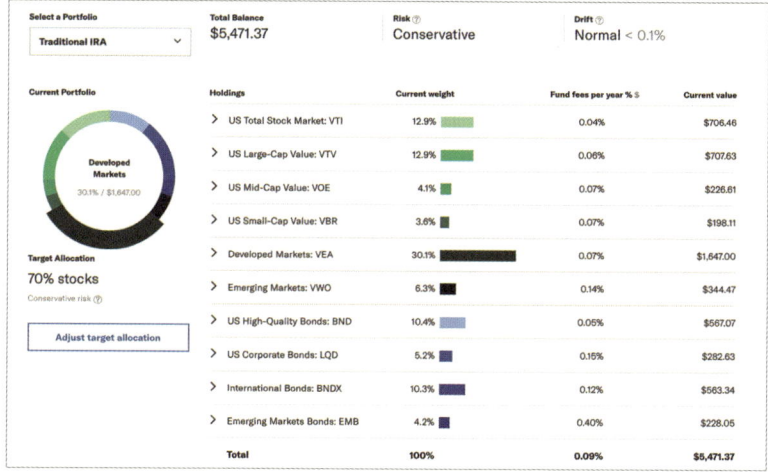

출처: 베터먼트

로보어드바이저가 개인에게 딱 맞는 포트폴리오를 제공하는 과정은 총 3단계로 구성된다.

- 1단계: 투자자의 현재 상황을 정확히 파악한다.
- 2단계: 투자의 최종 목표를 파악한다.
- 3단계: 이를 위한 최적의 포트폴리오를 구성한다.

우선 현재 상황을 제대로 파악해야 한다. 이것이 모든 투자의 기본이다. 투자가 목적지를 찾아가는 과정이라 생각한다면, 현재 내가 어디에 있는지부터 알아야 내비게이션이 최적의 길을 찾아줄 수 있기 때문이다. 현재 나이와 예상 은퇴 나이, 현재 월급 및 모아둔 돈, 월 예상 투자금액 및 소비금액 등을 정확히 알고 있어야 한다.

기존에는 이러한 것들을 일일이 입력해야 하는 번거로움이 있었고, 본인이 얼마나 돈을 모았는지 잘 모르는 사람도 많았다. 그러나 최근 시행된 마이데이터 사업은 투자자 파악에 큰 도움을 준다. 고객이 동의만 하면 은행, 카드, 보험, 증권 등에 흩어져 있는 개인의 금융 정보를 로보어드바이저 업체가 일괄적으로 받을 수 있다. 이를 통해 현재 자산 상태는 물론 소비 성향, 저축 성향 등을 빠르게 파악할 수 있다.

그 다음에는 투자를 통해 얻고자 하는 목표를 파악해야 한다. 1년 후 결혼자금을 마련하기 위해 단기간에 투자하는 건지, 10년 후 자녀 학자금을 마련하기 위해 투자하는 건지, 은퇴 후 삶을 준비하기 위해 투자하는 건지 투자 이유가 명확해야 한다. 결혼자금이라면 잃지 않는 게 중요하므로 매우 안정적으로 투자해야 한다. 노후자금이라면 은퇴 시점에 필요한 금액이 얼마인지, 은퇴까지 남은 기간은 어느 정도인지 파악해야 한다. 이러한 목표를 정하지 않고 무조건 대박이 날 것 같은 주식에 투자했다가는 큰 손실을 입는 것은 물론, 모든 계획이 틀어져버릴 수 있다. 현재 자산 상태와 최종 목표금액을 제대로 파악하면 얼마나 수익을 내야 하는지 계산할 수 있다.

마지막으로 앞의 2가지를 고려한 최적의 포트폴리오를 구성해야 한다. 단기간에 써야 하는 돈이라면 단기채권 같은 원금 손실 확률이 매우 낮은 상품으로 구성한 안정형 포트폴리오를, 10년 뒤 학자금을 계산해봤을 때 연 4%의 수익을 내야 한다면 주식 비중을 어느 정도 섞은 중립형 포트폴리오를, 노후자금을 마련하기 위해 연 7%의 수익을 내야 한다면 주식 비중이 상당히 높은 공격형 포트폴리오를 구성해야 한다.

끊임없이 더 나은 코스를 검토하는 인공지능 '패스파인더'

하지만 현재까지 대부분의 로보어드바이저는 한 번 포트폴리오를 구성하면 시장 상황이 바뀌어도 크게 조정하지 않았다. 이는 도로 상황이 바뀌었는데도 불구하고 내비게이션이 처음 안내했던 코스를 그대로 안내하는 것과 같다. 도로 상황이 바뀌었다면 도착 시간 단축을 위해 다른 코스를 안내해야 하듯, 시장 상황이 바뀌었다면 고객의 목표 달성을 위해 포트폴리오의 비중을 변경해야 한다.

두물머리에서 개발하고 특허를 출원한 '패스파인더'가 바로 그러한 점을 고려한 투자 엔진이다. 투자자의 남은 투자 기간, 목표수익률, 감내할 수 있는 손실 등을 반영해 목표를 달성할 수 있는 확률을 매 시점마다 계산하고, 목표를 달성할 가능성이 가장 높은 포트폴리오로 변경한다. 이는 바둑에서 알파고가 최적의 계산을 통해 이길 확률이 가장 높은 수를 제안(바둑에는 10을 171번 제곱한 경우의 수가 존재)하는 것처럼, 수많은 경우의 수 중에서 목표 달성 확률이 가장 높은 포트폴리오를 인공지능이 계산한 후 추천하는 것이다.

예를 들어 5년 동안 25%의 수익률을 얻고자 하는 고객이 4년이 지난 시점에 23%의 수익률을 달성했다고 가정하자. 이제 1년 동안 2%의 수익률만 기록하면 고객이 원하는 목표를 달성할 수 있다. 기존의 로보어드바이저는 여전히 처음의 포트폴리오와 동일하게 운용되며, 주식 투자 비중이 상당히 높다. 물론 남은 1년 동안 주가가 상승해 목표보다 더 큰 돈을 벌 수도 있지만, 주식시장이 하락해 그간 벌어놓은 수익을 잃을 수도 있다. 반면 패스파인더의 경우 목표 달성을 최적화할 수 있는, 즉 1년 동안 2%의 수익률을 달성할 확률이 가장 높은 포트폴리오로 변경한다.

목표수익률을 달성할 확률이 매우 높은 상황에서 위험을 줄여도 될 경우 이후에는 어떤 포트폴리오를 유지할지, 그로 인해 어떤 결과를 낼 수 있는지 등 복잡한 시나리오하에서의 계산이 필요해진다. 이런 식으로 무조건 수익을 최대화하는 것보다 각각의 투자자가 처음 설정한 목표를 달성할 확률을 최대화하는 것이 인공지능이 하는 일이다. 현재 로보어드바이저는 기존 PB 서비스가 제공하던 것 이상의 정교한 서비스를 알아서 제공해준다. 어쩌면 이것이 고객들이 바라던 바가 아니었을까?

[그림 5-13] 패스파인더의 최적 경로 탐색 예제

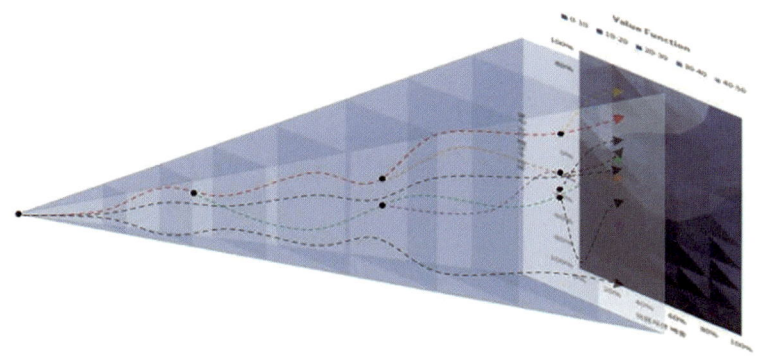

출처: 두물머리

[그림 5-14]는 기존 로보어드바이저 혹은 펀드가 제공하던 단순 자산배분과 3년간 16%의 목표수익률을 입력값으로 한 패스파인더의 자산배분 백테스트 결과를 비교한 것이다. 먼저 수익률 분포를 살펴보자. 패스파인더의 경우 어느 시점에 투자를 했어도 3년이 지나면 목표수익률인 16%를 초과하는 경우가 많고, 대부분의 경우가 목표 지점에 쏠려 있다.

[표 5-3]을 살펴보면 둘 간의 수익률은 비슷하다. 반면 자산배분을 할 경우 목표수익을 달성할 확률은 68%에 불과하지만, 패스파인더의 최적화 엔진을 사용할 경우 그 확률은 무려 90%까지 상승한다. 이는 어느 시점에 고객이 찾아와도 원하는 목표를 90% 확률로 달성할 수 있었다는 의미다.

또 고객 1만 명의 목표가 모두 달라도 이를 달성할 확률이 가장 높은 1만 개의 각기 다른 포트폴리오를 당시 고객 상황에 맞게 제공할 수 있다. 진정한 의미에서 금융 상담의 개인화가 가능해진 것이다.

[그림 5-14] 자산배분과 패스파인더의 수익률 분포

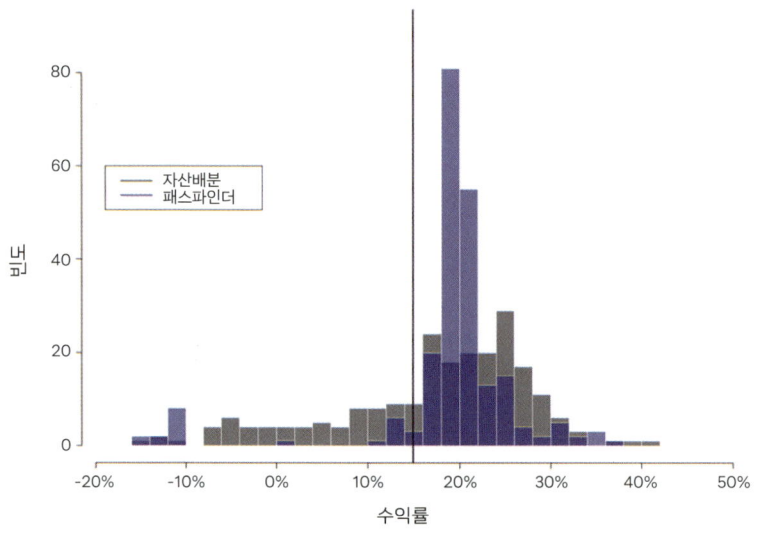

자산배분: 세계 주식과 미국채 10년물에 6:4 투자 가정

[표 5-3] 자산배분과 패스파인더의 목표수익 달성률

(단위: %)

	자산배분	패스파인더
목표수익 달성률	68.3	90.2
평균 수익률	17.4	18.9
중위값 수익률	19.7	19.7
최대 손실률	-14.4	-15.7

이외에도 로보어드바이저가 발전할 수 있는 가능성은 무궁무진하다. 앞서 살펴본 대체 데이터를 이용해 시장 예측 알고리즘을 반영할 수도 있고, 다이렉트 인덱싱 부분에서 살펴본 절세 알고리즘을 반영할 수도 있다. 하루가 다르게 인공지능 기술이 발전하고 있고, 뛰어난 두뇌들이 핀테크 스타트업으로 이동하고 있다. 휴대폰 애플리케이션 하나만 있으면 저렴한 수수료만 지불하고도 기존 PB 서비스보다 더욱 뛰어난 서비스를 받을 수 있는 핀테크 혁명은 이미 진행 중이다.

부록

자료가 작아서 잘 보이지 않는다면 다음의 링크를 참고하자.

I 분산투자 시뮬레이션 결과

[그림 I-1] 포트폴리오 내 종목수 별 평균 변동성

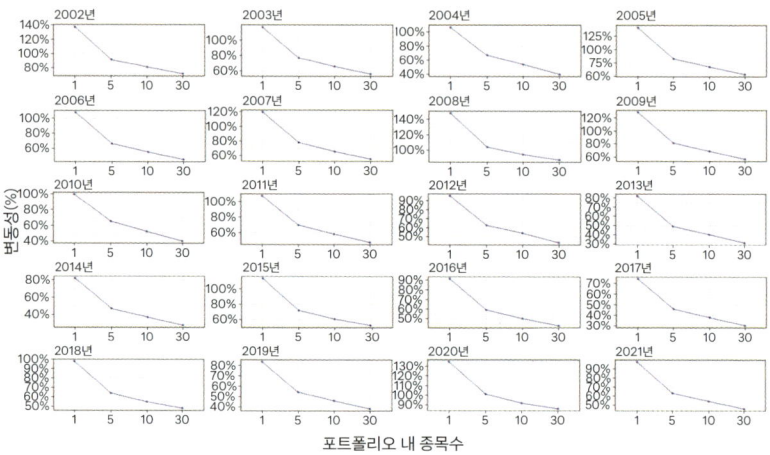

기간: 2002~2021년

[그림 I-2] 포트폴리오 내 종목수 별 평균 수익률

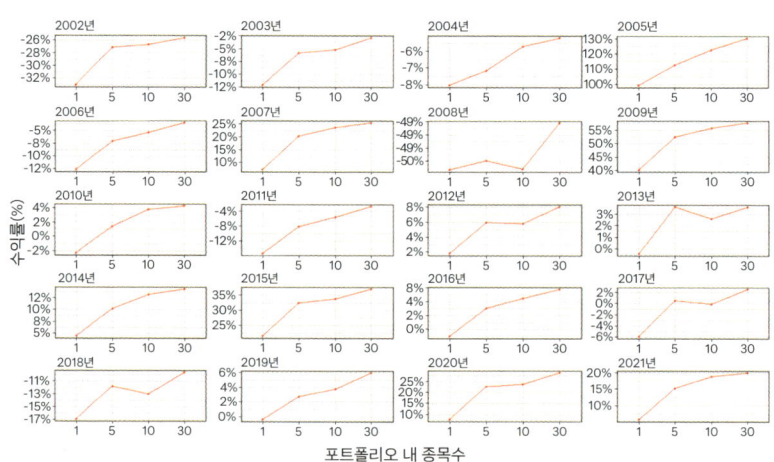

기간: 2002~2021년

부록

[그림 I-3] 포트폴리오 내 종목수 별 수익률 분포

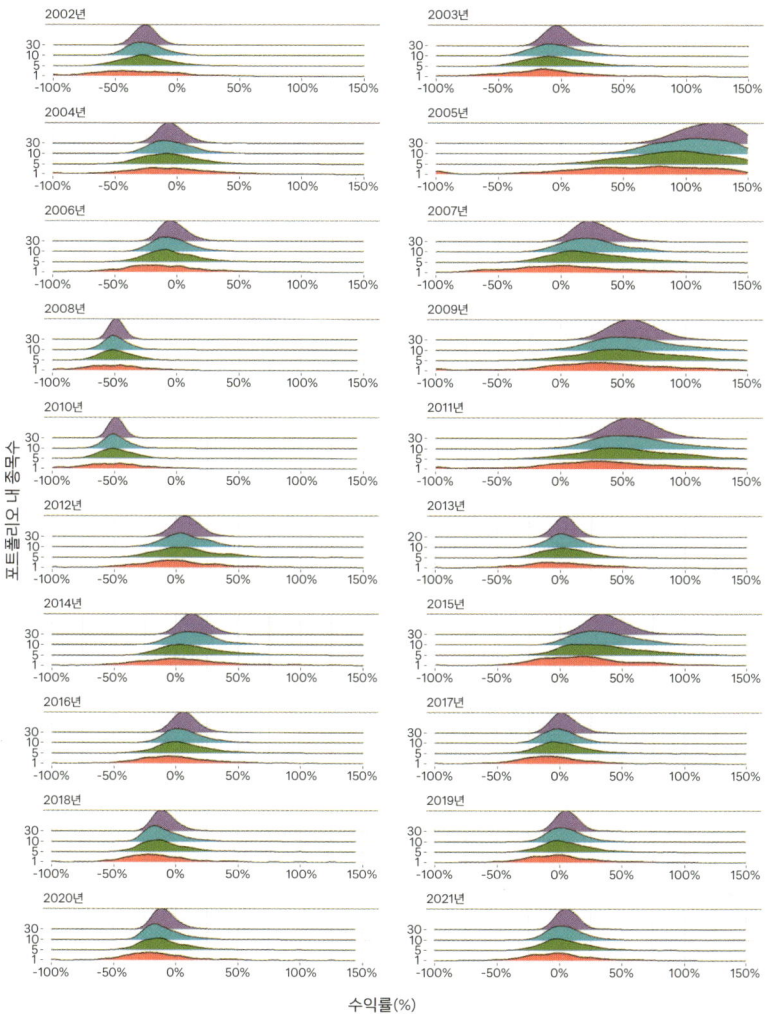

기간: 2002~2021년

Ⅱ 각 팩터 내 소형주 효과

모멘텀 내 소형주 효과

[그림 Ⅱ-1] 소형 모멘텀 및 대형 모멘텀 누적 수익률

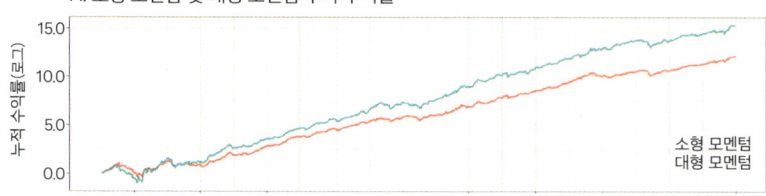

A. 소형 모멘텀 및 대형 모멘텀 누적 수익률

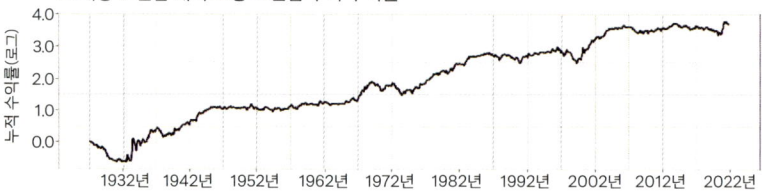

B. 대형 모멘텀 대비 소형 모멘텀 누적 수익률

[표 Ⅱ-1] 소형 모멘텀 및 대형 모멘텀 통계값

	소형 모멘텀	대형 모멘텀	시장
연간 수익률(산술)	19.33%	14.68%	11.47%
연간 수익률(기하)	17.52%	13.66%	10.22%
연간 변동성	25.04%	18.94%	18.49%
샤프지수	0.55	0.53	0.36
승률(1년)	71.28%	70.48%	-
승률(3년)	77.45%	83.06%	-
승률(5년)	84.81%	88.52%	-
승률(10년)	97.25%	96.86%	-

우량주 내 소형주 효과

[그림 II-2] 소형 우량주 및 대형 우량주 누적 수익률

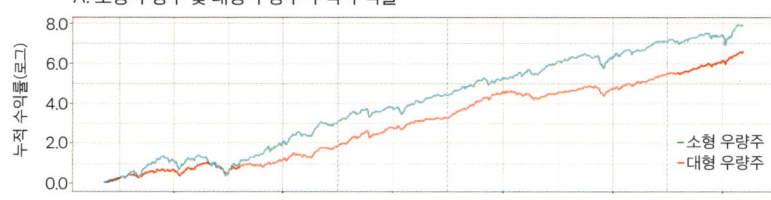

[표 II-2] 소형 우량주 및 대형 우량주 통계값

	소형 우량주	대형 우량주	시장
연간 수익률(산술)	15.87%	12.48%	11.43%
연간 수익률(기하)	14.49%	11.95%	10.73%
연간 변동성	21.09%	15.06%	15.35%
샤프지수	0.45	0.47	0.39
승률(1년)	60.43%	59.57%	-
승률(3년)	59.76%	63.81%	-
승률(5년)	64.80%	72.59%	-
승률(10년)	86.77%	80.76%	-

III 팩터의 지역별 효과

가치주 효과

[그림 III-1] PBR별 포트폴리오의 누적 수익률(선진국)

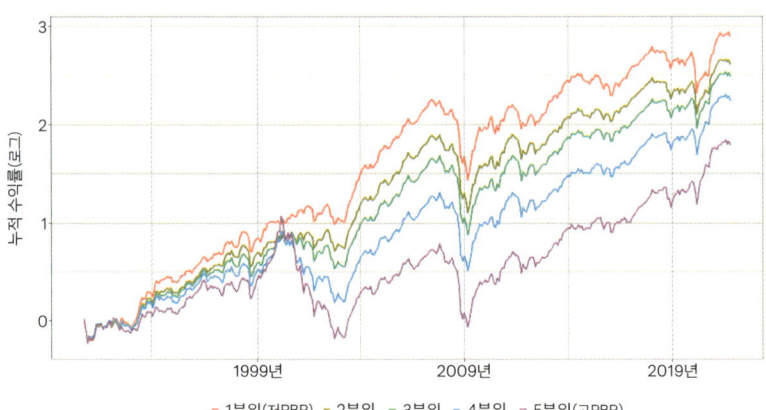

[표 III-1] PBR별 포트폴리오의 통계값(선진국)

	1분위 (저PBR)	2분위	3분위	4분위	5분위 (고PBR)	시장
연간 수익률(산술)	10.54%	9.49%	9.19%	8.49%	7.33%	8.99%
연간 수익률(기하)	9.64%	8.66%	8.25%	7.40%	5.84%	8.13%
연간 변동성	15.98%	15.05%	15.57%	16.16%	17.95%	15.02%
샤프지수	0.44	0.4	0.36	0.3	0.18	0.37
승률(1년)	56.01%	56.56%	56.83%	47.54%	38.80%	-
승률(3년)	54.68%	54.39%	55.26%	49.12%	38.30%	-
승률(5년)	61.32%	62.89%	58.18%	56.29%	29.56%	-
승률(10년)	71.32%	77.52%	77.13%	55.04%	20.16%	-

[그림 III-2] PBR별 포트폴리오의 누적 수익률(유럽)

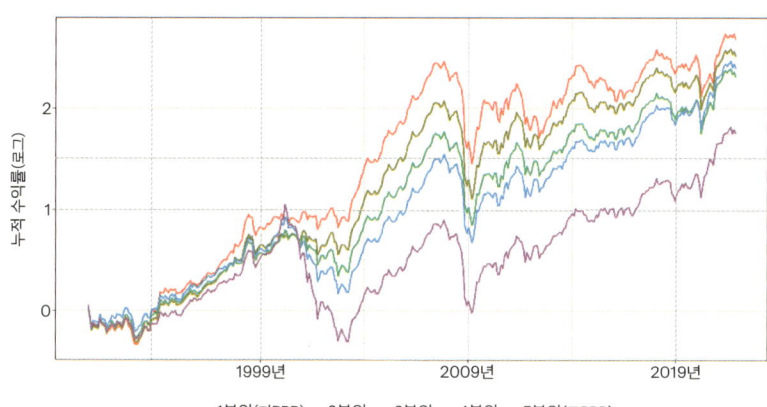

— 1분위(저PBR) — 2분위 — 3분위 — 4분위 — 5분위(고PBR)

[표 III-2] PBR별 포트폴리오의 통계값(유럽)

	1분위(저PBR)	2분위	3분위	4분위	5분위(고PBR)	시장
연간 수익률(산술)	10.45%	9.62%	8.91%	9.12%	7.24%	8.75%
연간 수익률(기하)	8.93%	8.35%	7.64%	7.92%	5.74%	7.52%
연간 변동성	19.14%	17.56%	17.31%	16.98%	17.97%	17.08%
샤프지수	0.33	0.33	0.29	0.31	0.18	0.29
승률(1년)	51.09%	50.27%	54.64%	56.83%	40.71%	-
승률(3년)	51.17%	52.92%	49.71%	59.94%	39.47%	-
승률(5년)	56.60%	60.69%	68.24%	61.01%	40.25%	-
승률(10년)	64.73%	85.27%	78.68%	55.81%	32.17%	-

[그림 III-3] PBR별 포트폴리오의 누적 수익률(일본)

[표 III-3] PBR별 포트폴리오의 통계값(일본)

	1분위 (저PBR)	2분위	3분위	4분위	5분위 (고PBR)	시장
연간 수익률(산술)	6.03%	5.17%	4.52%	3.80%	3.31%	3.93%
연간 수익률(기하)	3.81%	3.24%	2.51%	1.63%	0.41%	2.12%
연간 변동성	21.61%	20.00%	20.35%	21.02%	24.25%	19.27%
샤프지수	0.06	0.04	0	-0.04	-0.08	-0.02
승률(1년)	56.83%	55.19%	53.55%	53.28%	45.36%	-
승률(3년)	71.64%	69.01%	59.06%	54.09%	54.39%	-
승률(5년)	72.96%	74.21%	66.35%	55.35%	38.68%	-
승률(10년)	88.76%	90.31%	75.19%	58.14%	24.81%	-

[그림 III-4] **PBR별 포트폴리오의 누적 수익률(아시아-일본 제외)**

— 1분위(저PBR) — 2분위 — 3분위 — 4분위 — 5분위(고PBR)

[표 III-4] **PBR별 포트폴리오의 통계값(일본)**

	1분위 (저PBR)	2분위	3분위	4분위	5분위 (고PBR)	시장
연간 수익률(산술)	13.13%	11.28%	9.35%	8.47%	7.06%	10.53%
연간 수익률(기하)	10.93%	9.45%	7.35%	6.28%	4.76%	8.84%
연간 변동성	23.25%	20.90%	20.88%	21.41%	21.58%	20.06%
샤프지수	0.35	0.32	0.23	0.17	0.1	0.31
승률(1년)	65.57%	51.91%	39.62%	33.61%	29.23%	-
승률(3년)	72.51%	46.20%	29.24%	18.42%	15.50%	-
승률(5년)	72.01%	46.54%	20.13%	3.46%	0.31%	-
승률(10년)	94.19%	53.49%	17.44%	0.00%	0.00%	-

모멘텀 효과

[그림 III-5] 모멘텀별 포트폴리오의 누적 수익률(선진국)

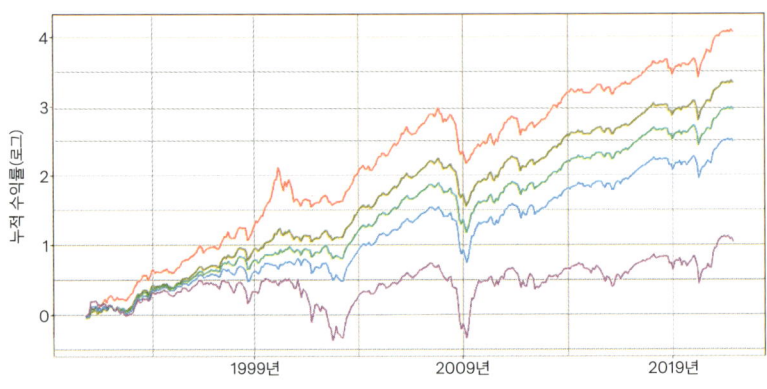

[표 III-5] 모멘텀별 포트폴리오의 통계값(선진국)

	1분위 (고모멘텀)	2분위	3분위	4분위	5분위 (저모멘텀)	시장
연간 수익률(산술)	14.63%	11.67%	10.40%	9.19%	5.60%	9.40%
연간 수익률(기하)	13.93%	11.29%	9.89%	8.31%	3.39%	8.63%
연간 변동성	17.30%	13.55%	13.52%	15.30%	21.25%	14.72%
샤프지수	0.65	0.64	0.54	0.37	0.04	0.41
승률(1년)	74.86%	67.13%	60.50%	46.69%	22.10%	-
승률(3년)	85.50%	75.74%	68.93%	54.14%	15.38%	-
승률(5년)	94.90%	83.76%	75.48%	57.64%	4.78%	-
승률(10년)	100.00%	100.00%	95.67%	62.99%	0.00%	-

[그림 III-6] 모멘텀별 포트폴리오의 누적 수익률(유럽)

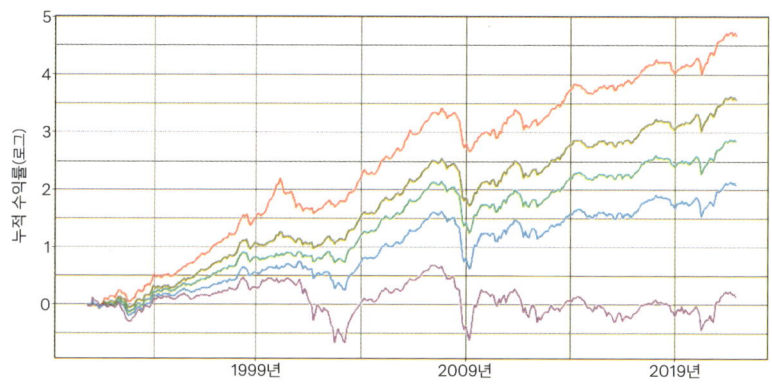

[표 III-6] 모멘텀별 포트폴리오의 통계값(유럽)

	1분위 (고모멘텀)	2분위	3분위	4분위	5분위 (저모멘텀)	시장
연간 수익률(산술)	16.68%	12.75%	10.42%	8.25%	3.14%	9.15%
연간 수익률(기하)	16.20%	12.13%	9.52%	6.88%	0.40%	7.99%
연간 변동성	17.66%	15.64%	15.89%	17.61%	23.34%	16.85%
샤프지수	0.76	0.61	0.44	0.25	-0.09	0.32
승률(1년)	86.74%	75.14%	60.50%	46.96%	19.34%	-
승률(3년)	99.70%	88.46%	68.05%	43.49%	4.14%	-
승률(5년)	100.00%	92.04%	73.89%	47.77%	0.64%	-
승률(10년)	100.00%	99.21%	93.70%	53.54%	0.00%	-

[그림 III-7] 모멘텀별 포트폴리오의 누적 수익률(일본)

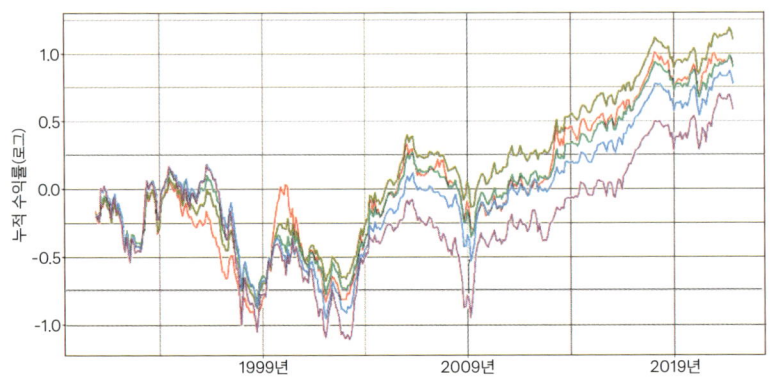

[표 III-7] 모멘텀별 포트폴리오의 통계값(일본)

	1분위 (고모멘텀)	2분위	3분위	4분위	5분위 (저모멘텀)	시장
연간 수익률(산술)	5.21%	5.19%	4.54%	4.43%	4.81%	4.02%
연간 수익률(기하)	3.02%	3.60%	2.92%	2.52%	1.89%	2.36%
연간 변동성	21.21%	18.21%	18.31%	19.81%	24.49%	18.46%
샤프지수	0.03	0.06	0.03	0	-0.02	0
승률(1년)	53.04%	56.63%	54.97%	56.63%	51.38%	-
승률(3년)	59.76%	65.09%	64.79%	59.47%	55.62%	-
승률(5년)	68.79%	74.20%	70.70%	75.16%	58.28%	-
승률(10년)	86.22%	92.91%	84.25%	66.93%	53.15%	-

[그림 III-8] 모멘텀별 포트폴리오의 누적 수익률(아시아-일본 제외)

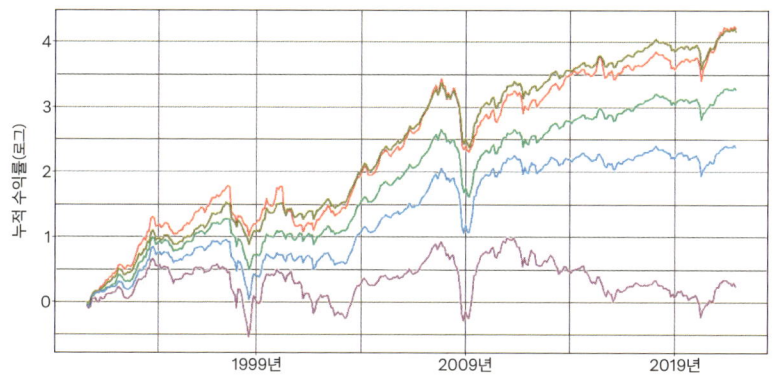

[표 III-8] 모멘텀별 포트폴리오의 통계값(아시아-일본 제외)

	1분위 (고모멘텀)	2분위	3분위	4분위	5분위 (저모멘텀)	시장
연간 수익률(산술)	16.54%	15.32%	12.38%	9.88%	4.12%	11.05%
연간 수익률(기하)	14.47%	14.28%	11.07%	7.94%	0.76%	9.41%
연간 변동성	23.71%	19.26%	18.96%	20.99%	26.23%	20.02%
샤프지수	0.5	0.6	0.44	0.26	-0.06	0.34
승률(1년)	66.85%	74.03%	63.54%	33.70%	19.61%	-
승률(3년)	72.49%	79.88%	66.86%	36.09%	8.88%	-
승률(5년)	80.89%	96.18%	64.65%	32.17%	0.64%	-
승률(10년)	99.21%	100.00%	98.43%	42.52%	0.00%	-

우량주 효과

[그림 III-9] 수익성별 포트폴리오의 누적 수익률(선진국)

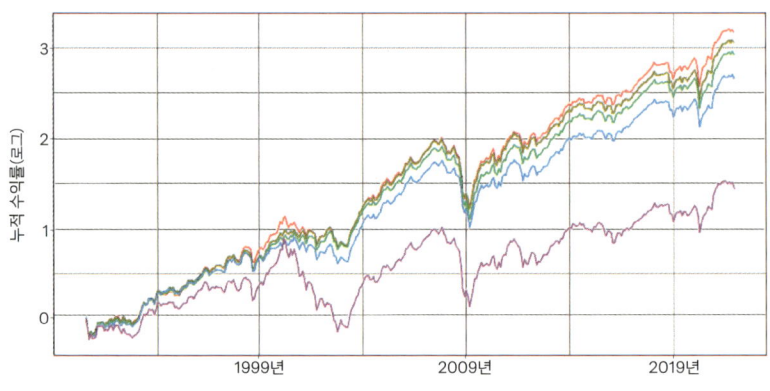

— 1분위(고수익성) — 2분위 — 3분위 — 4분위 — 5분위(저수익성)

[표 III-9] 수익성별 포트폴리오의 통계값(선진국)

	1분위 (고수익성)	2분위	3분위	4분위	5분위 (저수익성)	시장
연간 수익률(산술)	11.33%	10.90%	10.45%	9.59%	6.22%	8.99%
연간 수익률(기하)	10.62%	10.20%	9.73%	8.79%	4.67%	8.13%
연간 변동성	15.34%	15.02%	14.90%	14.98%	17.96%	15.02%
샤프지수	0.52	0.5	0.47	0.41	0.12	0.37
승률(1년)	70.49%	66.12%	61.20%	57.38%	31.15%	-
승률(3년)	73.39%	72.51%	69.01%	64.91%	17.84%	-
승률(5년)	85.22%	76.42%	76.73%	71.38%	9.12%	-
승률(10년)	98.45%	91.47%	90.31%	85.27%	0.00%	-

[그림 III-10] 수익성별 포트폴리오의 누적 수익률(유럽)

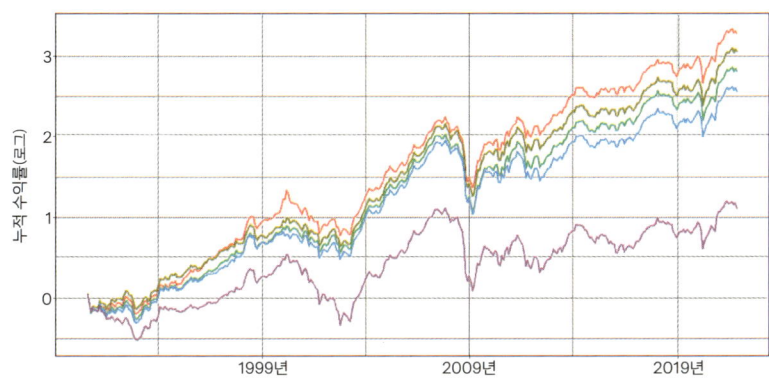

[표 III-10] 수익성별 포트폴리오의 통계값(유럽)

	1분위 (고수익성)	2분위	3분위	4분위	5분위 (저수익성)	시장
연간 수익률(산술)	11.94%	11.25%	10.49%	9.69%	5.33%	8.75%
연간 수익률(기하)	10.97%	10.18%	9.34%	8.49%	3.58%	7.52%
연간 변동성	17.14%	17.25%	17.25%	17.24%	18.75%	17.08%
샤프지수	0.48	0.43	0.39	0.34	0.06	0.29
승률(1년)	79.23%	66.12%	59.29%	57.10%	36.07%	-
승률(3년)	91.81%	82.16%	69.88%	59.65%	11.99%	-
승률(5년)	99.69%	80.50%	72.64%	64.78%	11.01%	-
승률(10년)	100.00%	90.70%	91.47%	90.70%	0.00%	-

[그림 III-11] 수익성별 포트폴리오의 누적 수익률(일본)

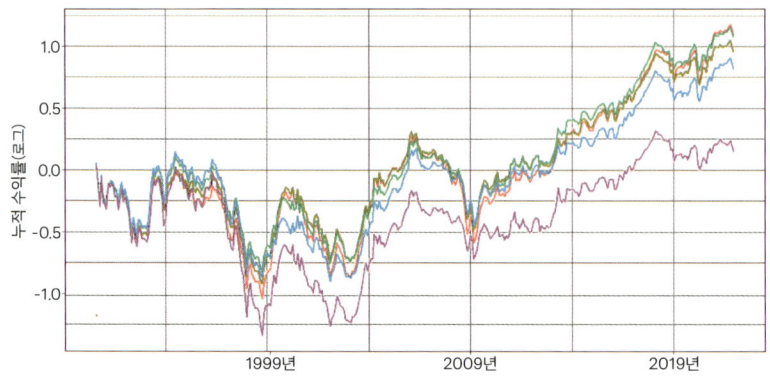

[표 III-11] 수익성별 포트폴리오의 통계값(일본)

	1분위 (고수익성)	2분위	3분위	4분위	5분위 (저수익성)	시장
연간 수익률(산술)	5.82%	5.03%	5.36%	4.63%	3.06%	3.93%
연간 수익률(기하)	3.54%	3.09%	3.48%	2.63%	0.47%	2.12%
연간 변동성	21.78%	20.06%	19.78%	20.30%	22.95%	19.27%
샤프지수	0.05	0.03	0.05	0.01	-0.09	-0.02
승률(1년)	59.56%	56.56%	60.93%	56.28%	50.00%	-
승률(3년)	64.04%	61.40%	66.08%	64.33%	49.12%	-
승률(5년)	64.78%	64.78%	67.61%	75.79%	53.46%	-
승률(10년)	86.05%	90.31%	90.31%	75.19%	49.61%	-

[그림 III-12] 수익성별 포트폴리오의 누적 수익률(아시아-일본 제외)

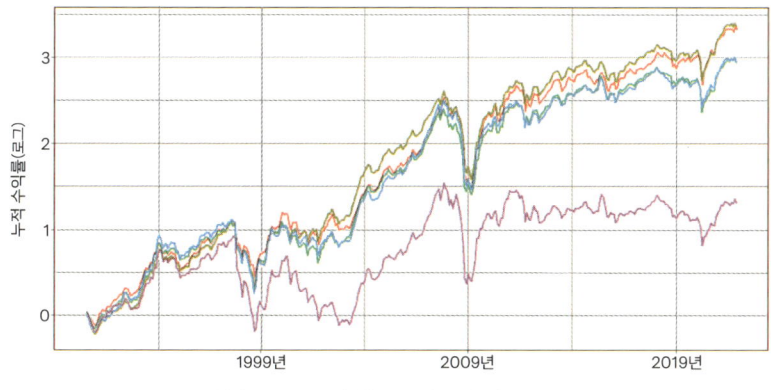

- 1분위(고수익성) - 2분위 - 3분위 - 4분위 - 5분위(저수익성)

[표 III-12] 수익성별 포트폴리오의 통계값(아시아-일본 제외)

	1분위 (고수익성)	2분위	3분위	4분위	5분위 (저수익성)	시장
연간 수익률(산술)	12.71%	12.73%	11.47%	11.70%	7.15%	10.53%
연간 수익률(기하)	11.17%	11.28%	9.79%	9.83%	4.23%	8.84%
연간 변동성	20.11%	19.78%	20.32%	21.29%	24.20%	20.06%
샤프지수	0.42	0.43	0.35	0.34	0.07	0.31
승률(1년)	65.30%	60.38%	54.37%	58.20%	33.61%	-
승률(3년)	73.98%	70.76%	56.14%	58.19%	16.67%	-
승률(5년)	82.70%	80.50%	62.89%	62.89%	6.92%	-
승률(10년)	97.67%	98.84%	87.21%	88.37%	0.00%	-

참고자료

1) 김소정, 〈손지창이 밝힌 카지노 100억 원 '잭팟'의 진실 "실제 받은 돈은…"〉, 조선일보
2) 이윤지, 〈로또당첨번호, 2003년 4월 12일 역대 최고 당첨금액 눈길 '407억 2,000만 원' 유일한 1명〉, 전자신문
3) https://namu.wiki/w/카지노
4) 변영훈. "개인투자자의 주식투자 성과 분석." 재무관리연구 22.2 (2005): 135-164.
5) 김민기, 김준석. "코로나19 국면의 개인투자자: 거래 행태와 투자 성과" 자본시장연구원 (2021)
6) 이창섭, 〈英 리츠호텔 카지노에 사기도박단 등장〉, 연합뉴스
7) Kit Chellel, 〈The Gambler Who Cracked the Horse Racing Code〉, Bloomberg Businessweek
8) Bolton, Ruth N., and Randall G. Chapman. "Searching for positive returns at the track: A multinomial logit model for handicapping horse races." Management Science 32.8 (1986): 1040-1060.
9) Scott Jagow, 〈I, Robot: The Future of Horse Race Wagering?〉, Paulick Report
10) Jason Fagone, 〈Jerry and Marge Go Large〉, Highline

11) Hirshleifer, David, and Tyler Shumway. "Good day sunshine: Stock returns and the weather." The journal of Finance 58.3 (2003): 1009-1032.

12) Edmans, Alex, Diego Garcia, and Øyvind Norli. "Sports sentiment and stock returns." The Journal of finance 62.4 (2007): 1967-1998.

13) Cooper, Michael J., Orlin Dimitrov, and P. Raghavendra Rau. "A rose. com by any other name." The journal of Finance 56.6 (2001): 2371-2388.

14) Kahneman, Daniel, and Amos Tversky. "Prospect theory: An analysis of decision under risk." Handbook of the fundamentals of financial decision making: Part I. 2013. 99-127.

15) 김제림, 〈주식 열심히 사고파는데⋯ 수익률 꼴찌 '20대 男', 1등은 '30대 女'[스물스물]〉, 매일경제

16) 이선애, 〈단타 빠진 20대 男 '손실, 투자 성적 꼴찌'⋯ "진득한 우먼버핏 성공"〉, 아시아경제

17) Gilovich, Thomas, Robert Vallone, and Amos Tversky. "The hot hand in basketball: On the misperception of random sequences." Cognitive psychology 17.3 (1985): 295-314.

18) Guryan, Jonathan, and Melissa S. Kearney. "Gambling at lucky stores: Empirical evidence from state lottery sales." American Economic Review 98.1 (2008): 458-73.

19) Baquero, Guillermo, and Marno Verbeek. "Do sophisticated investors believe in the law of small numbers?." ERIM Report Series Reference No. ERS-2006-033-F&A (2006).

20) 박가영, 〈'19억' 로또 1등 당첨자, 13년 만에 '절도범' 전락한 사연〉, 머니투데이

21) Imbens, Guido W., Donald B. Rubin, and Bruce I. Sacerdote. "Estimating the effect of unearned income on labor earnings, savings, and consumption: Evidence from a survey of lottery players." American economic review 91.4 (2001): 778-794.

22) Hankins, Scott, Mark Hoekstra, and Paige Marta Skiba. "The ticket to easy street? The financial consequences of winning the lottery." Review of Economics and Statistics 93.3 (2011): 961-969.

23) 박현, 〈아시나요, 당신의 퇴직연금 수익률 1%대〉, 한겨레

24) 이상건, 〈전설적 마젤란펀드 투자자들은 왜 손해 봤을까〉, 월간중앙

25) Trueman, Brett. "Analyst forecasts and herding behavior." The review of financial studies 7.1 (1994): 97-124.

26) 김민기, 김준석. "코로나19 국면의 개인투자자: 거래 행태와 투자 성과" 자본시장연구원 (2021)

27) Constantinides, George M. "A note on the suboptimality of dollar-cost averaging as an investment policy." Journal of Financial and Quantitative Analysis 14.2 (1979): 443-450.

28) Rozeff, Michael S. "Lump-sum investing versus dollar-averaging." Journal of Portfolio management (1994): 45-50.

29) Chen, Nai-fu, and Feng Zhang. "Risk and return of value stocks." The Journal of Business 71.4 (1998): 501-535.

30) Zhang, Lu. "The value premium." The Journal of Finance 60.1 (2005): 67-103..

31) 김민기, 김준석. "코로나19 국면의 개인투자자: 거래 행태와 투자 성과" 자본시장연구원 (2021)

32) Asness, Clifford, et al. "Size matters, if you control your junk." Journal of Financial Economics 129.3 (2018): 479-509.

33) Hurst, Brian, Yao Hua Ooi, and Lasse Heje Pedersen. "Demystifying managed futures." Journal of Investment Management 11.3 (2013): 42-58.

34) Daniel, Kent, and Tobias J. Moskowitz. "Momentum crashes." Journal of Financial economics 122.2 (2016): 221-247.

35) Hsu, Jason, Vitali Kalesnik, and Engin Kose. "What is quality?." Financial Analysts Journal 75.2 (2019): 44-61.

36) Liu, Ryan. "Profitability premium: risk or mispricing." University of California at Berkeley. Working paper. November 1 (2015).

37) Asness, Clifford S., Andrea Frazzini, and Lasse Heje Pedersen. "Quality minus junk." Review of Accounting Studies 24.1 (2019): 34-112.

38) Frazzini, Andrea, David Kabiller, and Lasse Heje Pedersen. "Buffett's alpha." Financial Analysts Journal 74.4 (2018): 35-55.

39) PBRPER=Price/BPSPrice/EPS=EPS/BPS=ROE

40) Breitschwerdt, Ernest. "Point-In-Time vs. Lagged Fundamentals: This Time I [t'] s Different." S&P Capital IQ Quantamental Research (2015).

41) Jegadeesh, Narasimhan, and Sheridan Titman. "Returns to buying winners and selling losers: Implications for stock market efficiency." The Journal of finance 48.1 (1993): 65-91.

42) Jegadeesh, Narasimhan, and Sheridan Titman. "Profitability of momentum strategies: An evaluation of alternative explanations." The Journal of finance 56.2 (2001): 699-720.

43) McLean, R. David, and Jeffrey Pontiff. "Does academic research destroy stock return predictability?." The Journal of Finance 71.1 (2016): 5-32.

44) Jacobs, Heiko, and Sebastian Müller. "Anomalies across the globe: Once public, no longer existent?." Journal of Financial Economics 135.1 (2020): 213-230.

45) Ryan Dezember, 〈Your Smartphone's Location Data Is Worth Big Money to Wall Street〉, The Wall Street Journal

46) 안정락, 〈세계 2위 운용사 뱅가드, 46년 만에 첫 M&A〉, 한국경제